Brüder Grimm

グリム・ドイツ伝説選

暮らしのなかの神々と妖異、王侯貴顕異聞

グリム兄弟 編著／鍛治哲郎 選訳

鳥影社

グリム・ドイツ伝説選

暮らしのなかの神々と妖異、王侯貴顕異聞

目次

一　女神、妖霊、悪魔

【河川と湖沼の住人】

〈女神とその末裔〉

〈水妖・水の精〉

【山と森の住人】

〈山の城址に住む乙女と財宝〉

五　古代の部族、王侯貴顕、スイスの建国など

凡例

一　この選集は、グリム兄弟の弟ヴィルヘルムの息子であるヘルマン・グリムが一八九一年に刊行したグリム兄弟編『ドイツ伝説集』第三版（ヴィンクラー社版 *Deutsche Sagen, herausgegeben von Brüdern Grimm.* Zwei Bände in einem Band. Vollständige Ausgabe nach dem Text der dritten Auflage von 1891. Winkler 1981）を底本にして、そこから選んだ二二二編の伝説をもとに構成されている。伝説の配列は、訳者が内容別に分類・整理を行い、底本とは異なる順序に組み替えたうえ、まとまりごとにタイトルを付した。この配列構成については、「訳者あとがき」を読んでいただければと思う。

底本以外にネット上で閲覧可能な初版（第一巻一八一六年、第二巻一八一八年）や一九九三年のディーダリヒス Diederichs 社版、および初版に忠実な一九九四年のドイツ古典社 Deutscher Klassiker Verlag の版も参照した。また Donald Ward の英訳本 *The German Legends of the Brothers Grimm 1-2,* Philadelphia 1981 も適宜参考にした。

二　底本の伝説番号は本文の各題目の後に算用数字で指示しておいた。伝説番号のすぐ後に「から」と記されている伝説は部分訳を意味しているが、その場合の取捨は、話としてのまとまりをもとに概ね段落単位で行った。

三　原注は底本では二通りの方法で付されている。本文内に丸括弧（　）で直接挿入されている場合と、本文に数字を添えて欄外で解説されている場合である。訳においてもそれに忠実に従っているが、丸括弧注、欄外注ともに単なる語義の言い換えである場合は省略した。

四　訳注はおもにヤーコプ・グリム『ドイツ神話学』*Deutsche Mythologie*（初版一八三五年）の第四版（一八七五〜七八年）の復刻版に依拠している。『伝説集』は兄ヤーコプの主導のもとに編集されているからである。『神話学』と略記した。ヤーコプの『ドイツ法故事』*Deutsche Rechtsaltertümer*（初版一八二八年）も第四版（一八九九年）の復刻版を利用した。『法故事』としてある。

五　底本の序文と緒言は割愛した。底本の巻末に付されている出典は必要と思われる場合のみ訳注で指示しておいた。なお、本選集第一部から第四部の伝説の多くが十五世紀から十九世紀初めまでの書籍や刊行物およびグリム兄弟に寄せられた報告がもとになっている。第五部の歴史的人物を巡る伝説は古代あるいは中世・近世の史書や年代記からとられている。

六　底本は初版本と内容的に若干異なる箇所がある。それは、グリム兄弟による自家用本への追記をもとに、伝説が一つ加えられたこと、いくつかの伝説については段落の追加や入れ替えが行われたこと、そして本文中への語句や文あるいは注の追加である。顕著なものは訳注で指摘しておいた。

七　地図は二種類を裏表にして巻末に折り込んである。一つは六世紀初め頃の古代の諸部族や王国の位置を、今一つは十二世紀末のドイツ王国の構成と伝説に登場するおもな町や川など示した概略図である。

グリム・ドイツ伝説選

暮らしのなかの神々と妖異、王侯貴顕異聞

一　女神、妖霊、悪魔

【河川と湖沼の住人】

〈女神とその末裔〉

ヘルタの聖なる湖（365）

ロイディグナ、アヴィオーネ、アンゲル、ヴァーリナ、オイドーゼ、ズアルトーネ、ヌイトーネというドイツの部族はみな、川と森の間に広がる大地に住み、地母神ヘルタを崇めているが、この女神は人の世の営みに干渉しようとして部族のもとに車に乗ってやって来ると信じられている。

大海原に浮かぶ島に女神の坐《いま》す汚れなき神聖な森があり、そこに幌で覆われた女神の車が置かれている。この車に近づくことを許されているのは一人の神官のみである。神官は女神がいつ神聖な車のなかに姿を現すかを知っている。そのときには二頭の雌牛が車を牽き、神官は恭しくあとに従う。女神の来臨と滞在の栄に浴するところでは、喜ばしい祝祭の日が始まり、戦《いくさ》は行われず、武器をつかむことはなく、鉄は仕舞い込まれる。

そうなると人々は平和と安らぎのみしか知らず、この二つ以外を望むことはない。この平安のときは、女神が人々の間に十分に滞在したのち、神官が聖なる地へと連れて戻るまで続く。車と幌は人里離れた湖で洗い清められ女神自身も湖水で身を清める。このときに手伝う下部《しもべ》たちは役目が終わるとただちに湖に呑み込まれる。

そえゆえに、すぐに地上から消え去る者たちしか目にしていない湖での出来事は、つねに聖なる無知の帷につつまれたままであり底知れぬ恐怖を呼び起こさずにはいない。

訳注　『神話学』は、女神の住む島がリューゲン島であり、身を清める湖は「城湖」であると一般に想定されてきたと言う。「タキトゥスは人との交わりに飽きた女神を下部とともに湖の中に消えさせてしまう」とヤーコプが書いているように、この伝説はタキトゥス（紀元後五六頃〜一一八以降）の『ゲルマニア』から採られている。ヤーコプは女神の島がバルト海に浮かぶデンマークの島である可能性も指摘している。「城湖」については伝説「城塁と城湖」（二六頁）を参照。

なお、タキトゥスの原著では女神の名はヘルタではなく、「ネルトゥス」となっている。『神話学』「女神たち」の項の論述は、ヘルタについては注で言及しているに過ぎないが、地母神ネルトゥスの特性を女神ホルダに、そしてベルタへとつなげている。「ホルダは湖や泉に滞在することを好む。真昼時に美しい白衣の婦人の姿で、豊かな水で沐浴して姿を消す。この一連の行為はネルトゥスと一致する」。ホルダとベルタについては後続の伝説を参照。

ホッレ婦人の池（4）

ヘッセンのマイスナー山地には、名を聞いただけでいかにも古そうな場所がいくつもある。たとえば、悪魔の洞、戦が原、そしてとりわけ「ホッレ婦人の池」。湿原の片隅にあるこの池は、差し渡しが四十ないし五十フィートほどで、湿原全域は半ばまで埋もれた石堤に囲まれている。この沼地に馬が入り込んで沈んでしまったことは一度や二度ではない。

このホッレ婦人については、良い話や悪い話がいろいろと語られている。泉に入って詣でにやって来る女たちに、婦人は健康を恵み子宝を授けてくれる。そのようにして生まれてきた子は、婦人が泉の中から取り出して運んできたのだという。池の底には花や果物や菓子が蓄えられていて、その類まれな庭園には花が咲き穂や果実がみのっている。婦人は気に入った人間に出会うとそれを分けて与える。

婦人はとても几帳面な性格で、家の中の切り盛りがうまくいくように気を配っている。ほこりを払うために布団をたたく。すると綿くずが空中を舞う。それが人の世に降る雪なのである。怠けている紡ぎ女がいると、糸巻き棒を汚したり、より糸を縺れさせたり、亜麻に火をつけたりして懲らしめる。一所懸命に糸を紡ぐ娘には、紡錘を贈り物として与えるだけではない。代わって夜通し糸を紡いでくれるので、朝起きてみると糸巻きがいくつも巻き上がっている。朝寝坊の怠け者の娘は、布団をはぎ寝床から引きずり下して、裸のまま石の床に寝かせてしまう。働き者の娘がピカピカに磨きたてた金桶を手に朝早くから台所に水を運んでいると、桶に銀貨をそっと滑り込ませおく。

婦人はよく自分の池に子供を引きずり込む。よい子なら幸運児に、悪い子なら取り替っ子にしてしまう。年に一度国中を歩きまわって畑地に稔の力を授けてくれるのだが、ときには荒れ狂う軍勢の先頭に立って森を駆け抜けて見る人をぞっとさせることもある。

婦人はまた、白衣の美しい女に化身して池の真ん中あたりの水中や水面に姿を現す。姿を見せないときには池の底から鐘の音と暗くぶくぶくという音だけが聞こえてくるという。

訳注　ホッレ（ホッラ）婦人はホルダ（「好意を懐いた」の意）に由来し地母神の系譜に連なる。この伝説にはホッレ婦人の様々な顔が紹介されている。「荒れ狂う軍勢」については「苔族を追う狩魔王」訳注（八三頁）、「取り替っ子」は一〇七頁、また「白衣の美しい婦人」は「城の乙女」と訳注（二〇頁）参照。

ホッラ婦人の巡回（5）

降誕祭にホッラ婦人が巡回を始めると、娘たちは新しい糸巻き竿に亜麻か租麻をぐるぐるたくさん巻き付けて夜じゅう立てておく。これを見ると婦人は喜んでこう言う。

「ぐるぐる巻かれたたくさんの亜麻
これから良い年続きます。」

婦人はこの巡回を大正月、すなわち公現祭の日の一月六日まで続けて、ホルゼルベルクの住み処へと帰っていく。この最後の日に糸巻き棒にまだ亜麻が巻かれたままになっていると、腹を立てて言う。

「ぐるぐる巻かれたたくさんの亜麻
これから悪い年ばかり。」

それで娘たちはみな、前日に一日の仕事が終わると、身に禍が降りかからないように、紡いでいない亜麻を竿からきれいに取り除いておく。もちろん、巻いた亜麻を仕事仕舞までに全部紡いでしまえればその方がよい。

訳注 「ホルゼルベルク」は、古くはホッラ（ホッレ）婦人の住む場所とされていたが、後に魔女の山ともヴェーヌスベルク（妖婦の山）とも呼ばれるようになる。「ホルダ（ホッレ）とヴェーヌスが同一であることは疑いようがない」、「ホルダをヴェーヌスと見なすようになるのは十五、六世紀になってからのように思われる」と『神話学』は言う。ここには収録していないが『グリム ドイツ伝説集』一七四番の「ヘーゼルベルクの山中」には、ホルゼルベルクとも呼ばれる「この山の内部には悪魔が住んでいて魔女の巡礼地となっている」とある。なお俗信によればクリスマスの夜は悪しき霊や魔女、荒れ狂う軍勢が盛んに活動するという。この夜の狩は一月五日の夜まで続くとされる。

ホッレ婦人の沐浴場（6）

ヘッセンのマイスナー山地の麓に大きな沼あるいは湖がある。水はほとんどのところで濁っている。この沼はホッレ婦人の沐浴場と呼ばれ、古老の話では、真昼時にはときおり婦人が水を浴びているのが見られ、沐浴を済ますと姿を消すという。このあたり一帯の山や沼沢には精霊がたくさん住みついていて、よく旅人や猟人を惑わしたり痛めつけたりする。

訳注 『神話学』によればホルダ（ホッレ）は「狩猟の神であると同時に泉の神でもあり」、「ホルダは真昼の光を浴びて沐浴し髪をとかす」。ホルダは多くの妖霊・精霊を従えている。

城の乙女(12)

テューリンゲンのオーアドルフから遠くないシュロスベルクの城山では、大きな鍵束を下げた乙女の姿が時おり見られるという。乙女が現れるのは決まって昼の十二時で、山を下りて麓の谷に湧くヒーアリングまたはへーアリングと呼ばれる泉にやって来て沐浴をして、終えると山を登って帰っていく。その姿をはっきりと日にして、しばらく眺めていた、と言う人たちもいる。

訳注 「ホッレ婦人の池」では婦人は「美しい白衣の女に化身する」とあるが、この乙女は白衣とは形容されていない。ただ、白衣の女性の例として『神話学』にはこの伝説と次の伝説も挙げられている。山に住む白衣の女性は異教の女神や半神にさかのぼり、特定の条件下で姿を現すという。鍵束は秘められた財宝を示唆している。「ボイネブルクの姫君」(四三頁)以下の伝説参照。

ピールベルクと呪われた乙女(11)

マイセンのアンナベルクの町はずれに、ピールベルクという名の高い山がある。伝えによると、むかし美しい乙女がこの山に追放され呪いを受け、特定の時を除いては姿が見えなくなってしまった。

今でも真昼時にはよく、乙女が華麗な黄色の髪を背になびかせながら目に心地よい姿で現れるので、この時刻にはピールベルクには近寄ってはならないとされている。

ホッラ婦人と農夫（8）

ホッラ婦人が田舎を巡っていたときのことである。斧を持って向こうからやって来た農夫に、車ががたがたするので楔か何かを打ち込んで直すように言いつけた。日雇いの農夫は言われた通りにした。手直しが終わると婦人は「木くずをかき集めなさい。私からの心づけとして取っておきなさい」と言って車を走らせて去っていった。

農夫は木くずなどもらっても仕方がないと思い、大部分をそのまま放っておいて三切れほどを、退屈な折の手すさびにでもしようと拾い上げて持ち帰った。家に着いて袋の中を探ってみると、木くずと思ったものは純金だった。あわてて引き返して残りの木っ端を拾おうとしたが、時すでに遅く、木くずは跡形もなく消えてしまっていた。

訳注　婦人が車に乗っているのは地母神であることと無関係ではない（「ヘルタの聖なる湖」一五頁参照）。農耕もホッラの管轄下にある。

ライ麦小母（90）

マルク・ブランデンブルクの住民の間にはライ麦小母の話が伝わっている。ライ麦畑にはこの小母がひそんでいると聞かされているので、子供たちは畑に入るのを怖がる。

アルトマルクでは子供を静かにさせるときにはこう言う。「おだまり、さもないと黒くて長い乳首のライ麦小母さんがやって来て、さらっていくよ。」

ブラウンシュヴァイク地方やリューネブルク地方では、この小母はコルンヴィフ《麦女》と呼ばれている。子供たちは、麦畑によく咲いている矢車草を探しているときには、「あの女は小さい子をさらうんだよ」と注意し合って、どこまでも広がる緑の麦畑に深く入ろうとはしない。

一六六二年にザールフェルトに住む婦人がプレトーリウスに語った話である。その地の貴族の命で、産後六週間目の農婦が収穫の季節にやむなく麦を束ねる作業につくことになった。農婦は乳飲み子を畑に連れていき、仕事がはかどるようにと地面に寝かせておいた。しばらくして、その場に居合わせた貴族が見ていると、赤子を抱えた地の女が現れて、その赤子と農婦の子とを取り替えて去っていった。

子供が泣き出したので、農婦が乳を与えようと駆け足で戻ってきた。ところが貴族が制止してこう言った。「近づかないように。なぜかは、その時になれば話してやろう。」農婦はもっと仕事をしろという意味だろうととり、とても辛かったが言いつけに従った。

その間も、子供はひっきりなしに泣き続けていたが、やがてライ麦母がまた現れて泣いている子を抱き上げると、さきほど盗んだ子をもとのところに寝かせた。貴族はすべてを見届けてから、農婦に向かって声をかけ、家に帰るように命じた。このことがあってから、貴族は乳飲み子を抱えた女は二度と役務につかせまいと決心した。

訳注　ライ麦小母の「黒くて長い乳首」は「鉄の乳首」と呼ばれることもあり、「鉄のベルタ」を思い起こさせる、と『神話学』は語っている。「ベルタ」については後続の伝説参照。ライ麦小母は子供にとっては怖い存在だが、「畑を歩きまわっているのは、もともとは恩恵をもたらすためなのである。小母という名が教えてくれるように、紡錘と畑を守る慈母のような女神なのである」。ヨハネス・プレトーリウス（一六三〇〜八〇）はドイツの作家。童話や伝説の収集で知られる。

ベルタ夫人あるいは白衣の夫人（268）

「白衣の夫人」はいくつもの王侯の城に姿を現すが、ことにボヘミアのノイハウス、ベルリン、バイロイト、ダルムシュタットやカールスルーエの城、そして婚姻によって白衣の夫人の一族と血のつながりを持つに至った一族のすべての城に姿を見せる。

誰にも危害を加えず、出会った人には頭を下げ一言も喋らないが、この夫人の訪れは近いうちに誰かが死ぬことを予告している。もっとも時として黒い手袋をつけていないことがある。そういう場合は何か喜ばしいことの前触れである。夫人は鍵束をもって白い紗の頭巾をかぶっている。

伝承によれば、夫人は生前「ペルヒタ・フォン・ローゼンベルク」という名で、ボヘミアのノイハウスに住んでいて、邪悪で手に負えないヨーハン・フォン・リヒテンシュタインが夫だったという。

その夫と死別したのち夫人は独り身を守ったままノイハウスに住み続け、城を建て始めた。それは役務を果たさねばならない臣下の者たちにとっては大変な重荷だった。

夫人は築城の最中に熱心に働くように家臣に呼びかけてこう言った。「城が完成した暁には、お前たちと配下の者に美味しい粥《かゆ》をご馳走しよう。」実際にむかしの人たちは客を招く場合にはこのような言い回しを用いていた。さて城が完成した年の秋、女主人は約束を実行に移したのみならず、未来永劫にわたってローゼンベルク家が家臣に美味な粥をふるまうように決まりを設けた。このふるまいは今に至るまで受け継がれている。(1) 中止されると白衣の夫人が怒りを面に表して姿を現す。

ときおり夫人は、乳母が眠りに襲われる夜に王侯の子供部屋に現れ、子供を親身になって抱いて揺すりながら歩きまわるという。あるとき何も知らない子守がびっくりして「子供をどうしようというの」と問いただし叱りつけたところ、こう答えたという。「私はお前とは違いこの家の他人ではない。この家の者なのです。この子は私の子孫の子なのですよ。でも、お前さんたちが私に敬意を表さなかったので、もう立ち寄るのは止めにします。」

原注1　この粥は豆と粗挽きの蕎麦でつくられている。またいつも魚が添えられる。
訳注　ここでは歴史上の人物の姿を取っているが、ベルタ（ベルヒタ、ペルヒタ）婦人は、『神話学』によれば、ホルダ（ホッレ）婦人と「似ているか、全く同じ」で、ドイツ南部やオーストリア、スイスで姿を現し、ベルヒタやペルヒタの原意は「光輝く女性」、それゆえ白衣であるという。また「ベルヒタ婦人の祭日は、古くから伝えられている食事、つまりお粥と魚で祝わなければならない」。

荒くれベルタがやって来る (269)

シュヴァーベン、フランケンそしてテューリンゲンの地方では強情な子に「おだまりなさい、さもないと荒くれベルタがやって来るよ」と大声で叱る。ベルタと呼ばれずビルダベルタ、ヒルダベルタ、ときにはまた鉄のベルタと呼ばれることもある。

ベルタはもじゃもじゃ頭の野の女の姿で現れる。年の最後の日に自分の分の亜麻を紡ぎ切らなかった少女の糸巻き棒を汚してしまう。この日には多くの人が団子と鰊を食べる。そうしないとあのペルヒタまたはプレヒタがやって来て、お腹を切り開いて食べたばかりのものを取り出してしまい、代わりに藁を詰め込む。そして針の代わりに犂の刃で、縫い糸の代わりに鉄の鎖でお腹を縫い合わせるのだ、と土地の人々は言っている。

訳注　ベルタ（ペルヒタ、ベルヒテ）婦人も悪い子を罰し、亜麻を紡ぐ仕事を管理する点でホルダ（ホッラ、ホッレ）婦人と同じであるが、『神話学』によればベルタの場合には「ぞっとするような面が強調され、子供を脅かす恐ろしい化け物として」の特性が表に出ているという。「野の女」とは荒蕪の地に住む女である。

テュルスト、ポステルリィ、シュトレゲレ (270)

夜分に森で嵐が吹き荒れるとルツェルナーガウの住民は「テュルスト（またはデュルスト）が狩を

している」と言う。エントレブーハではポステルリィという名が挙げられるが、これは妖女で土地の人たちの話によると、毎年クリスマスの前の木曜日に、たいそうな行列を組んでうるさい音を立てながら狩をするという。

ルツェルンの町ではシュトレゲレという魔女が現れる。クリスマス前の水曜日の斎日の夜に、その日の仕事分を紡がなかった少女を、いろいろ手を尽くして苦しめる。そのことからこの夜は「シュトレゲレの夜」と呼ばれている。

訳注　スイスの伝説である。この妖女たちはベルタやホルダの系譜に連なっていると『神話学』はいう。「行列を組んで」「狩りをする」行為は、「荒れ狂う軍勢を」率いるホッレ婦人に通じる（「ホッレ婦人の池」一一六頁参照）。「荒れ狂う軍勢」については「苔族を追う狩魔王」訳注八三頁参照。

城塁と城湖 (133)

ポメルンのリューゲン島に広がるシュトゥーブニッツの森には、巨大な土塁がある。この土塁は高いブナの木で覆われ長円形の区域をぐるりと取り巻いていて、その中央には種々様々な木の根や石が散乱している。土塁の東の縁のすぐ近くには、釜状の形をした丸くて深い湖が水をたたえている。これは「黒い湖」あるいは「城湖」と名づけられている。土塁は「城塁」と呼ばれる。

土地の言い伝えによると、むかしこの土塁の内では悪魔の崇拝が行われていて、悪魔に奉仕するために乙女が囲われていた。悪魔が乙女に飽きると、仕えている祭司が乙女を黒い湖に連れていき、沈めて溺死させたという。

訳注　『神話学』によれば、この伝説は、はなはだしく歪められているとはいえ、タキトゥスの記述（「ヘルタの聖なる湖」一五頁参照）をもとにしているという。

ケンデニヒの夜の精 (80)

ライン河畔のケルンから二時間ほどのところ、昔のケンデニヒ騎士領に、蘆や榛《はしばみ》の木が鬱蒼と生い茂った沼地があり、そこには修道女が一人ひっそりと人目を忍んで暮らしている。夕暮れになるとその近くの道をたどろうとする者は誰もいない。修道女が出てきて背中に飛び乗ろうとするからだ。乗っかられてしまうと、背負っていかねばならず、しかも一晩中急き立て駆り立てられるので、ついには力尽き気を失って地面に倒れてしまうのだ。

訳注　グリムの『ドイツ語辞典』には修道女 Nonne の項に、異教の女神官の意味を挙げるとともに、伝説では「水妖の女」を指すことがあると記されている。『神話学』にはホルダやベルタらの女神の系譜として、「白衣の婦人や最後には Nonne が民間伝承に登場するようになる」とある。

〈水妖・水の精〉

水の精 (49)

一六三〇年頃のこと、ザールフェルトから半マイルのところにあるブロイリープの教区で、年老いた産婆が司祭も同席するところで次のような話をした。これは同じように同地で産婆であった母親の身に実際に起こったことだという。

ある夜、寝ていると「早く服を着てください。陣痛を起こしているご主人のところへ一緒においでください」という声に起こされた。真っ暗だったが支度をして下に降りると男が一人待っていた。ほんの少しお待ちくださらないか、明かりを取ってきてすぐに同道するからと言うと、男は急用なのでぐずぐずできない、明かりがなくても道は分かる、迷うことは決してない、そう言って急かした。そればかりか布で目隠しをされたので、びっくりして産婆は悲鳴を上げそうになったが、男は、悪いことをするのではない、こうしておけば一緒についてきても怖くないからだ、と安心させた。

二人は歩き始めた。目には見えなかったが、男が水を鞭で打ち、自分たちがどんどん深いところへ降りていくのがよく分かった。やっと着いた先は小さな部屋で、そこには身重の女のほかには誰もいなかった。案内してきた男は、産婆の目隠しを外して寝台のところへ連れていき、妊婦に引き合わせると自分は部屋を出ていった。

産婆は無事に子供を取り上げると、母親を寝台に寝かせ赤子に産湯を使わせ、必要な処置をすべて終えた。すると産婦が謝意を表そうとして産婆に話しかけてきて、忠告がてら秘密を教えてくれた。

「私はもともとあなたと同じキリスト教徒なのですが、水の精によって取り替っ子と引き替えに両親のもとからさらわれてきたのです。私が子供を産みましても、三日目には夫が必ず食べてしまいます。三日後におうちの池を見てごらんなさい。水が血の色をしているでしょう。もうすぐ夫が入ってきてお金を差し上げるでしょうが、いつもお貰いになっている額以上をお取りにならないように。さもないと、あなたの首をひねって前と後ろを逆さまにしてしまいます。よくよくお気をつけてくださいませ。」

こう話している間にも、夫が怒ったような顔つきで入ってきて周囲を見回した。万事うまく運んだのを見て産婆の腕前を褒め、大金を卓の上に積んで言った。「ここからお好きなだけお取りなさい。」産婆は利口だった。繰り返しこう答えた。「いつも皆さんから頂戴しているだけで結構です。ほんのわずかの額ですが、それで十分です。それでも多すぎると仰るなら何もいりません。家まで送り届けてくださるだけで構いません。」水の精は「まるで神さまに教えてもらったような返事だな」と言って、産婆の申し出た額を払い家まで送ってくれた。

こうして産婆は無事に帰りついたが、女に言われた日に池を見に行くのは止めにした。怖かったからである。

訳注　『神話学』には、「水の精の伝説には山や森、家の精霊にはあまり見られない血に飢えた残忍さが共通の特徴になっている」とある。水の精を含む精霊一般については、女性は「気高い存在と見なされていて、その特性は女神や巫女に近い。それに対して、男の精霊は神々や英雄とははっきり異なっている」とされる。「取り替えっ子」については一〇七頁参照。

水の精と踊る（51）

ライバハには町と同じ名前のついた川が流れている。この川にはむかし水の精が住んでいて、水妖《ニックス》とか水の精《ヴァッサーマン》とか呼ばれていた。水の精は夜には漁師や船頭に、昼にはほかの人たちにも姿を見せたので、近辺の人は誰でも、水の精が水から這い上がってきて人間と変わらない姿でいる様子を話してくれたものである。

一五四七年七月の第一日曜日のこと、町では昔からの仕来りにならって、近隣の人々みなが見事な菩提樹が涼しく心地よい影を落とす古い広場の泉のかたわらに集まっていた。一同は楽曲が流れる中を隣近所のよしみで和気あいあいと食卓を囲み、食事が終わるといよいよ踊りに移った。

しばらくすると身なりの好い姿形のきれいな若者が、自分も踊りの輪に加わりたいといった風情で歩み寄ってきた。若者は一同に丁寧に挨拶をして、愛想よく一人一人に手を差し出した。その手は柔らかく氷のように冷たかったので、触れたとき誰もが一瞬異様な戦きを覚えた。若者はウルズラ・シエーファリンという名の、きれいに着飾って見た目は美しいが、尻軽で小生意気な娘に相手を申し込んだ。娘は若者の踊りに上手に調子を合わせ、おどけたしぐさにもうまく乗って見せた。こうしてしばらく激しく踊ったあと、二人はいつも輪舞の場となっていた広場からしだいに離れていった。菩提樹のところからズィティヒ屋敷の方へ進み、そこを通り過ぎて川の縁に着くと、何人もの船頭が見ている前で、若者と娘は一緒に水に飛び込んだ。そして姿が見えなくなってしまった。

広場の菩提樹は一六三八年まで聳えていたが、老木になったのでやむなく切り倒された。

水の精と農夫（52）

水の精の外見は普通の人と変わらない。ただ歯をむき出すと、緑色の歯が見えるところが違っている。かぶっている帽子も緑色である。若い娘が池のそばを歩いていると、水から姿を現して、ちょうどよい長さのリボンを投げて渡す。

むかし水の精が湖の近くに住んでいた農夫と親しく近所付き合いをしていた。農夫の家をときどき訪ねてくるうちに、とうとうあるとき、下の方にある私の家にもおいでください、と誘った。招待に応じて農夫は一緒に出かけた。

さて水の底についてみると、どこもかしこも陸の上の豪奢な宮殿のなかにいるようだった。いくつもの部屋、広間、小部屋、どれもがさまざまな財宝であふれ豪華に飾り立てられていた。精は農夫に隅々まで見せて回り、最後にとある小部屋に入った。見るとたくさんの新しい壺が口を下にして並べてあった。これは一体何かと農夫が尋ねると、こう答えた。「溺れて死んだ人たちの魂です。こうして壺の中に閉じ込めて出られないようにしているのです。」それを聞いた農夫は何も言わず黙っていた。そしてしばらくしてから陸の上に戻った。

その後長いあいだ、溺れた人の魂のことが農夫の頭を離れなかった。それで水の精が家を留守にする機会をじっと窺っていた。その機が訪れると、農夫はしっかりと覚えておいた道をたどって水底の館に入った。そして例の小部屋を運よくやっとのことで見つけ出すと、さっそく部屋に駆け込み、つぎつぎに壺をひっくり返した。すると溺死者の霊魂が上の方へとゆらゆらと昇っていき水から出て救われたのだった。

訳注　『神話学』によれば、溺れ死んだ人を懇ろに迎え入れその魂に宿を与えてくれる女神が神話には登場するが、その役割を、後の民間伝承では水妖が担っているという。ヤーコプはこの伝説を指示して、かつての女神は魂を決して放すことはなかったが、伝説ではこのような素朴な表現を取っているのだと述べている。

泳ぎ上手（54）

マイセンでの出来事である。聖霊降臨祭の説教のさなかに、何人かのパン屋の小僧が河岸に出てエルベ川に入って水浴びをしていた。煉瓦置き場の上手、果樹園のすぐ向かいの川岸である。泳ぎに自信がある小僧が仲間に言った。「俺が向こう岸まで休みなしに三回往復できるかどうか、一ターラ賭けてみないか。」あとの二人は到底できまいと思ったので、賭けに応じた。

さて大胆な小僧が二度往復して三度目に七本樫城の方に向かって泳いでいく途中、鮭のような大きな魚が水中から躍り出て、小僧に体当たりを食らわせて水の中に引っ張り込んだ。小僧は溺死した。その日のうちに捜索が行われ、橋の上流で死骸が見つかった。全身につねったような痕があって内出血していた。水妖ないしは水の精から受けた傷であることは一見して明らかだった。

ニッケルの兄貴（55）

リューゲン島の鬱蒼と茂った森の中に深い湖がある。魚がたくさん棲んでいるが、水が濁っているので、気持ちよく舟に乗って釣りができる湖水ではない。それでもずいぶん前のこと、何人かの漁師が魚を獲ろうと企てた。

小舟を湖水に浮かべるところまでは事はうまく運んだ。ところが翌日、家から網を持って湖に戻ってみると、小舟がなかった。漁師の一人があたりを見回していたところ、高いブナの木の上に引き上げられている舟を見つけた。「舟をあんな木の上に上げたのはどこの悪魔野郎だ」と漁師が叫ぶと、姿は見えないが近くから声が聞こえた。「悪魔じゃない。おいらが兄貴のニッケルと一緒にやったことだ。」

訳注　「ニッケル」はニックス（水妖）の別名である。

エルベの乙女とザーレの女（60）

マクデブルクには美しいエルベの乙女の言い伝えがある。乙女はときどきエルベ川から上がってきて肉屋市場で買い物をしていた。服装は町の人と変わらないが、とても清潔できちんとした身なりだった。手には籠を下げ物腰はつつましやかで、普通の娘たちと異なるところは何一つなかった。だが、よく注意して見る人には区別がついた。真白な前掛けの裾の一方の角がいつも濡れていて、水の中から上がってきた印となっていたからである。

この乙女にある肉屋の若者が惚れ込んでしまい、その後をつけていき、ついにはどこから来てどこへ帰っていくかを突き止めた。そしてとうとう、一緒に水の中に入っていってしまった。恋仲になった二人には、何かと手を差し伸べてくれる漁師がいて、このときも岸で見張りをしてやっていたが、水に入る際に乙女はこの漁夫にこう告げた。「林檎が載った木のお皿が水の底から上がってきたら、うまくいった印です。そうでなければ駄目だったと思ってください。」やがて水底から一条の赤い筋が昇ってきた。それは花婿が乙女の縁者の気に入らず殺されてしまった印だった。

この成り行きについては少し違った伝えもある。それによると、乙女だけが水底へと下り若者は岸で乙女の知らせを待ち受けることになっている。乙女は、両親に結婚の許しを請うつもりだったが、まずその前に兄弟に話そうと思った。だが乙女からの返事はなく、代わりに水の面に血が浮かんできた。兄弟が乙女を殺してしまったのである。

ザーレ川からも時おり女の水妖が上がってきて、ザールフェルトの町へ行き肉屋で買い物をしていた。普通の人間と違ったところはほとんどないが、大きくてぞっとするような目をしていてスカートの裾からは水が滴っているので見分けがつく。言い伝えによれば、もともとは男の水妖が取り替っ子と引き替えにさらっていった人間の女だという。

ハレの町の市門の外にも「水妖が池」と呼ばれる円い池がある。ここからも女たちが出てきて町に入って日々の暮らしに必要なものを買い求める。やはり服の裾が濡れているので見分けがつくが、それ以外は衣服も言葉もお金もわれわれ人間と変わらない。

ライプツィヒからほど遠からぬ街道でも、水妖の女がよく見かけられた。この女は農婦たちに紛れて籠を背負って週の市にでかけ、食料を買っていった。帰りも一緒に帰ったが、誰とも一言も口をきかず、街道で行き会う人に挨拶の言葉をかけたり返したりすることもなかった。そのくせ、物を買う時にはほかの女と同じように掛け合ったり値切ったりすることを心得ていた。あるとき農婦が二人こっそり後をつけて行くと、女は小さな池の縁に籠を置いた。ところが置いたと思った瞬間、女も籠も消えていた。この女も服装は普通の女と変わらなかったが、ペチコートの裾が手の幅二つほど濡れていた。

川への生贄（61）から

ライプツィヒの近くの、エルスター川がプライセ川に注ぐあたりは、夏になると若者たちがよく水遊びをする。だがそのあたりの水の流れは油断がならない。時によって深みになっていたり浅瀬になっていたりで、学生水浴場と呼ばれているところが特に危険である。

この川についても、ほかの川と同じように言い伝えがある。毎年、川が人身御供を一人要求するのだという。事実、夏になると毎年のように人が一人ここで溺れ死ぬ。女の水妖が水底へ引きずり込むのだと信じられている。

溺れた子（62）から

川や湖についての伝説はいくつもあるが、そのうちの一つは、湖や川の流れが毎年、何の穢れもない子供を犠牲として要求するというものだ。死骸は嫌うので、遅かれ早かれ亡骸は岸に打ち上げられる。最後の骨のひと欠片も、底に沈んでしまっていても、かならず岸に上がるという。

あるとき子供が湖で溺れ死んだ。その子の母は、土に埋めてやりたいのでせめて遺骨だけでも返してほしいと、神や聖人に祈願した。するとその後、最初に嵐の日が訪れたとき頭蓋骨が岸に上がり、その次の嵐で胴の部分が打ち上げられた。こうして骨が残らず集まると、母親は布に包んで教会に持っていった。すると何という不思議、教会に歩み入るや包みはどんどん重くなって、祭壇の階に置いたとき、とうとう子供が泣き始め、包みから這い出してきた。居合わせた人はみなびっくり仰天した。右手の小指の骨だけが欠けていたが、後ほど母親が丹念に探し回って見つけ出した。この骨は記念のために聖遺物に加えられて教会に保管された。

ノイマルクのキュストリーン近辺の船頭や漁夫のあいだでも、同じような話が語り伝えられている。オーダ川の得体のしれない主は、毎年自分のために生贄を捧げるように求めるという。そのめぐり合わせになった者は必ず水死する。

フォン・ハーン夫人と水妖（69）

あるときフォン・ハーン一族の高貴な奥方が水妖の侍女に呼び出され、川底の産婦のところに来てほしいと切々と請われた。侍女に連れられて川に着くと、水が二つに分かれた。二人は濡れることもなく川底の奥深くまで続く快適な道を進んでいった。地の底には小さな女が陣痛に苦しんでいた。奥方が手を尽くしたおかげでお産は無事に済んだ。

すべてを滞りなく終えて急いで家に戻ろうと帰り支度をしたところ、小男の水妖が入ってきて、灰を一杯に盛った器を差し出して言った。「ご苦労をかけたので、お礼です。好きなだけお取りなされ。」奥方は辞退して何も受け取らなかった。すると水妖は言った。「神さまに入れ知恵してもらったな。受け取っていたら、お前さんを殺そうと思っていたところだ。」このあと奥方は地底を出た。先ほどの侍女がもと来た道を送り届けてくれた。館につくと、侍女は金貨を三枚取り出して奥方に進呈するとこう忠告した。「この宝を大切に守ってなくさないようになさってください。もしなくしたら、お家は貧しくなって廃れてしまいましょう。大事にお守りくだされば、お家は豊かな恵みを受けて栄えるでしょう。」そう言って侍女は去った。

三枚の金貨はハーン家の三人の息子に分け与えられた。このうち二つの家系は金貨を大切に守って今でも栄えている。三つ目の金貨は、これを引き継いだある女当主が最近、注意を怠りなくしてしまった。そのためこの当主はプラハで貧困のうちに亡くなり、その血筋は絶えた。

訳注　山や森、河川などに住む精霊は「人間よりもはるかに小さいか、あるいは異形である」という（『神話学』）。ハーン家は十三世紀から確認され今日まで続くメクレンブルク地方の家系。リーペンに水城を所有していた。

湖から来た三人の乙女 (307)

ズィンスハイムの近くのエップフェンバハ村では、遠いむかしから毎晩のこと、この世ならぬ美しさの三人の白衣の乙女が村の紡ぎ部屋に姿を見せていた。乙女らはいつも新しい歌をもたらしてくれ、素敵な物語や遊戯を知っていた。その糸巻き竿と紡錘には何かしら特別なものがあって、どんな紡ぎ手もこれほど巧みに素早く糸を回すことはできなかった。ところが三人は十一時の鐘が鳴ると立ち上がり、紡錘をひとまとめにして包んでしまい、どれほど頼んでも、それ以上は一瞬たりともその場にとどまることはなかった。三人の乙女がどこから来てどこへ去るのかは誰も知らず、ただ湖の乙女あるいは湖の姉妹とだけ呼ばれていた。

村の若者たちは乙女に会うのを楽しみにして、すっかり乙女たちに惚れ込んでしまっていた。とくに教師の息子の熱の入れようは並大抵ではなかった。この若者は乙女たちの話を聞きともに語り合って飽きることがなく、乙女らが毎晩こんなに早くに立ち去ってしまうのが残念でならなかった。引きとどめる手はないものかとあれこれ考えていたところ、あるときふと思いついて村の時計を一時間遅らせておいた。その晩とぎれなく続く会話と冗談に時を忘れて時計の遅れには誰も気づかなかった。そして鐘が十一時を打ち、本当のところは十二時になると、三人の乙女は紡錘をまとめて立ち去った。あくる朝、何人かの村人が湖のそばを通ったところ、しくしく泣く声が聞こえ、水面の三箇所が血で赤く染まっていた。この時以来、姉妹は二度と紡ぎ部屋に姿を見せることはなかった。教師の息子は衰弱してその後まもなく世を去った。

シュタウフェンベルクの殿ペータ・ディムリンガ（528）

オッフェンブルクからほど遠からぬオルテナウに、騎士ペータ・ディムリンガの居城シュタウフェンベルクがあるが、この城については次のような話が言い伝えられている。

聖霊降臨祭の日の朝、ペータの殿は侍臣に命じて馬に鞍を置かせ、ミサに参列するために城を出てヌスバハに行こうと思っていた。従士が先になって馬を進めていたが、途中で森の入り口にさしかかったとき、きれいに着飾ったこの世ならぬ美しさの乙女がたった一人で岩に座っている姿が目に入った。乙女は挨拶したが、従士はそのまま通り過ぎていった。しばらくしてペータの殿がそこを通りかかった。殿は乙女を見ると顔を輝かせ親しみを込めて挨拶の言葉をかけた。乙女はお辞儀をしながら「あなたさまのご挨拶に神さまがお報い下さいますように」と答えた。ペータの殿は馬を降りた。乙女が殿に両手を差し出すと、殿は抱きかかえるようにして乙女を岩から下ろした。

二人は草原に座り互いの願いを語り合った。

「ご無礼とは存じますが、美しきお方、心にかかっていることを尋ねてよろしければ、どうして誰も伴わず一人だけでここにいらっしゃるのか、話してくださらぬか。」

「親しきお方、誓って申し上げましょう。あなたをここでお待ちしていたのです。あなたが馬を走らせるようにおなりになってからこの方、お慕い申しておりました。戦の庭、旅の空においでのときも、いたるところあなたに害が及ばぬように、この手でひそかにお守りしてきたのです。」

優しく丁重に騎士はそれに応じた。

「そなたの姿を目にした時ほどの歓びを味わったことはついぞありませぬ。死ぬまでそなたのそばにいられるならば、それがわが願いです。」

「私の言う通りになさるならば、その願いは叶えられましょう。私を憎からず思っておいでなら、決して妻をお迎えになってはなりません。もしそうなさることがあれば、三日目にあなたは世を去ることになりましょう。でも独り身を保ち続けたままで、私をお望みになるならば、すぐにあなたのもとに参り幸せな歓喜の時を過ごすことができましょう。」

ペータの殿が「それはすべて真のことか」と尋ねると、乙女は真実と誠意を神に誓って請け合った。そこで殿は乙女のものになることを約束し、二人は互いに契りを交わした。婚礼は乙女の願いによりシュタウフェンベルクの城で行うことになった。乙女は殿に美しい指輪を与え、二人は優雅に笑みを交わし抱き合った。そして殿はヌスバハへの道を先へと進んだ。

村に着くと殿はミサに参列し自らも祈りを捧げて城に戻った。城中の暖炉の部屋で一人きりになるとすぐに心の中でこう思った。「森の縁の岩の上で見つけた愛しい花嫁が今ここにいてくれたなら。」殿がその言葉を口に出して言ったとたん、乙女が目の前に姿を現した。二人は接吻を交わし歓びにひたって時を過ごした。

こうして二人はしばらく一緒に暮らした。乙女は殿がこの世で楽しく暮らせるように財貨まで与えた。やがてペータの殿は諸国を巡る旅に出たが、どこにいようとも殿が欲すると乙女はそのかたわらに姿を現したのだった。

騎士が長い旅からようやく故郷に帰ってくると、兄弟友人から妻を娶るように強く勧められた。殿は驚いて何とか言い逃れようとしたが、一族の賢者まで連れてきて執拗にせがまれたので、「結婚するくらいならこの身がばらばらに切り刻まれる方がましだ」とまで言って拒絶した。その晩、一人でいる殿のもとに現れた乙女は兄弟友人の目論見をすでに知っていた。殿は再度、約束の言葉に偽りはないと誓った。

さてそのころフランクフルトでドイツの国王が選ばれることになり、多くの臣下や貴族の一人としてシュタウフェンベルクの殿もフランクフルトに向かった。当地では騎士の馬上試合が開催され、ペータの殿の強さは他を抜きん出ていた。そのため王の目にとまり、試合が終わると王からケルンテン出身の従姉妹を嫁に与えようとの申し出があった。殿は深く思い悩んだすえこの縁談を断った。ところが集まっていた領主たちがみなそれに異を唱え、理由を知りたがったため、抗しきれず乙女との約束を打ち明けてしまった。

「私には契り合った美しい婦人がおり、そのおかげで何不自由なく幸せな暮らしを送っています。それを差し置いてほかの女人を娶ることなどできないのです。そのようなことをすれば、三日以内に命を失う羽目になります。」

それを聞いていた司教が「そのご婦人に会わせてくだされ」と求めてきた。

「その婦人は私以外の誰の目の前にも姿を見せることはございません。」

「ではそれはまともな女ではない。悪魔の一味ですぞ。そなたが汚れなき婦人よりも悪魔を恋い慕うなら、世間でのそなたの名と誉は台無しになりますぞ。」そうみなが口をそろえて忠告した。この言葉を聞いて狼狽した殿は、国王さまのお気に召すことならば何でもいたします、と答えてしまった。ただちに王家に相応しい贅をつくした贈り物がなされ、シュタウフェンベルクの殿はケルンテンの乙女と婚約を交わした。婚礼はペータの殿の願いによりオルテナウで執り行われることになった。

そうと決まってから最初に殿の前に例の乙女が姿を現したとき、乙女は約束したにもかかわらず禁を破ったと悲しみもあらわに殿を責めたてた。「もうあなたの若い命もおしまいです。そのしるしにこういうことが起こりましょう。婚礼の席で、あなたとその場に居合わせるすべてのご婦人方と殿方が、私の足を目になさるでしょう。そうしたらぐずぐずせずに懺悔をして死ぬ準備をなさいませ。」だがペータの殿は、女は脅して騙そうとしているだけで女の言うことは全くの嘘だ、と話してくれた司祭の言葉を思い返していた。

やがて若い花嫁がシュタウフェンベルクに到着し盛大な宴が催された。騎士が花嫁の向かいに座って卓についていたとき、突然何かが天井を突き抜けて現れた。それは象牙のように白い得も言えぬ美しさの膝から下の人間の足だった。騎士は顔面蒼白になり大声で叫んだ。「ああ何ということ、おのおの方、そなたたちは私を破滅させた。三日の後この命は果ててしまう。」

足は天井に穴も残さず跡形もなく消えてしまった。笛と踊と歌は止んだ。司祭が呼ばれた。花嫁に別れを告げ、罪を告解したあと、ペータの殿は事切れた。若い花嫁は修道院に入り夫の魂のために神に祈りを捧げて残りの日々を過ごした。そしてドイツの国中で、この勇敢な騎士の死を悲しむ声が聞かれないところはなかった。

フィッシャルトの証言によれば、十六世紀にはこの地方の人々の間ではまだ、シュタウフェンベルクの殿ペータと、当時は湖の美しい妖精と呼ばれていた乙女との出来事は広く知られていた。今日でも乙女が最初に姿を現したツヴェルフェンシュタインの岩は、シュタウフェンベルクとヌスバハとヴァイラースホーフェンの間に見られる。また城では湖の妖精が時折滞在したという部屋を見せてもらえる。

訳注　『神話学』は、この伝説の「乙女」について、ヴァルキューレおよび妖精、白鳥との関連を指摘している。最高神は「すべてに浸透して作り出す力」として「願望」にほかならず、神に仕えるヴァルキューレは「願望の女」であるという。この元来の「願望の子」が、後の世の解釈によって伝説の中では望ましい女性として、「殿」の願いによっていつどこにでも姿を現す「乙女」となっているという。「乙女」の原像が「戦場の死者の魂を神に届けるだけでなく、闘いの勝敗を決定する力を持つ」ヴァルキューレであるならば、「乙女」も戦の野で「殿」を守ってくれて、「殿」が「騎士の試合」で勝利するのも辻褄が合う。

乙女の「足」に関しては、白鳥の足だと説明されている。『神話学』は「乙女」を「白鳥の乙女」(『グリム ドイツ伝説集』五四〇番「白鳥を伴う騎士」訳注参照)と結びつける。「白鳥の乙女」も「願望の女」でありヴァルキューレに近いとされるほか、白鳥の足の形は二つを組み合わせれば五芒星形に類似していて、この形は「妖精の足」とも「ケルト神官の足」ともよばれ、半神の印だという。妖精類の足(脚)については、「小人の足」(六六頁)参照。なお、フィッシャルトはヨーハン・フィッシャルト(一五四六/七~九一)で作家。

【山と森の住人】

〈山の城址に住む乙女と財宝〉

ボイネブルクの姫君(10)

むかしボイネブルクの城に三人の姫君が一緒に暮らしていた。末の姫はある夜の夢で、姉妹のうちの一人が神意によって雷に打たれて死ぬ定めにあると告げられた。翌朝二人の姉に夢で見たことを話した。すると、早くも昼には雲が湧き起こって黒々と広がり、夕方には嵐をはらんだ厚い雲が空一面を覆い、雷鳴が近づいてきた。まもなく雷が四方八方から襲いかかってきた。

このとき一番上の姫が「私が神のみ心に従います。死ぬと決まっているのは私ですから」と言うなり、椅子を外に出させて一晩と一日そこに座って雷に打たれるのを待った。だが、雷はこの姫の上には落ちなかった。次の日には、真中の姫が下に降りて「私こそ神のみ心に従います。死ぬ定めにあるのは私ですから」と決意を口にして昼も夜も椅子に座り続けた。だが、雷はこの姫の上にも落ちなかった。

ところが、雷雲は一向に去る気配を見せなかった。ついに三日目に末の姫が「これで神のみ心が分かりました。死ななければならないのは私です」と言うと、司祭を呼びに遣らせて秘蹟を授けてもらったのち遺言をしたためて、自分の命日には教区の人々に一人残らず御馳走をふるまい贈り物を与えるように手配した。それを済ませてしまうと、姫は心安らかに下に降りて椅子に腰を下ろした。するとたちまち一条の雷光が走り、姫を打った。

後にボイネブルクの城には住む人が絶えてしまったが、この姫は善良な幽霊となって城内によく姿を現した。

ある日、貧しい羊飼いが城のそばで羊に草を食ませていた。持ち物を何もかも失い、明日には最後の一つも差し押さえられるという苦しい身の上だった。この羊飼いがふと目をやると、城門の近くの陽だまりに雪のような白衣をまとった乙女が座っていた。その前には白い布が広げられていて、亜麻の実が並べてあった。実を日に当ててはじけさせていたのである。

羊飼いは、こんな寂しいところに乙女が一人でいるのを不思議に思ったが、近づいて「おや、立派な実だね」と言いながら、二、三粒を手に取ってしげしげと眺めたのち元に戻した。乙女はにこやかだがどことなく悲しそうな顔をして羊飼いを見つめているだけで、何の返事もしなかった。

羊飼いは何だか怖くなってきた。急いでその場を立ち去ると一目散に羊のいるところに駆けて戻り、群れを追って家に向かった。家路の途中、さきほど亜麻に足を踏み入れたときに靴に粒がいくつか入ってしまったので、足に触って痛かった。そこで道端に腰を下ろして靴を脱ぎ、実を取り出そうとして手を入れた。すると手のひらの上に、金の粒が五つ六つ光り輝いてこぼれ落ちた。急いで城に引き返したが、白衣の乙女も亜麻の実も跡形もなく消えてしまっていた。それでも、羊飼いは手に入れた金で借金を返し家計を立て直すことができたのだった。

城には今なおおびただしい財宝が隠されていると伝えられている。運のよい男が城壁のなかに引き出しを見つけ引っ張り出してみると、金貨がぎっしり詰まっていたという。雌牛と雌山羊を一頭ずつしか持っていない寡婦の身に起こった話もある。ボイネブルク城の近くにイラクサが生えているので、餌にしようと刈りにかかって茂みに手を伸ばしたとたん、足を滑らせてはるか下の方まで転がり落ちてしまった。大声を上げて助けを求めたが、このような寂しいところに人がいるはずもなかった。とうとう夕方になって、母の帰りが遅いのを心配した子供たちが探しに来て、ようやく声を聞きつけた。子供たちは縄を下ろして母を引き上げた。母親が子供たちに語ったところによると、転げ落ちて着いたところには格子垣があって、その向こうの机の上には財宝と銀器が山をなして積まれていたという。

胡桃の核（159）

コルヴァイ司教領のヴェーレンに住むペータとクニッピングという二人の若者が鳥の巣を探そうとしていた。ところがペータは恐ろしいほどの怠け者で、少しあたりを見回しただけで樹の下に横になって寝入ってしまった。

眠っていると突然、誰かに耳をつままれたような気がした。目を覚まして周囲を見回したが誰も見当たらなかった。それでまた頭を横たえて眠り込んでしまった。するとまた誰かが耳をつまんで引っ張った。周囲を見たが今度も誰もいなかったので、またもや眠ってしまった。だが、三度目に耳を引っ張られると、さすがのペータもうんざりしてしまい、邪魔されずに寝そべっていられる場所を探そうと思って身を起こした。

すると突然、前を歩いていくヴィルベルクの令嬢の姿が目に入った。令嬢は胡桃を二つに割り、殻を袋に入れて核を地面に捨てていた。ペータはずっと後について歩き核を拾っては食べていたが、胡桃がなくなると令嬢は姿を消してしまった。

ペータは引き返してクニッピングを探し出し、見たことすべてを話して聞かせた。二人は家に帰って助っ人を連れてくると、令嬢が姿を消したところを掘り始めた。掘り進んでいくと、むかしの炊事道具がそのまま残されている古い厨が現れた。そしてついには何トンもの貨幣で溢れている地下室に行き当たった。みな運べる限りの貨幣を持って家に帰り、翌日また来るつもりだった。ところがある日、すべては消えていて、どれだけ探しても昨日の場所を見つけ出すことはできなかった。それでもペータはそのお金で家を建て、今もそこに住んでいる。

ゾーストの宝（160）

三十年戦争のさなかのことである。ヴェストファーレンのゾーストの町から遠からぬところに廃墟があった。当時、広く伝えられていた話によれば、そこには銀貨が詰まった鉄の長持が隠されていて、これを黒い犬と呪いをかけられた乙女が守っているという。

これは祖父母から聞いた話であるが、いつの日か他国の貴族がこの地に現れ、乙女を救い出して灼熱の鍵で長持を開けることになるという。はるかむかしに、幾人かの遍歴の学生や悪魔祓いの祈禱師たちが廃墟に出かけて掘り当てようとしたが、何とも奇妙な出迎えを受けて追い払われてしまい、それ以来誰も宝を探そうとは思わなくなってしまった。とくにその者たちが、宝は一度でも母乳を飲んだことがある人の手には入らない、と打ち明けたものだから熱は完全に冷めてしまったという。

少し前のことだが、村の小さな娘がこの廃墟のそばで山羊を放牧していたところ、一頭が中に入り込んでしまったので後を追っていった。すると一人の乙女が中庭にいて「ここに何か用がおありか」と声をかけてきた。事情を聞くと桜ん坊の入った小さな籠を指さしながら言った。「さあ、目の前にある籠から好きなだけ取って、山羊を連れて出てお行きなさい。戻ってきてはいけませんよ。振り返ってもいけませんよ。お前の身によくないことが起こりますからね。」そう言われた女の子はびっくりして桜ん坊を七つ手につかむと、不安にかられて廃墟から外に出た。その途端に桜ん坊は銀貨に変わっていたという。

訳注　三十年戦争は一六一八年から一六四八年まで続いた。「黒い犬」と「宝」については、次の伝説「蛇身の乙女」や『グリム ドイツ伝説集』三一九番の四「馬の足跡と悪魔の淵」を参照。

蛇身の乙女（13）

一五二〇年頃、スイスのバーゼルにレーオンハルトという名の男がいた。みなからはリーニマンと呼ばれていたが、仕立屋の息子で少し頭が単純である上に吃音症でうまく口がきけなかった。このリーニマンが、バーゼルの上方のアウクストの地底に長く延びている穴あるいは地下道に入り込み、これまでに誰も足を踏み入れたことがないずっと奥の方まで突き進んでいき、そこで遭遇した不思議な出来事を話して聞かせていた。その体験談を本人の口から直接聞いた人たちが今でも生きていて、それは次のような内容だったという。

あるときリーニマンはお供えのろうそくに火をつけて洞窟に踏み入った。まず鉄の門をくぐり、次に円天井の部屋のようなところを次から次へと抜けて、最後には綺麗で気持ちのよい緑の庭をいくつも横切った。庭の中央には豪華で立派な城館があった。

その館にはとても美しい乙女が住んでいた。乙女の身体は臍から上は人間の姿で、頭には黄金の冠を戴き、髪は長く地に垂らしていた。ところが下半身は恐ろしげな蛇の姿だった。リーニマンはこの乙女に手を取られ、鉄製の櫃《ひつ》が置いてある所へと連れていかれた。櫃の上には、人が近寄れないように二匹の黒犬が横たわって吠え立てていたが、乙女が宥めて大人しくさせてくれたので難なく近づくことができた。乙女は首にかけていた鍵束を外して櫃を開けて中から銀貨などの貨幣を取り出すと、かなりの数を気前よく与えてくれた。もらった貨幣をリーニマンは洞窟から持って帰り、実際にその宝を人の目の前に出して見せたのである。

リーニマンの話にはまだ先があり、乙女は自分の身の上をこう語ったという。「私は王族の生まれなのですが、呪われてこんな化物の姿になってしまいました。でも助かる道はただ一つだけあります。穢れのない童貞の若者が私に三度接吻してくれるならば、もとの姿に戻ることができるのです。救ってくれた方には、お礼としてここに隠してある宝をそっくり差し上げます。」リーニマンによれば、二度まで接吻したが、乙女は一度目にも二度目にも思いがけずに訪れた救いがあまりに嬉しくて身をくねらせた。それがぞっとするほど恐ろしい眺めだったので、生きたまま八つ裂きにされるのではないかと怯え、三度目の接吻をする勇気が失せて逃げ出してしまったというのである。

このことがあってからリーニマンは人に誘われて悪所に足を運び、浮かれ女と床を共にした。こうしてこの男も世の悪徳に染まったので、洞窟の入り口を見つけることができなくなってしまった。リーニマンはこのような結末になったことを、涙を流して何度も悔やんでいた。

草地の乙女（224）

山街道に沿ったアウエルバハの村に住む少年が、古城を望む狭い谷の牧草地で父親の雌牛の番をしていた。すると突然、後ろから柔らかな手でそっと頬を打つものがあった。振り向くと、驚いたことに、この世のものとは思えぬ美しい乙女が一人、全身を白衣につつみ背後に立っていて、話しかけようとしてまさに口を開くところだった。ところが少年は本物の悪魔を目にしたとでもいうように、びっくりして村へ逃げ帰ってしまった。

だが、父親が所有する牧草地はここだけだった。そのため否でも応でもこの牧草地に牛を追いたてて行かねばならなかった。長い月日が経ち、少年は妖霊のことをほとんど忘れてしまっていた。そんなある夏の蒸し暑い日のこと、葉をかき分けるカサカサという音が聞こえ、一匹の小さな蛇が這っているのが見えた。蛇は一輪の青い花を口にくわえていて、突然話し始めた。「お聞き、もしお前がこの花を受け取ってくれるならば私を救えるのですよ。この花はあの上のお城の私の部屋の鍵なのです。そこへ行けば、お前はたくさんのお金を見つけることができるのですよ。」ところが家畜番の少年は、蛇が話すのを聞いてびっくりしてまた家へ駆け戻ってしまった。

そして秋も終わりに近いある日、少年が例の草地で牛の番をしていると、三たび妖霊が、今度ははじめと同じ白衣の乙女の姿で現れた。また少年の頬をなで、手段方策はすべて教えるからどうか救ってほしいと切々と懇願した。しかしながらその願いも空しかった。少年は恐怖にとらわれ、十字を切り神の加護を祈り、妖霊とは関わりをもつまいとした。すると乙女は深いため息をつきこう言った。

「ああ悲しいことにお前などを信頼してしまった。さあこれから新たにこの草地に桜の木が生い育ち、その木から揺籃《ゆりかご》がつくられるまで待たねばならない。その揺籃で最初に揺られた子供だけが、いつの日か私を救うことができるのです。」そう言い残して乙女は姿を消してしまった。そしてこの少年は若死にしたという。何がもとで世を去ったのか、知る人はいない。

ヴィルベルクの令嬢（315）

ヘクスターの近くのヴェーレンに住む男が、アーメルングの水車小屋に小麦を碾きに行った。その帰り道、ラウの森の池のほとりで少しばかり休息しようと思った。するとそこにゴーデルハイムの向かいのヴィルベルクの山から令嬢が下りてきて男に近づき、「水を手桶に二杯ヴィルベルクの山の上まで運んでおくれ。そうしておくれなら十分な報酬をあげましょう」と頼んだ。男が水を運び上げたところ、令嬢はさらにこう求めてきた。「明日のこの時間にもう一度おいで。オスターベルクの羊飼いが帽子につけている花束を持って来ておくれ。くれぐれもその花束は穏便に羊飼いからもらい受けるよう注意するのですよ。」

翌日、男は何度も懇願したすえに花束をもらい受けてヴィルベルクの山に登った。山頂には令嬢がいて男を鉄の扉があるところへ連れていき、「その花束を錠の前に持っていきなさい」と促した。その通りにすると扉がぱっと開いた。二人は中に入っていった。そこは山の内部の洞窟で、一人の小人が机を前に座っていた。その鬚は石の机を貫いて伸びていて、そのまわりはおびただしい宝物で埋めつくされていた。

羊飼いの男は喜びのあまり花束を机の上においてポケットに金貨を詰め込み始めた。すると令嬢は羊飼いに「最上のものを忘れては駄目よ」と注意を促した。男はあたりを見回して大きなシャンデリアのことかと思って手を伸ばしたところ、机の下から手が出てきて男の顔を打った。令嬢はもう一度「最上のものを忘れなさんな」と言った。ところが男は宝のことしか念頭になく、花束のことまで気がまわらなかった。ポケットが一杯になったところで立ち去ろうとして戸口を出たとたん、おそろしい音をたてて扉がバタンと閉まった。

さて男が宝をポケットから取り出してみたところ、入っていたのはすべて紙切れだった。そのとき花束のことが頭に浮かんだ。そしてそれが最上のものだったことが分かったのである。男は悲しみに沈んで山を下り家路についた。

訳注　花や花束が財宝を手に入れる手掛かりになるという話は一つ前の「草地の乙女」や「小人と不思議な花」（七四頁）も参照。

〈鉱山の精〉

クッテンベルクの三鉱夫（1）

ボヘミアにクッテンベルクという鉱山がある。この山で永年働いている三人の鉱夫がいた。三人ともその稼ぎで誠実に妻と子を養っていた。毎朝、三人は三つのものを持って山に入った。お祈りの本と一日分の油が入ったカンテラと一日分のわずかのパンだった。仕事にとりかかる前に、三人は「坑の中にいる間、どうか私どもをお守りください」と神に祈り、そうし終えると安心して一心に働き始めた。

ところがある日のこと、一日の仕事を終えた日暮れも近いころ、にわかに山が崩れて出口を塞いでしまった。生き埋めになったと知った三人は言った。「ああ神さま、哀れなことに私ども鉱夫は飢え死にです。パンも明かりの油も一日分しかありません。」すべてを神に委ねて死ぬ覚悟だったが、体が動く限り一刻とて怠けていたくはなかったので、掘っては祈り、また掘っては祈った。するとどうであろう。カンテラは七年の間燃え続け、わずかのパンは毎日食べてもなくならず、もとのままの大きさだった。三人には七年の歳月もわずか一日のように思われた。ただ、髪を切り鬚を剃ることはできなかったので、髪も鬚も伸び放題だった。

こうして七年の長い月日が経つうちに、三人の鉱夫のおかみさんたちは、亭主らは死んでしまったものと思って、「亭主が生きて帰ってくることはもうないだろう、そろそろ別の人と一緒になろうか」と考えていた。ちょうどそのころ、地中に埋まった三人のうちの一人が、切なる願いを洩らした。「ああもう一度お日さまが拝めたらなあ。それが叶えば死んでもいいのだが。」すると二人目が「もう一度家でかみさんと一緒に飯を食いたいものだ。それが叶ったら死んでもいいのだが」と、そして三人目も「ただの一年でいいから、もう一度かみさんと楽しく仲良く暮らしたいものだ。そうできたら死んでもいいのだが」と胸の内の思いを口に出した。

すると三人が願いを言い終えたとたん、大音響とともに山にひびが入った。一人目の鉱夫が裂け目に駆け寄って上を仰ぐと青空が見えた。太陽の光を見て喜んだ瞬間、鉱夫は息絶えて倒れた。その間にも山は裂け続けて、隙間が大きくなっていった。残った二人は鶴嘴をふるい、階段を切り出してよじ登り、とうとう外に出た。

二人は一目散に村に走り、家に駆けこみ、かみさんを探した。ところがおかみさんたちは、自分の夫であるとはとても信じられなかった。「それじゃあ、お前さんたち、亭主はいなかったと言うのかね」と鉱夫たちが質すと、「亭主はいましたよ。でも七年前に死んでしまって、今もクッテンベルクのお山に埋まったままですよ」とすげない返事だった。「この俺がその亭主なのだよ」と二人目の鉱夫が言い聞かせようとしても、おかみさんは一向に真に受けようとはしなかった。一フィートにもなる鬚で顔立ちがすっかり変わっていたからである。

そこで二人目の鉱夫は言った。「二階の簞笥に剃刀が入っているだろうから、持ってきておくれ。石鹸も忘れずに。」鉱夫は鬚を剃り、顔を清め、髪に櫛を入れた。すっきりした顔になると見紛いようもなく夫であることが分かった。心底うれしく思ったおかみさんは、家にある限りの食べ物、飲み物を出してきて食卓に並べ、夫婦差し向かいで楽しく食事をとった。腹がいっぱいになった夫は、パンの最後の一切れを嚥み下したその瞬間に、倒れて事切れた。

三人目の鉱夫は、その後一年の間おかみさんと静かに仲睦まじく暮らした。一年の後、山から出たのと同じ日の同じ時刻に、夫と妻は一緒に倒れてこの世を去った。敬神の念が篤かったので、神はこのように三人めいめいの願いをかなえ給うたのである。

訳注　生き埋めになったクッテンベルクの三鉱夫については、グリムは触れていないが少し異なる内容の伝説も存在している。そこでは願いを叶えてくれるのは鉱山の精である。

鉱山の精（2）

鉱山の精「ヘマーリング親方」は、時として抗の深いところに現れる。たいていは黒い修道衣をまとった大男の格好なので、「山の修道士」と普通は呼ばれている。

精はグラウビュンデン・アルプ山中のとある鉱山によく姿を見せたが、ことに金曜日には掘り出した鉱石を一つの桶から別の桶に飽きもせずに移し替えていた。鉱山主はこれを見ても嫌な顔をしてはならなかったが、その代わりに精からも決して危害を加えられることはなかった。ところがあるとき、鉱夫の一人がこの無駄な作業に腹を立て、精を咎めて罵った。すると精は男をむんずとつかんだ。男は死にはしなかったが顔が後ろ向きになってしまった。

アンナベルクのローゼンクランツという名の坑道に現れたときには、精は仕事中の十二人の鉱夫にふっと息を吹きかけた。鉱夫たちはみなその場に倒れて事切れた。この鉱坑からはおびただしい銀が掘り出されていたが、このことがあってから採掘は途絶えてしまった。アンナベルクに現れるときの精は、首の長い馬の姿をしていて、額についた目は恐ろしい光を帯びていた。

シュネーベルクの聖ゲオルク坑道に出没するときは、黒衣の修道士の姿だった。精は見習い鉱夫をつかまえて地面からひょいと持ち上げ、むかしたくさんの銀を産出した上の坑道に乱暴に下ろした。そのため鉱夫は手足に傷を負った。

ハールツ山地に姿を見せたときには、鉱夫たちを虐げていた鉱夫長にきついお灸をすえたことがあった。鉱夫長が坑道から出てくるところを見計らって、気づかれないように出口にまたがっていて、男が上がってきたとき、その頭を両ひざに挟んで押しつぶしてしまったのだ。

訳注　ヘマーリングの原意は「ハンマーを持つ者」。『神話学』によればハンマーは雷神ドーナルの仕事道具である。

ハールツの山修道士（3）

いつも組になって仕事をしている二人の鉱夫がいた。ある日のこと、坑内に入って切羽までやって来たとき、坑内用のランプの油が一交代分には足りそうもないことに気づいた。「どうしたものか」と二人は話し合った。「油が切れて暗闇を手探りで外に出る羽目になれば事故に遭うぞ。危なっかしい坑道だからな。かといって、今から油を取りに帰ったら、お頭に痛い目にあわされるだろう。さんざんにな。なにしろ奴さん、俺たちのことをよく思っていないからな。」あれこれ心配しながら佇んでいると、坑道の奥に一点の光が見え、それがこちらへと近づいてくる。二人はほっとして待ち受けていた。

だが、光が近くまで来たとき仰天した。明かりの主は恐ろしげな大男だった。腰をかがめてのっしのっしと坑道を上がってくる。大きな頭巾をかぶり服も修道士の身なりで手には大きな坑内燈を持っている。怖くて身じろぎもせずに立っていると、大男が歩み寄ってきて、体をまっすぐに起こしてこう言った。「怖がることはない。何も悪いことはせぬ。それどころかお前たちのためになることをしてやろう。」大男は二人の明かりを取ると自分の明かりから油を注ぎ入れた。それから採掘用具をつかんで二人に代わって掘り始め、一週間力を振り絞っても二人にはとうていできないほどの仕事を一時間で片づけてしまった。

「俺に会ったことを誰にも言ってはならぬぞ。」そう言うと、大男は拳固で左側の壁をたたいた。すると、壁が左右に開き金と銀が眩しく輝く長い坑道が見えたが、二人は突然の光に目がくらんで顔を背け、もう一度その方を見たときには、すべては消えてしまっていた。斧つき鶴嘴か何かほかの道具を裂け目に投げ込んでいたなら、坑道の口は開いたままで、二人は富と誉を手に入れたことだろう。二人が目を背けた瞬間、幸運は消え去ったのである。

とはいえ、鉱山の精がカンテラに注いでくれた油は消えてはいなかった。この油はいくら燃やしても減ることがなかったので、これだけでも大変な儲けだった。ところが何年かが過ぎたある土曜日のこと、二人は気の置けない仲間たちと飲み屋で酒を飲んで面白おかしく話をしているうちに、事の一部始終を洩らしてしまったのである。月曜日の朝に坑内に入ってみると、カンテラには一滴の油も残っていなかった。こうして再びみなと同じように、そのつど油を満たさなければならなくなったのである。

〈小人〉

プレッセ城の静かな民 (30)

ヘッセンのプレッセの山城には、岩のはざまにいくつもの湧水や泉、深い淵や洞窟が見られる。言い伝えによると、ここには「静かな民」と呼ばれる小人が住んでいるという。

この種族は、口数は少ないが親切で、気に入った人のためには進んで尽くしてくれる。人間から害を被っても怒りを向けることはなく、家畜を苦しめて意趣を晴らすのである。もともと地下に住んでいる種族で、人とは交わらずに巌《いわお》の中で自分たちの暮らしを守って生きていて、地中のさまざまないくつもの部屋には金銀宝石をたくさん蓄えている。地上で片づけねばならない用事がある場合でも、昼間でなく夜中に済ませてしまう。

身体は人間と同じように骨と肉からできていて子供を作り老いれば死んでいくのだが、自分の姿を透明にして、人が地上を難なく動くのと同じように、岩や岸壁を自由に通り抜けて行き来する不思議な能力を備え持っている。

ときには人の前に姿を現す。岩の裂け目のなかに連れていって好ましい人物ならば高価な品を土産に持たせてくれる。一番大きな入り口は深い泉のそばに口を開いている。その近くにある旅籠は「せせらぎ亭」という屋号を掲げている。

訳注　小人は物おじをする静かな精霊で、騒がしさや物音を嫌う「良き隣人」である、と『神話学』にある。「自分の姿を透明にする能力」とは「隠れ頭巾」（「橋を渡って去る小人族」六九頁参照）のことであろう。

小人の結婚式（31）

ザクセンのアイレンブルクの城には小人が住んでいた。あるとき小人たちは結婚式を開こうとして、夜中に鍵穴や窓の隙間を通り抜けて広間に入り込んできた。ぴかぴかの床に転がり下りてくる様子は、えんどう豆が土間にぱらぱらと撒かれるときのようだった。

老伯爵は、広間に置かれた高い天蓋つきの寝台で休んでいるところだったが、この物音で目を覚まし、たくさんの小人たちを見て怪訝に思った。すると、式武官のように着飾った一人が歩み寄ってきて、丁重な言葉で礼儀正しく伯爵を式に招待した。「ただし一つだけお願いがございます」と小人は続けた。「伯爵さまお一人だけにご臨席いただきたく存じます。ご家来の方が一緒にご覧になってはいけません。たとえ一目でも見ないでいただきたいのです。」老伯爵は愛想よくこう応じた。「起こされてしまったのだからお付き合いしましょうか。」

伯爵に女の小人が引き合わされた。灯り持ちが立ち並び、小人たちの演奏が始まった。伯爵は踊っている間、小さな女をしっかりつかまえているのに大変苦労した。女はあまりにも軽々とあっちへ飛びこっちへ跳ね、挙句の果てには竜巻のようにくるくる回転したので、伯爵は息をつく暇もなかった。

ところが、陽気な踊りの最中に突然すべてがぴたりと止まり、音楽がやんだ。つぎの瞬間、小人の一団は一目散に戸の隙間や鼠の穴や、そのほか身を隠せるところに向かって散っていった。広間に残った新郎新婦と式武官と踊り手は、天井にある明かり窓を見上げた。するとそこには、老伯爵夫人の顔が覗いていて、物珍しそうに楽し気な集いを見下ろしていたのだった。

小人たちは伯爵にお辞儀をした。招待してくれた式武官が歩み出て伯の好意に対してお礼を述べた。「ですが」と式武官は言葉を継いだ。「ほかの人に見られましたので、私どもの楽しい婚礼の式が邪魔されてしまいました。こうなりましたからには、今後はアイレンブルクのご一家の男子は、七人以上を数えることはありますまい。」一同は押し合うようにして急いで広間を出ていった。後には老伯爵が一人ぽつんと暗がりのなかに残されていた。

この呪いは今日に至るまで解けていない。アイレンブルク家に七人目の男子が生まれる以前に、六人の殿のうちの一人は必ず死んでしまう。

訳注　ライプツィヒ近郊のアイレンブルク城は十二世紀末から十四世紀後半までオイレンブルク伯爵家が所有。伯爵家は十二世紀末に確認され、いくつかに枝分かれしてその家系は今日まで続いている。

ホイア伯爵（35）

むかし夜中にホイア伯爵の前に小人が姿を現した。伯爵が目を丸くしていると、小人が言った。「びっくりなさらないでください。一つお願いがあるのです。どうかお断りなさらないでください。」

「私と身内の者にとって面倒なことでなければ、そうしてあげよう」と伯爵が答えると、小人は続けた。「明日の晩、仲間が何人か一夜の場所を拝借しに参るはずでございます。この者たちにどうか台所と広間をお貸しください。召使の方々には早くお休みになるように仰ってください。私どものすることを見られると困りますので。それからこのことはほかの誰にもお知らせになりませんように。こうしたことをお聞き入れ願えますならば、私どももお礼の仕様は心得ているつもりです。伯爵さまとご一家がますます栄え、みなさまの身に苦難の降りかからないようにして差し上げましょう。」伯爵は願いを聞き入れた。

つぎの晩、まるで物の具をつけた兵隊の行進のように、堀にかけられた橋を渡って小人の群れが館の中に入ってきた。その様子はよく話に聞く山の小人の姿そのものだった。小人たちは台所に入って煮炊きをし、料理を切り分け器に盛った。盛大な宴の準備をしているとしか思えなかった。

さて明け方近くになって一同が立ち去ろうとするとき、前夜の小人が伯爵のところにやってきて、お礼の言葉を述べながら剣と緋毛氈、それと赤い獅子の像をはめ込んだ金の指輪を渡して、こう説明した。「この三つの品を伯爵さまとご子孫でよく守ってください。三つが一つ所にそろっている間は、ご領地は乱れもなく安泰でございます。もし三つが別々になりますと、ご領地内に何かよからぬことが起こっているしるしとお考え下さい。」また指輪の獅子の赤い色は、伯爵家の誰かが亡くなる前にはいつも薄らいだ。

その後ホイア伯爵家では、フランツ・フォン・ハレが摂政になった。これはヨープスト伯爵とその兄弟たちがまだ成年に達していなかったからだが、そのときに剣と緋毛氈がどこかに持ち去られてしまった。指輪だけは家が絶えるまで伯爵家嫡流の手にとどまり続けたというが、その後どこに消えてしまったのか今は在り処を知る者とてない。

訳注　『神話学』によれば、ひっそりと暮らしている小人も人間の助けが必要になる場合がある。「小人の結婚式」もそうだが、婚礼の宴を開く広間を借りに来るのはその一例で、こうした助力へのお礼として小人はその家と子孫に幸せをもたらす宝物を贈与するという。その他に小人は、お産の手助け（これは水妖の場合と同じである。「フォン・ハーン夫人と水妖」三七頁参照）と、内部争いを調停するための分別ある人士を、人間族に頼るとされている。なおホイア伯爵家は十二世紀ごろまでさかのぼり、一五八二年まで続いた。

ヴィヒトラインあるいは山小人(37)

ヴィヒトラインとも呼ばれる山小人は、ほとんど小人と同じように見えるが、背丈が四分の三エレぐらいしかなく、長い鬚を生やした老人の姿をしている。身なりは鉱夫のようにシャツに白い頭巾がつながった上着を着て、尻のところには革をつけ、手にはカンテラと金槌と鶴嘴を携えている。鉱夫たちに危害を加えることはない。ときに小石を投げつけたりはするが、鉱夫はめったに怪我をしない。もっとも、嘲りや呪いの言葉を浴びせられて小人が怒ってけんか腰になると話は別である。

山小人は現に鉱石が出ているか、将来出る見込みのある坑道に主に姿を見せるので、鉱夫たちは見かけても怖いと思わず、かえって吉兆とみなして、喜んでますます仕事に精を出す。

小人たちは竪坑、横坑と動き回って大車輪で働いているように見える。だが、実は何もしていない。たとえばあるときは、坑道や鉱脈を穿っているようなふりをし、あるときには掘った石を桶に入れているように見せかける。また別のときには、巻き上げ機を動かして引き上げる格好をする。これは鉱夫たちをからかい惑わしているだけなのである。ときおり、小人の呼ぶ声が聞こえてくるので駆けつけてみると誰もいない。

ボヘミアのクッテンベルクでは、大群をなして坑道を出入りする山小人がよく見かけられた。鉱夫が一人も坑道に入っていないときとか、とくに大事故が迫っているときなどには(抗夫に死が迫っているときには、トントントンと三回たたいて知らせてくれる)、削る、掘る、衝く、踏み固める音やもっと別の坑内作業を思わせる物音が聞こえてきた。ときには、鍛冶屋が金敷の上に赤く焼けた鉄をひっくり返しながら槌で打つときの調子にどこか似た音がすることもあった。このクッテンベルクの鉱山では、三、四人の鍛冶屋が一緒になって打っているのかと思えるくらい、トンテンカンという音が響いてくることがよくあった。そういうわけで、この小人たちはボヘミアの人たちから「家の鍛冶屋さん」と呼ばれていた。

イドリアの鉱夫たちは毎日料理の入った鉢を決まったところに置いてやるだけでなく、毎年ある時期に、男の子が着るくらいの丈の赤い上着を買って小人たちに贈る。これを忘れると小人たちはつむじをまげて腹を立てるという。

訳注　一エレは五十五〜八十五センチぐらい。イドリアは今日のスロヴェニアにある。

地中の小人と羊飼いの少年 (44)

一六六四年のことドレースデンからそれほど離れていないところで、一人の羊飼いの少年が村の羊の番をしていた。ふと脇を見ると、中ぐらいの大きさの石がひとりでに空中に浮き上がって落ち、その後も何回か飛び跳ねては地面に落ちた。驚いた少年は走り寄って、その石をよくよく見た後で持ち上げてみた。

するとと年若い地の小人が土の中から跳び出してきて、素早く少年の前に立ってこう言った。「この中に封じ込められていたんだ。君が救い出してくれた。だから何でもしてあげるよ。何か仕事を言いつけておくれ。」少年はあっけにとられながらも答えた。「そうだな、じゃあ羊番を手伝ってくれるかい。」小人は日暮れになるまできちんと仕事を果たした。

さて村に帰ろうとすると小人が口を切った。「君の行くところへ僕も行くよ。」すぐさま少年は言葉を返した。「僕の家には連れてはいけない。義理のお父さんと兄弟がいるんだ。よその人を連れて帰ったら家が狭くなるってひどくぶたれるよ。」「そうなの。でも君は僕を引き受けてしまったんだよ。君の家が駄目なら、寝るところをどこかほかに世話してくれなきゃ。」

そこで少年は、近所の子供のない家に行くように教えた。すると小人はその家にすっかり腰を落ち着けてしまい、家主が追い出そうとしても決して出ていこうとはしなかった。

宿を求める小人（45）

山崩れに呑み込まれたグリンデルヴァルト渓谷の村シリングスドルフや、トゥーン湖畔の小村ラリゲンについては、次のような話が語り伝えられている。おそらくその他のいくつもの村についても、このような言い伝えが残されていると思われる。

雨と風とが激しい日に旅の小人が村を通りかかった。びしょ濡れになって一軒一軒の戸をたたいたが、かわいそうに思って開けてくれる村人は一人もいなかった。それどころか、どの家でも小人に嘲りの言葉を浴びせかけたのだった。

ところが、村のはずれに貧しいが信仰心の篤い老夫婦が住んでいた。小人は精魂つき果てて杖にすがりながら夫婦の小屋へそっと歩み寄ると、小窓を申し訳なさそうに三度たたいた。老いた羊飼いはすぐに戸口を開けて小人を招き入れて、ささやかながらも家にある食べ物すべてを出して快くもてなした。

老婆がパンと牛乳とチーズを持ってくると、小人は牛乳を一口二口啜り、パンとチーズのかけらを口に入れてこう言った。「どうもこうしたきつい食べ物には慣れておりませんので。でもお二人には心からお礼申し上げます。神さまがこのご親切にお報いにならんことを。ではもう十分休みましたので、出かけようと思います。」「とんでもない」と老婆は言った。「こんな嵐の夜に出ていくなんて。小さな寝台ですけど泊まっておいきなさいませ。」小人は頭を振って微笑んだ。「岩山の上に用事がたくさんありますので、長居はできないのです。でも明日はきっと私のことを思い出されましょう。」そう言い終えると別れを告げて去り、老夫婦も床に就いた。

老夫婦は夜明け近くになって嵐の音で目を覚ました。真っ赤な空には稲妻が走り、雨が滝のように降り注いでいた。そのとき、聳え立つ岩山を縫う峠道の巨大な岩が動き、木々と石と土を巻き込んで麓の村に転がり落ちてきた。村中の生あるものはすべて、人も家畜も濁流の下に埋まっていった。今やその山津波は老夫婦の小屋にも迫ってきていた。

二人はぶるぶる震えながら外に出た。見ると、土砂の流れの真中を大きな岩がこちらに向かって動いてくる。岩の上には昨晩の小人がまたがって、馬にでも乗っているように嬉しそうに体を跳ねさせ、太い松の幹を櫂の代わりにしていた。この岩が小屋の前で濁流をせき止めてくれたのだ。それで夫婦も小屋も無事だった。

小人はといえば、その身体は膨れてどんどん大きくなって、やがて途方もない巨人になって空に消えた。この間、老夫婦は跪いて祈り、命が助かったことを神に感謝していた。

木の枝に座る小人（148）

夏になるとよく小人の群れが岩壁から谷に下りてきて、働いている人たちに近づき、手助けをしたり、ただ眺めていたりしていた。とくに干し草の刈り入れをしている人たちのところにはよくやって来た。そういう折には、小人たちは楓の長くて太い枝に腰を下ろして葉陰に入ってとても楽しそうにしていた。

ところが、あるとき意地の悪い連中が夜のうちにこの枝に鋸を当てて、少し押せば折れるほどの切れ目を入れておいた。翌朝、無邪気な小人たちがいつものように枝に腰を下ろした。そのとたん枝は幹から折れて、小人たちは地面に転がり落ちた。これを見ていた者たちが笑い転げたので小人たちは激しく怒ってこう叫んだ。

「何と天は高く
不実は大きいことか。

今日が最後だ、もう現れん。」

この言葉の通り、小人たちは二度とこの土地に姿を現さなかった。

小人の足（150）

むかしは人間は谷間に住み、まわりを取り囲んでいる岩の裂け目や山々には小人たちが住んでいた。小人たちは人間に好意を懐いていて親切で、夜の間に代って辛い仕事を済ませてくれていた。

土地の人が朝早く農具をかつぎ車を引いて野良に出てみると、もうすべてが片づいているのでびっくりする。茂みに隠れてそれを見ていた小人たちはどっと笑い声を上げるのだった。まだ稔りきっていない穂が刈り取られていることもよくある。農夫たちは腹を立てるのだが、こんなときにはしばらくして雹や雷雨が襲ってくる。すると農夫らは、もし刈ってもらっていなかったら茎の一本も助からなかっただろうと胸をなでおろし、予見の力を持つ小人たちに心から感謝するのである。

ところがあるとき、この親切な小人たちも人間の不埒な所業にすっかり愛想をつかし、ついに逃げ去ってしまった。それ以来、小人の姿を目にしたものはいない。事の起こりはこうだった。

山腹の上の方に見事な桜桃の樹を所有している羊飼いがいた。ある夏のこと、樹に桜ん坊がみのると、三夜続けて実がすべて摘まれていて、しかも摘まれた実は羊飼いがいつもするように、長椅子や簀の子の上に運んであった。羊飼いが不思議に思っていると村人たちがこう話してくれた。

「こんなことをするのは律儀な小人以外にはないよ。奴さんたちは、夜になると長い外套にくるまって足を隠して、鳥のように静かに小走りでやってきて、人間が昼間にする仕事をせっせと片づけてくれる。その様子を密かに聞き耳を立てて窺っていた人もたくさんいる。でも邪魔をしてはいけない。したいようにさせておくことだ。」

羊飼いはこの話を聞いて好奇心をそそられ、なぜ小人たちがそんなに念入りに足を隠すのか、人間の足とは違う形なのか、知りたいものだと思った。

翌年また夏が巡ってきて、小人たちが桜ん坊を密かに摘んで納屋に運んでくれる時節になった。羊飼いは灰が一杯詰まった袋を持っていって、桜の樹の周りにぐるりと撒いておいた。翌朝、日が昇るとともに、樹のところへと急いで駆けていった。実は一つ残らず摘まれていて、撒いた灰の上には鵞鳥が歩きまわったような足跡がたくさん残されていた。それを見て羊飼いは笑い出し、あらわになった小人の秘密をあざ笑った。

その後しばらくして小人は自分たちが住んでいた家をさんざんに打ちこわし、山奥深く逃げていった。人間に恨みを懐き、手助けなど一切しなくなってしまった。恩を仇で返した羊飼いは、病で臥せるようになり頭もおかしくなって、やがて死んでしまった。

訳注　鵞鳥のような足については「シュタウフェンベルクの殿ペータ・デムリンガ」の訳注（四三頁）参照。

ハイリングの岩山に住む小人（152）

エーガ河畔の、ヴィルデナウの館とアイヒャの城との間のあたりに、巨大な岩山が聳え立っているが、これは古くは「ハイリングの岩」と呼ばれていた。この岩山の麓には洞窟がある。中は丸天井になっているが、外からはやっと屈んで這って入れるぐらいの小さな入り口しか見えない。この洞窟にはかつて小人たちが住んでいて、最後の時期には「ハイリング」というどこの誰か分からない老人が君主として小人の国を治めていたという。

そのころのことである。あるとき、タシュヴィッツ村生まれの女が、ペテロとパウロの祭日の前日に、森に入って漿果を探していたところ、夜になってしまった。この岩山の横にきれいな家が見えたので、中に入って扉を開けてみると、老人が机に向かって脇目もふらずにせっせと書き物をしていた。女が宿を請うと快く受け入れてくれたが、老人のほかには部屋には人や生き物はいないのに、騒々しい音があちこちから聞こえてきた。ぞっとして怖くなった女は老人に「一体ここはどこなのですか」と尋ねた。「わしの名はハイリングじゃ。もうじきここを出るつもりじゃ。わしの小人たちが三分の二も逃げ出していなくなってしもうたからな。」この奇妙な答えを聞いて、女は一層不安が募り、もっといろいろと訊こうとしたが、老人は黙るようにと制してこう付け加えた。「こんなおかしな時でもなけりゃ、とうていお泊めすることなどできなかったでしょうな。」

女はびくびくしながらも部屋の片隅に大人しく横になり、すやすやと眠った。朝になって目を覚ましたところ、寝ていたのは岩山の洞窟の中で、周囲には建物などどこにも見当たらなかった。では昨夜のことは夢だったのかと思ったが、とにかく危ない森の中で無事に過ごせたことの喜びをかみしめながら、急ぎ足で村に戻った。

ところが村は何から何まで様変わりだった。家々は建て替えられて新しく、出会う人はみな知らない顔ばかりで、女を知る人もいなかった。探し回った挙句ようやく以前に住んでいた小屋を見つけたが、これも前より立派になっていた。祖父が植えた樫の樹だけが昔のままに屋根に影を投げかけていた。居間に入ろうとすると、住んでいたのは見知らぬ人たちで、よそ者の女は家から追い立てられてしまった。泣きながら身の不幸を嘆いて村を歩きまわっていたところ、村人から気が触れているのだと思われて役所に連れていかれた。

役所で尋問と調査が行われた結果、驚くべきことが判明した。教会記録簿と回顧録に、ちょうど百年前の同じ日に、同じ名前の女が森に漿果を取りに出かけたまま帰らず行方不明になっている、と記載されていたのである。このことから、女が丸々百年間、岩山の中で眠り、その間まったく歳を取らなかったことが明らかになった。その後、女は残された歳月を安らかに憂いなく過ごした。魔法にかけられて過ごした年月を埋め合わせるために、村全体で懇ろに面倒を見てくれたのである。

訳注　ペテロとパウロの祭日は六月二十九日。

橋を渡って去る小人族（153）

ハールツ山地の南面には、とくにホーエンシュタイン伯爵領内のいくつかの土地に聳える岩山には小さな穴が見られる。そのほとんどは大人なら這わなければ進めないくらいの狭さだが、なかには相当の人数が滞在できる広さの洞窟もある。こうした大小の穴にはむかし、小人が住みついていたので今でも小人の穴と呼ばれている。

むかしホーエンシュタイン伯爵領のヴァルケンリートとノイホーフとの間には二つの小人の王国があった。あるとき、このあたりに住む男が畑の作物が夜な夜な盗まれるのに気づいたが、なかなか犯人を突き止めることができなかった。ついには占い女のところに相談に出かけた。その助言通りに、夜が訪れるとともにえんどう豆畑の上で細い棒を振るいながら行ったり来たりしてみたところ、しばらくすると数人の小人が姿を現した。姿が見えなくなる隠れ頭巾を棒が払い落としたのである。震えながら小人たちは男の前に跪いて、畑を荒らしたのは自分たちの一族だが、これは極度の窮乏に追い詰められてのことなのだと告白した。

小人が捕らえられたことが知れ渡ると、この地方一帯は大騒ぎになった。ついには小人族が代表団を送ってきて、一族と捕らわれた仲間を許してもらうために償いの金を支払い、その後にこの地を永遠に去るつもりだ、と申し出た。ところが退去の仕方をめぐってまた争いが生じた。

土地の住民としては、小人が集めて隠している財宝を一緒に持ち出すのを認めたくなかった。小人の方では、退去の際に姿を見られるのを嫌がった。それでもついには話がまとまった。小人はノイホーフの近くの狭い橋を渡って退去し、その際に一人一人が財産の一部を退出税として橋の上に置いた器の中に投げ入れるが、住民は一人としてその場に立ち会ってはならない、という条件で折り合いがついたのだった。さてその通りに事は進んだのだが、好奇心に駆られた住人何人かが、せめて行列の足音だけでも聞こうと、こっそり橋の下に身を隠していた。すると小さな人間がとんとんと歩む音が何時間にもわたって聞こえ、まるで大きな羊の群れが橋を渡っていくようだった。

この大移動以来、小人の姿はごくまれに、しかも二人三人ほどが目撃されるだけになった。それでもまだ曾祖父の時代には、山の穴に残った小人の何人かが、ときどき住民の家から生まれたばかりの赤子を盗み出して、代わりに取り替えっ子を置いていくという騒ぎがあった。

訳注　「隠れ頭巾」は小人に霊力を与えてくれる。「取り替えっ子」については一〇七頁参照。『神話学』には「小人は、〈中略〉、ときには人間に近づいてくるにしても、一般的には人間を避けているように見える。かれらは後からやって来た力のある移住者に古くからの故郷を明け渡そうとしている抑圧され圧迫された種族のような印象を受ける」と書かれている。またこの点に関しては「小人はドイツではヴェンデ族に類似している（精霊はケルト族であろうか）」と推し測っている。ヴェンデ族はゲルマン諸族と接していたスラヴ族。

ダルデスハイムの小人（155）

ダルデスハイムはハルバーシュタットとブラウンシュヴァイクの間にある小さな町である。町の北東の市壁のすぐそばには澄んだきれいな水が流れる泉があって、スマンスボルン（レスマンボルン）と呼ばれている。この泉は、かつて小人が住んでいた山の中から湧き出している。

このあたりにむかし住んでいた人々は、晴れ着や婚礼以外には滅多に使わない白いリンネルが必要なときには、この小人の山の前に出かけ、三度山肌をたたいてはっきりとよく聞こえる声で願いごとをした。すると、返事が返ってきた。

「お日さまが昇る前においであれ、

何もかも、お山の前にございます。」

お礼には、祝宴のご馳走の一部を山の前に置いておくと、小人は十分に報われたと思って満足したものだった。

だが、時が経つうちにもめごとや争いが生じるようになり、小人族と土地の住民との間の良好な関係にもひびが入るようになった。はじめのうちこそすぐに折り合いをつけていたが、溝はしだいに深くなり、とうとう小人たちは山を出て行くことになった。多くの農夫から揶揄われ嘲りを受け、好意で尽くしても恩知らずな言葉や振る舞いを返されて耐え難くなったのである。その時から小人の姿も見られず声も聞こえなくなってしまった。

山小人（299）

スイスの人々の間では山の精に関するたくさんの話が語り継がれている。山岳地帯に限らず、ベルプ山の麓、ベルン州のゲルターフィンゲンやリュームリンゲンでも山の精についての伝えは多い。

この山小人たちは牧人だが、山羊や羊や雌牛を飼っているのではなく、家畜はアルプス羚羊《かもしか》で、そのミルクから小人たちはチーズをつくる。このチーズは切ったり齧ったりしても、また大きくなってもとの姿に戻るのだが、不注意から少しも残さずに全部食べてしまったらもうおしまいである。

小人族は岩の裂け目の奥深くで静かに平和な暮らしを送っていて、せっせと働き続けている。人前にはまれにしか姿を見せず、見せた場合は不幸や災いの前兆である。もっとも筵の上で踊っているのが目撃されると、豊年の前兆である。道に迷った子羊をよく飼い主のところまで送り届けてくれる。また薪を拾いにいく貧しい子供たちは、ときおり森の中でミルクの入った鉢や、葡萄や苺類の入った小さな籠を見つける。これは小人たちが貧しい子供たちのために置いておいてくれたのである。

むかし牧人が下男とともに二人で畑を耕していると、横の岩壁から湯気と煙が立ちのぼるのが見えた。「あそこで小人たちがお湯を沸かし料理をしている。おいらたちも恐ろしく腹ペコだ。ほんの小鉢に一杯でも分けてもらえたらなあ」と下男が言って、二人が鋤の柄を返したとたん、何と畝の間に白い布が広げられていて、その上には焼き立てのお菓子を盛ったお皿が置かれていた。二人は感謝しながら食べて満腹になった。夕方帰るときには皿もナイフも消えてしまっていたが、食卓用の白い布だけは残っていたので、農夫は持って帰った。

羚羊狩の猟師（302）

羚羊狩の猟師が山に入り岩の尾根に到達したが、そこからさらに、これまでに足を踏み入れたことがない高みへとどんどん登っていった。すると突然、目の前に醜い小人が現れ、怒りをあらわにして言った。「どうしてお前は、長いあいだわしの羚羊を殺し続けてきたのだ。なぜわしの家畜をそっとしておいてくれないのだ。さあ、お前の命でたんまりと償いをしてもらうぞ。」

猟師は真っ青になり、もう少しで岩場から転落するところだった。何とか気を落ち着けて、あの羚羊たちがお前さんのものだとは知らなかったのだ、と小人に許しを請うた。小人は「よかろう、でも二度とここには姿を見せるな。そうすれば、週に一度、早朝にお前の小屋の前に屠殺した羚羊を一頭ぶら下げておこう。これは約束だ。わしがいることを忘れずに、そのほかの羚羊は大切にするのだぞ」と言って姿を消した。

猟師は物思いに沈んで家に帰った。猟のない静かな生活は不満だったが、七日目の朝、小屋の前の木の枝に太った羚羊がぶら下がっていた。猟師はとても喜んでそれを食べた。次の週も同じことだった。そういう暮らしが二、三か月続いたが、とうとう猟師は何もしないで怠けているのが嫌になり、身に何が起ころうと生肉を運んできてもらうような生活よりは、自分で狩をする方がましだと思うようになった。

そこで猟を再開して山に登っていった。しばらくして堂々とした雄の羚羊を見つけて銃を構えて狙った。小人の姿がどこにも見えないので猟師は引き金を引こうとした。だがその瞬間、背後から忍び寄っていた小人が、くるぶしをつかんで引き倒したものだから、猟師は深い谷底に転落して全身が砕けてしまった。

別の伝えによれば、小人は猟師に羚羊のチーズを贈ったという。猟師は一生そのチーズを食べて暮らせるところだったが、あるとき不注意にも全部食べてしまったか、あるいは何も知らない客が残しておいた分を平らげてしまった。その後貧しくなってまた羚羊狩を始めたところ、小人に絶壁から突き落とされたのだという。

〈山と地下の財宝〉

小人と不思議な花 (304)

ハールツ山地の南面のゴルデネアウエにズィッテンドルフという村がある。この村出身の若くて貧しい羊飼いが、あるときキュフホイザ山麓をあてどなく歩いていたところ、悲しい思いが募り足は山の上へと向かっていった。

高みに出ると、それまで見たことがないとても美しい一輪の花を見つけ、婚約者への贈り物にしようと摘んで帽子にさしておいた。そのままさらに上へと進むと、山の上の古城でぽっかりと口を開いている地下室を見つけた。入り口は少し瓦礫に埋まっていたが中に入ると地面にはたくさんの小石がきらきらと輝いていた。その石をポケット一杯に詰め込んで、さて外に出ようとすると、「最上のものを忘れなさんな」と籠ったような声が響いた。

羊飼いはわが身に何が起こったのか、どのようにして地下室から出たのか何も覚えていなかった。

ふたたび太陽と羊の群れを目にしたとたん、先ほどは全く気づかなかった扉が背後でばたんと閉まった。帽子に手をやると、花はつまずいたときに落ちてしまっていた。すると突然、小人が目の前に現れて「お前が見つけた不思議な花はどこにあるのだね」と尋ねかけてきた。「なくしてしまった」と打ち沈んで答えると、小人は「お前のためのものだったのに、あの花はローテンブルクの城全部よりも、もっと値打ちがあるのだよ」と教えてくれた。

羊飼いが家に帰ってポケットに手を突っ込むと輝いていた小石はどれも純金だった。花は消えてしまったが、このあたりの鉱夫は今でもこの花を探している。キュフホイザ山の地下室だけでなく、クヴェステンブルク城やハールツ山地の北面にまで探索の地は広がっている。秘められた宝は動くからである。

羊飼いと山の老人 (316)

ヴェルニゲローデの町からほど遠からぬ谷間には、石の多い地面に窪みができているところがある。この窪みはヴァインケラーロッホ《酒蔵の穴》と呼ばれているが、そこにはたくさんの財宝が眠っているという。

むかし貧しい羊飼いがこの谷で羊を放牧していた。信心深い物静かな男だった。ある日、日が暮れようとするころ、一人の老人が歩み寄ってきてこう言った。「私についておいで。宝の在り処を教えてあげよう。宝は好きなだけ持って帰ってもいいのだよ。」羊飼いは犬に羊の番をさせて老人について行った。少し進むと突然、地面が口を開いた。二人はその中に入ると地下深くまで下り、とある小部屋にたどり着いた。そこには黄金や宝石などたくさんの財宝が山のように積み上げられていた。羊飼いは金の塊を一つ選び取った。すると、姿は見えなかったが、誰かが「町の金細工師のところへ持って行きなさい。十分なお金で買い取ってくれるだろう」と言葉をかけてきた。その後で案内の老人が入り口まで連れ戻してくれた。

羊飼いが言われた通りに金細工師を訪ねたところ、高額の代金で引き取ってもらえた。嬉しくなって父親のところにお金を持って帰ると、父親が「もう一度その地の底へ降りていってみなさい」と促した。「ええ、お父さん、あそこに手袋を置き忘れてしまった。一緒に来てくださるなら、取りに行こうと思います。」息子はそう答えた。その夜二人は家を出た。地面に開いた穴は見つかり、地下の財宝のところまでたどり着いた。すべてが先ほど来たときのままだった。手袋もあった。二人は運べる限りの宝をポケットに詰めて穴の外へと出た。するとそのとたん、入り口は大きな轟音を立てて背後で閉じてしまった。

親子は次の夜にも出かけてみたが、今度はあちらこちら長いあいだ探しまわったというのに、入り口の場所も跡さえも見つけられなかった。すると例の老人が歩み寄ってきて羊飼いに教えてくれた。「もしお前が手袋を持って来ずに地下に置いたままにしていたなら、今度も入り口を見つけることができただろうに。というのは、入り口は三度までお前のために開いていて、三度まで見つかることになっていたのだからな。だが、もう閉ざされてしまってお前には永久に見つけることはできないのだよ。」

精霊は自分の住み処に人間が忘れたものを保有しておくことができない。人間が持って帰るまで心安らぐことがないのだという。

ウンタースベルクの砂金（162）

一七五三年のことである。聖ツェーノの農場で働いていた何の資産もない作男パウル・マイアがウンタースベルクの山を登っていた。ブルネンタールからほど遠からぬほぼ中腹までたどり着いたところで、とある絶壁にさしかかった。見ると、その下には小さな砂の山ができていた。山の砂金についてはさまざまな話を聞いていて、それが砂金であることを疑わなかったので、ポケットすべてに詰め込んで大喜びで帰ろうとした。その瞬間、見知らぬ男が眼前にぬっと立ちはだかり口を開いて言った。「何を持って行こうとしているのだ。」驚いた作男は恐怖のために何も答えることができなかった。すると男は作男をむんずとつかみ、ポケットを空にしてしまうと、こう言い渡した。「さあ来た道を戻ってはいかんぞ。他の道を行け。ここにまた姿を見せたら、生きて帰ることは決してできないと思え。」人の好い作男は言われるままに家に帰ったが、金の魅力には勝てず、あの砂をもう一度探そうと安心できる仕事仲間を一人連れて山に出かけた。だが、探索は無駄に終わり、あの場所を二度と見つけることはできなかった。

また別の話になるが、ある森林監守がウンタースベルク山中で遅くなってしまい、洞窟で一夜を過ごさねばならなくなった。あくる日、とある絶壁にさしかかったところ、その岩から砂金がきらきらと輝きながら重い流れとなって落ちていた。器を持ち合わせていなかったので、また別の日に出かけてきて小さな壺を流れ落ちてくる砂金の下に置いた。

さて砂金で一杯になった壺を持ってさて立ち去ろうとすると、それほど離れていない岩壁に戸口が開くのが見えた。中に目を向けると、そこはもちろん山の内部のはずだったが、この世と変わらない日の光に満ちた特別な世界が広がっていた。戸口はものの一分も開いていなかった。閉ざされたときには、大きな葡萄酒樽の中に響くように山の内部に反響が轟いた。

森林監守は好きな時に砂金を壺に詰めて持って帰ることができたが、その死後この金をめぐってはろくなことがなかった。あの戸口は、それ以後誰一人として見た者はいない。

訳注　ウンタースベルクはザルツブルクの南に聳える山。

〈巨人〉

巨人の遊戯（16）

ヘクスターの町の近く、ゴーデルハイムとアーメルンクセンの間に、ブルンスベルクとヴィルトベルクという二つの山がある。かつてザクセン族が、この二つの山に築いた城を拠点にしてカール大帝と戦ったと伝えられている。

ゴーデルハイムの人々に語り継がれている話によると、むかしこの山々に巨人が住んでいた。その大きさたるや大変なもので、朝起きて挨拶をするとき、それぞれの城の窓から手を差し伸べ合うと互いに届くほどであったという。巨人たちは互いに玉を投げ合って遊び、城と城の間を玉が飛び交っていた。あるとき玉の一つが谷の真中に落ちて地面に巨大な穴があいた。今でもそこは窪んでいて玉が原と呼ばれている。

巨人たちはずっとこの地を治めていたが、あるとき戦《いくさ》好きの強い種族が攻めてきて戦闘になった。戦いはすさまじいもので、血が谷づたいに流れてヴェーザ川に注ぎ、水を赤く染めた。巨人族は一人残らず打ち殺され、城は攻め取られた。以後この地は新しい族が治めるところとなってしまった。

別の伝えによれば、ブルンスベルクとヴィルトベルクの巨人は毎日手紙のやり取りをしていた。手紙は大きな糸玉にくるんで投げて届けていた。ある日この糸玉がブラウンベルクの麓のラウと呼ばれる森に落ちて、そこに窪みができて大きな池になった。この池には白百合しか生えず、今でもこの時間には復活祭の月曜日になると白衣の婦人が沐浴にやって来るという。

訳注　巨人について『神話学』は、神話的な太古の種族の伝説をもとにフン族やアヴァール族、スラヴ族などとの接触の経験が重なり合って生まれた存在だろうと推測している。また「敵対的で戦闘的な隣人を民間信仰は巨人に巨大化して、抑圧した弱い隣人を小人に縮めてしまった」とあるが、巨人も小人と同じように「抑圧された種族であるような印象を与える」と補足している。カール大帝（七四二〜八一四）のザクセン族との戦いは七七二年から八〇四年にかけて続いた。なお、第一段落の「ゴーデルハイムとアーメルンクセンの間に」と、第二段落最後の文「玉が原と呼ばれている」、および第三、第四段落は、底本としている第三版の編者ヘルマン・グリムがグリム兄弟の自家用本への書き込みから補ったものである。

巨人の玩具（17）

エルザスのニーデック城は、高い山の山腹に位置し、山裾へと流れ落ちていく滝の近くにある。むかしこの城に住んでいた騎士たちは巨人族だった。

あるとき巨人族の娘が谷に降りていって下の方がどのようになっているのか見てこようと思った。ハスラハのすぐ近くの森の手前の畑までくると、ちょうど農夫たちが耕しているところだった。娘は何かしらと思って立ち止まり、犂や牛や農夫をしげしげと眺めた。はじめて目にするものばかりだったのだ。「まあ面白そう、持って帰りましょう」と言って近づくと地面に膝をついて前掛けを広げた。そして手で畑の面をなでるようにして、そこにうごめいているものをすべて集めて前掛けに入れた。娘はすっかり満足して岩壁を飛ぶように駆け上がって城に戻った。斜面が急で人間なら苦労してよじ登らなければならないところも一跳びだった。

娘の父親はちょうど机に向かって座っていた。「おや、何を持って帰ったのだね。嬉しそうだね。目が輝いているよ。」娘は束ねた前掛けをさっと開いて中を覗かせた。「そのバタバタしているのは何だね。」「お父さま、これとっても可愛らしいおもちゃなの。こんな好いものこれまでにいただいたことないわ。」こう言って娘は犂、農夫、馬と一つずつ取り出しては机の上に並べた。そしてその周りをまわって、ためつすがめつ眺め、小さな生き物があちこちへ動くのを見ては笑い声を上げ、手を打ち合わせて喜んだ。

ところが父の言葉は厳しかった。「これ、それはおもちゃじゃないよ。困ったことをしてくれたね。さあ、さっさと谷へ返しておいで。」娘は泣いたが効き目はなかった。「私にはね、農夫はおもちゃじゃないのだよ」と父君は真顔になって諭した。「もう駄々をこねるのはよしにしておくれ。そっとくるんでもとのところに返してきなさい。農民が畑を耕してくれなければ、私たちこの岩山の巨人は食べるものがなくなってしまうのだからね。」

訳注　『神話学』は、この伝説も引きながら、無骨で素朴な巨人は小さな動物や虫のように見える人間をひそかに恐れている、と述べている。「巨人族は、小人族のように農耕を嫌い」、「畑を耕す人間を前にして退いていかざるを得ない。」

巨人の血(326)

マクデブルクに属する小さな町エーゲルンとヴェスタエーゲルン村との間、ハーケル山から遠くないところに浅い窪みがある。ここには赤い水が溜まっている。土地の人々はこれを「巨人の血」と呼んでいる。

ある巨人が別の巨人に追われて逃げ、エルベ川を渡った。今のエーゲルンあたりにさしかかったとき、足を十分に上げなかったので、古い城の塔の先端に引っかかってつまずいた。よろめいて二、三千フィートの距離を歩んだがとうとう倒れてしまった。鼻がちょうどヴェスタエーゲルン近くの大きな岩に激しくぶつかり骨が砕けて血がどっと流れ出した。その名残が今でも見られるのである。

別の言い伝えによると、この巨人はヴェスタエーゲルンのあたりに住んでいて、よく村と小さな住民の上を跳び越えては楽しんでいた。ところが跳んだときに塔の先端で足の親指を割いてしまった。傷口から吹き出た血は千フィートもの弧を描いて窪みのところまで達してそこに溜まった。この「巨人の血」は決して涸れることがない。

〈狩魔王〉

苔族を追う狩魔王 (48)

荒野や雑木林の暗く陰になったところや地中の穴に住んでいる男女の小人は、緑の苔を寝床にしていて全身がすっかり緑の苔で覆われている。こうした苔族のことはよく知られていて、木工や陶工が人形を作って売り物にしているほどだ。狩魔王が好んで追い回す相手なので、この地方には魔王がよく出没する。土地の住民たちはよくこう言い交わしている。「ところで、また狩魔王が夜中に狩をしてましたね。一晩中、パチパチポキポキと聞こえていましたからな。」

あるとき、ザールフェルトに近いアルンチュゲロイテに住む農夫が木を伐りに山に入ったところ、狩魔王の狩に出くわした。姿は見えなかったが、響き渡る音と犬の吠える声が聞こえてきたのだ。するとすぐさま、この出しゃばりな農夫は、魔王の狩の手助けをしようと思いつき、狩人のような叫び声を上げ始めた。そして叫びながら木を伐り続け、その日の仕事が終わると家に帰った。

さてその翌朝早く、厩に入ろうとしたところ、戸口の前に緑色をした苔女の体の四半分が吊るされていた。狩の獲物の分け前のつもりなのだろうが、とにかくびっくりした農夫はヴィアバハに向かいヴァツドルフの貴族の殿を訪ねて事の次第を話した。殿はこう忠告した。「身の安泰を望むなら、その体に触れてはいけない。手を触れると狩魔王はそれをもとに悪さを仕掛けてくるだろうからな。そのままにしておくのがよい。」農夫はその通りにした。すると獲物の肉はまた知らない間にどこかに消えてしまった。農夫は誘惑を受けずに済んだのだった。

訳注　「狩魔王」という訳語を当てたが、原語をそのまま訳せば「荒れ狂う狩人」。『神話学』によれば、この狩人の狩は、ゲルマン民族の最高神ヴォーダン（ヴォータン）が率いる「荒れ狂う軍勢」にさかのぼり、「すでに異教徒たちの間で、この強大で賢明な神には、荒れ狂う激しい神という意味があったに違いなく、「荒れ狂う軍勢に、名称の上でも実際上も、この神は結びついている」という。形容詞「荒れ狂う」やその名詞 Wut（ヴート「激怒、狂暴」）は、ヴォーダンという名と類縁関係にある。
なお「荒れ狂う軍勢」はホルダ（ホッラ）婦人も率いる。伝説「ホッレ婦人の池」一六頁、「テュルスト、ポステルリィ、シュトレゲレ」二二五頁参照。

狩魔王ハッケルベルク[1]（172）

むかしブラウンシュヴァイクの国に「ハッケルベルク」と呼ばれる猟師の親方がいたという。大変に狩が好きで、いよいよ死の床に横たわったときにも狩猟を思い断つことができずに、天国に行く代わりに最後の審判の日までゾリングの森で獣を追いたいと神に望み請うたほどだった。（そんなことを望んだのは、疑いもなく、その日までキリストの教えに従って信心深い生活を送ってきたからであろう。）そういうわけで、自分の遺骸もゾリングの森に埋葬するように命じ、その遺志は叶えられた。

そして、神をも恐れぬ悪魔のような願いは、ハッケルベルクの運命として聞き届けられたのである。

夜になると、不気味なぞっとするような角笛の音と犬の吠える声が四度、その都度この森の違う方角から聞こえてくる、と危険なこの物音を自らの耳で聞いた人たちが話してくれた。このような夜の狩に気づいた翌日に狩を行うと、首は折らないまでも腕や脚を折るか、あるいは何かしら不幸に見舞われるということだ。
私自身（それは間違いなく一五五八年のこと）アインベックからゾリングの森を越えてウスラへ向かって馬を進めていた折に、道に迷ってしまい偶然にハッケルベルクの墓に行き当たった。それは牧草地のような場所だったが、雑草や薑が無秩序に生い茂り、幾分縦長で一エーカー以上の広さがあると思われた。周囲とは違って、木は一本も生えていなかった。この草地は縦が太陽の昇る方向を指していて、その端には横向きになって八ないし九フィートの長さと、私の目測では五フィートの幅の、盛り上がった赤い（川石と思われる）石があった。このような石は普通は東を向いているものだが、これは一方の端を南に他方を北に向けて置かれていた。
人から聞いた話だが、この墓は、好奇心から出かけてみても、熱を入れて一心になって探しても、誰にも見つけることはできない。たまたま行き当たることがあっても、恐ろしい黒犬が何匹か墓のかたわらに身を横たえているという。私自身はそのような気味の悪い化け物には気がつかなかったが、そんなやつに出くわしていたら、恐怖で頭髪ことごとく逆立ってしまっていたことだろうな。

原注1　ハッケルの森に住むのであろうか。ハッケルの森は古城ドルンブルクの近くにあり、ハルバーシュタットから遠からぬところにある。

訳注　「ニーダーザクセンとヴェストファーレン地方では、狩魔王は特定の歴史上の猟師の親方に関係づけられている」と『神話学』は指摘しつつ、このハッケルベルクという名については、歴史ではなく神話に由来していて、一番古い形はハッケルベルントであり、これは最高神ヴォーダンの添え名「ハーコルベラント」が変形したものだという。そして「ハッケルベルントの森」が縮められてハッケルという森の名が生まれたのであろうと推測されている。なお、「私」とは、この伝説の出典の著者ハンス・ヴィルヘルム・キルヒホーフ（一五二五～一六〇五）で、伝承をもとにした逸話・物語集を著わした人物。

ハンス・ヤーゲントイフェル（310）

打ち首の刑に値する罪行をなしながら生前は露見せずに済んだ者は、死後頭を脇に抱えてさまよわねばならないと信じられている。

一六四四年のこと、ドレースデンに住む女が日曜日の朝、近くの森にドングリを拾いに出かけた。「消え失せた水」と呼ばれるところから遠くない谷の縁の荒野で拾い集めていると、狩猟用の角笛が強く吹き鳴らされる音が聞こえてきた。それに続いて木が一本どさりと倒れたときのような激しい衝撃を感じた。女はびっくりしてドングリの入った袋を茂みの中に隠した。

すると間もなく角笛がまた鳴り響いた。あたりを見回したところ、灰色の長い上着をまとい灰色の馬に乗った首から上がない男の姿が目に入った。男は長靴に拍車をつけ狩猟用の角笛を背にかけていた。男が悠然と馬を進めて通り過ぎていったので、女は勇気を奮い起こしてドングリを拾い続けて夕方には何事もなく家に帰り着いた。

九日後に女はまたドングリを拾いに同じあたりに出かけた。フェルスターベルクの麓で腰を下ろして林檎の皮をむこうとしていると、背後から問いかける声が聞こえた。「袋をドングリで一杯にしているが差し押さえられはしなかったのか。」「いいえ」と女は答えた。「山番は信心深い人たちで、私には何もしなかった。神さま、私のような罪深いものにもどうかお慈悲をおかけくださいますよう。」そう言って振り向くと、そこにはこの前と同じ灰色の上着をまとった男が、馬には乗らず、褐色をおびた縮れ髪の頭を脇に抱えて立っていた。女は恐ろしさで身が縮む思いだった。

幽霊は「罪を許してもらうように神に頼むのはよいことだ。わしの場合にはそううまくはいかなかった」と話し始めた。

男は今から百三十年前にこの世を去ったが、父親と同じハンス・ヤーゲントイフェルという名だった。父親からはよく、貧しい人には厳しくし過ぎないようにと諭されたが、その訓戒も馬耳東風と聞き流し、飲酒に耽りさんざん悪行を重ねた。そのためこうして罰を受け幽霊となってさまよわねばならないのだ、と身の上を語って聞かせた。

訳注 「ヤーゲントイフェル」という名は、「狩をする悪魔」の意。

〈古城の怪〉

火炎の上がる城 (282)

チロル地方の高い山の上に、夜ごと炎が上がる古城がある。この炎はとても大きく城壁を越えて外まで打ち寄せるので、広くあたり一帯で望むことができる。

ある貧しい女が、薪がなくなったため、この城山で落ちている小枝を拾い集めていたところ、探しまわっているうちにいつしか城門のところまで来てしまった。好奇心が頭をもたげて女はあたりを見まわしていたが、ついには城内に入り込んでいった。

そこは何もかもが崩れ落ちていて、なかなか先へ進めず骨が折れたが、館の中に足を踏み入れてみると、殿さま方やご婦人方が集まり大きな食卓を囲んで食事をとっていた。召使たちが皿を取り替え食事を運んでは下げ、葡萄酒を注いだりと忙しげに動きまわっていた。女がその様子を立ったまま眺めていると、一人の召使がやって来て隅に連れて行かれた。そのとき前掛けの物入れに金貨が一つ放り込まれた。するとその瞬間、宴の幻すべてが消え去ってしまった。

女は驚愕した。何とか出口を探して館から外に出ると、そこには火縄に着火を済ませた戦士が立っていた。首から上がなく頭は脇の下に抱えていて、その口を開くと、見たことすべてを誰にも話してはいけない、さもないと身に不幸が起ころう、と警告した。

恐怖から覚めやらぬまま女は家に帰り着いた。金貨は持ち帰ったがどこで受け取ったかは話さなかった。それでもこのことはお上の耳に入り呼び出された。だが一切口外しようとはせず、少しでも喋れば大変な不幸が身に降りかかるのでと詫びるばかりだった。そのため、取り調べは厳しさを増していった。そしてついには炎の城で起こったことをすべて事細かに打ち明けてしまった。すると供述を終えた瞬間、女はふいにどこかへ連れさらわれてしまった。どこへ行ったのかは誰にも分からないままだった。

さてこの地に一年を越える以前から一人の貴族が滞在していた。百戦錬磨の騎士で、この事件の経緯を知ると、深夜に従者を連れて徒歩で山へと向かった。二人は大変骨を折って登っていった。途中で、山に入るのは思いとどまるよう、さもないとひどい目に遭うだろう、と警告する声が六度聞こえた。だがそのような脅しは気にとめず、二人はどんどん進んでいき、とうとう城門にたどり着いた。

そこにはあの戦士が歩哨に立っていて、「誰か」と決まり通りの誰何《すいか》の問いを投げかけてきた。騎士は恐れを知らぬ殿ゆえ、「私だ」と答えた。幽霊は再び「お前は誰なのだ」と尋ねてきたが、今度は返事をせずに従者に剣を渡すよう命じた。剣を受け取ったそのとき、黒衣の騎士が城から馬を駆って出てきた。貴族の殿はこれに立ち向かおうとしたが、黒衣の騎士は殿を馬上に引きさらうとそのまま城内へと連れ去ってしまった。そして戦士が従者を山から追い払った。その後、どこを探しても貴族の殿を見つけることはできなかった。

魔法にかけられたシルトハイスの王（25）

ドイツ人が住むボヘミアの地の、山と森ばかりの物寂しい一角に、シルトハイスの古城が荒れ果てたまま放置されていたが、あるときこの城が新しく建て直されることになった。

棟梁や職人が廃墟と基礎の部分を調べていると、地下には思いのほか多くの通路や酒蔵や丸天井の部屋が見つかった。それどころか、とある一室に入ると、燦然とした宝石の輝きに身をくるんだ王が威風堂々と肘掛椅子に座っていたのだ。その右側には優雅な乙女が身じろぎもせずに立ったままで王の頭を支えていた。王は乙女の手の中で安らかに憩っているように見えた。棟梁たちが好奇心に駆られ、あわよくば一獲千金をと下心も懐きながら二人に近づくと、乙女はたちまち蛇に身を変えて口から炎を吹きかけてきた。棟梁たちは退散するほかなかった。

逃げ帰った一行は一部始終を主君である騎士に話した。騎士はさっそく聞いた通りの道をたどって地下の部屋の前に立った。すると中から乙女の痛ましいほどのため息が聞こえてきた。その後、今度は犬を連れて洞窟に入ったところ、たちまち炎と煙が襲ってきたので、少し退いたが、勢いよく先を駆けていた犬は炎と煙の餌食になったかと思われた。しばらくして火が消えたのでまた近づいてみると、乙女が犬を腕に抱いていて、犬は傷一つ負っていなかった。ふと壁に目がいくと、身を亡ぼすことになるぞ、と脅す言葉が書かれていた。だが、怖いもの知らずの騎士は警告を顧みず、もう一度冒険に出たのだった。そして炎に呑まれてしまった。

ゴッチェー城 (147)

下部クラインの町ゴッチェーにはドイツ人が居住していて、言葉や服装、風習がクラインの住民とは著しく異なっている。町の近くには、皇帝直属の領主アウアースペルクの殿の古城、ゴッチェー城が聳え、この城をめぐっては周囲の住民の間でさまざまな話が伝えられている。城そのものは荒れ果ててはいるが、人がまだ住める部分には今でも猟師の一家が暮らしている。この猟師の祖先の一人が、城に住む幽霊に出会って、次のようなとても奇妙な体験をしたという。

この祖先の猟師の妻が麓の町まで出かけて留守にしていたときのことである。猟師は眠気に襲われたので、城の前の樫の木の下に身を伸ばして横になっていた。眠っていた二人の息子は家の中においてきていたのだが、不意に、年上の子が手を引かれるような格好で、こちらに向かって歩いてきた。引いている人の姿は見えなかったが、五歳の子供は左手をずっと同じ方向へ上げていたので、誰かが手をつかんでいるようだった。

見ていると、急ぎ足で父親の横を通り過ぎて急な崖の方へと向かって行った。驚いた猟師は跳び起きて子供を助けようと走り、素早く子供を抱きかかえると、左手を見えない手からもぎ離そうとした。相当の力を振り絞って、ようやく子供の手をもう一つの手から引き離すことができたが、見えない相手の手は触れると氷のように冷たかった。

子供はといえば驚いた風もなく、こう話した。「お爺さんが来たんだ。長い鬚を生やし赤い目をして黒い服装で革の小さな帽子を頭にのせていた。親切そうな様子で、ついて来たら素晴らしいものをたくさんあげると約束してくれた。それで、手を引いてもらってついて行ったんだ。」

その日の晩、猟師は自分の名を呼ぶ声を聞いた。戸を開けると息子に聞いた通りの老人が外に立っていて手招きをした。後について行くと息子と同じように崖のところへと連れていかれた。すると足もとの岩が口を開き、導かれるまま石の階段を下りていった。途中で一匹の蛇が出てきたが、階段を下りきると洞が続いていて奥へ進むほど明るくなっていった。細長い部屋のようなところには、頭の禿げた老人が七人、押し黙ったまま座っていた。そこからさらに狭い通路を抜けると丸天井の小さな空間が現れ、そこには小さな棺が置かれていた。次に入った丸天井の大きな部屋で、老人は二十八の大きな棺を見せてくれたが、その中には男女の遺体が納められていた。なかには猟師が知っている顔もあったが、どこで出会ったのかは思い出せなかった。

その次に、猟師は煌々と明かりがともった広間に連れていかれた。広間には三十八名の人が席についていて、四人のとても若い女性の姿も見え、祝宴の最中だった。宴の席だというのに、どの顔も蒼白で、言葉を交わす人は誰もいなかった。赤い扉をぬけて次に案内された場所には、古風な衣装をまとった人たちが並んでいたが、その何人かは猟師には誰か分かるように思えた。老人は列の最初と最後の人に接吻をしたが、ここに至って猟師はもう我慢ができなくなり、いったいこの人たちは誰なのか、生きている者がこの人たちに死後の安らぎを与えてやることはできないのか、教えてくれるように老人に頼んだ。「みなこの城の住人だよ」と老人は虚ろな声で答えた。「それ以上のことはまだ言えない。近いうちに教えてあげよう。」こう聞かされたのち、猟師はそっと外に押し出された。

気がつくと湿っぽい丸天井の部屋の中にいた。古い崩れた階段が見つかったので、そこを上っていってみたところ少し大きめの空間に出た。その天井には小さな穴が開いていていて、そこから空と星が見えた。猟師の胸に喜びが込み上げてきた。暗がりのなかで太い綱が体に当たり水の音が聞こえてきたので、城の後ろにある地下の水溜にいるのだと想像がついた。城ではそこから滑車を使って綱で水を汲み上げていたのである。ところが不運なことに、丸三日間というもの誰も井戸に水を汲みに来る者はいなかった。ようやく四日目の晩に、猟師の妻がやって来た。重い桶を引き上げてみると死んだと思っていた夫が入っていたものだから、その驚きようは大変なものだった。

案内の老人の約束は果たされないままだったが、幽霊たちはかつての城の住人であるという言葉に偽りはなかった。その後しばらくして城の広間で猟師が昔の城主たちの肖像画をじっくりと観察したところ、その容貌は洞窟で見た人たちや遺体と同じだったからである。

〈山の内部の王〉

キュフホイザ山のフリードリヒ赤鬚帝（23）から

赤鬚帝にまつわる伝説はとても多く残されている。帝は死んではおらず最後の審判の日まで生き続けているという。また、赤髭帝のあとには皇帝の名に値する人物は一人もいないとも言われている。

赤鬚帝は、審判の日までキュフホイザの山にじっと隠れ住んでいる。山を出るときが至ると帝は楯を枯れ木に立てかける。すると木は緑の芽を吹き、より良い世が始まる。帝は山の内部に来る人と言葉を交わすこともあるが、山の外に姿を現すこともある。だが普段は山の中にいて、石の円卓に向かって長椅子に腰かけ頭を手で支えて居眠りをしている。たえず頭をこくりこくりとさせては目を瞬く。

鬚は長く伸びて石卓を貫いていると語る伝えもある。また別の言い伝えによると、卓の周りをぐるりと巻くように伸びている。三周したときに帝が目覚めることになっているのだが、今はようやく二周したところだという。

一六六九年のこと、レープリンゲン村の農夫が穀物を車に積んでノルトハウゼンに運んでいると、小人が現れ出てきて山の中に連れていかれた。小人の命じるままに、袋の中の穀物をすっかり空けて、代わりに山中に秘蔵されていた黄金をぎっしり詰めた。このとき農夫の目には座っている皇帝の姿が見えたが、身じろぎ一つしていなかったとのことだ。

訳注　フリードリヒ一世（赤鬚帝、バルバロッサ、一一二二頃〜九〇）はドイツ国王・神聖ローマ帝国皇帝。十字軍遠征途中にトルコ南部で死去。『神話学』では、山の内部や泉の底などに住み続ける過去の英雄・名君・皇帝の伝説は、民衆の想像力の中で古き良き過去と未来の楽園とが一つに溶け合って生まれた期待、つまり大好きな英雄や名君が目覚めて再度この世に出現して新しい世を開いてくれるだろうとの願望を語っていると説明されている。キュフホイザ山はハルツ山地の南にある。

ウンタースベルク山のカール帝（28）

ヴンダーベルクの山の内部には、たくさんの王侯貴族のほかにもカール帝が金の冠を戴き王笏を手に持って座っている。帝は広大なヴァルザーフェルトの野でこの世から忽然と消えてこの山の人となった。

帝は今も現世での姿そのままである。灰色の鬚は長く伸びて、衣の胸を飾る金の装飾をすっかり覆っている。祝日や祭日には、鬚は左右に分けられ豪華な真珠の紐で束ねられる。顔からは鋭い知性と思慮深さが窺える。美しい野を緩やかに歩むときには、お供の臣下の誰に対しても、にこやかな表情で親しく接する。帝がなぜこの山に滞在しているのか、帝の務めは何なのか、それは神のみが知る秘密である。

フランツ・サルトーリによると、山の内部にはカール五世が、別の伝ではフリードリヒ帝が机を前にして座っていて、その鬚はすでに机のまわりを二周している。最後の角を回り三周するとき、この世の終わりがくる。キリストの敵である悪魔が現れて、ヴァルスの野は戦の舞台になる。天使の喇叭が鳴り渡り、最後の審判が始まるという。

訳注　ヴンダーベルクはザルツブルクに近いウンタースベルクのこと。「カール帝」はカール大帝（七四二〜八一四、フランク国王、ローマ皇帝）あるいはカール五世。カール五世（一五〇〇〜五八）はハープスブルク家出身の神聖ローマ帝国皇帝。フリードリヒ帝は前の伝説参照。フランツ・サルトーリ（一七八二〜一八三二）はオーストリアの著作家。

キュフホイザ山の羊飼い（297）

テューリンゲンのフランケンハウゼンの近くにフリードリヒ帝が住んでいる山があって、何度も帝の姿が見かけられた、と話す人たちがいる。

この山で羊の番をしていた羊飼いは、この言い伝えを知っていたので、あるとき風笛を吹き始め、十分に宮廷風の礼を尽くしたと思ったので、とても大きな声で「フリードリヒ帝、これはあなたへの贈り物ですよ」と叫んだ。すると帝が羊飼いの前に姿を現して話しかけてきたという。「こんにちは、おちびさん、誰に敬意を表してお前は笛を吹いたのだね。」「フリードリヒ帝にだよ」と羊飼いは答えた。「そういうことで笛を吹いたのなら、私と一緒においで。帝からお前にお礼をしよう。」その誘いに羊飼いは、「羊のそばを離れることはできないよ」と断ったが、「私の後についておいで、羊たちはちゃんと守っておいてあげるから」と言われたので言葉に従ってついて行った。

帝は羊飼いの手を取り、そう遠くないところに口を開いていた山の穴の中に連れていった。行く手に鉄の扉があったがすぐに開いた。すると美しく大きな広間が現れ、そこにはたくさんの殿や勇敢な従者がいて、みな敬意のこもった挨拶で出迎えてくれた。それから帝も羊飼いに対して親しみを表し、笛のお礼にどんなものが欲しいのかと尋ねてきた。羊飼いは「何もいらない」と返事したが、帝は「向こうへ行って私の手洗い用の黄金の器の脚を一つ取って持って帰りなさい。それがお礼だよ」と言った。

羊飼いは命じられた通りにして、さて暇乞いしようとしたところ、帝はたくさんの珍しい武器や甲冑、剣や銃を見せたうえで、この武器でキリストの聖墓を奪い返すつもりだから、そのことをみなに話しておくようにと言づけ、それから羊飼いを穴の外へと案内させた。持ち帰った器の脚を羊飼いは翌日金細工師のところに見せに行った。金細工師は純金と認めてこれを買い取った。

訳注　二つ前の伝説では、キュフホイザ山に住む帝はフリードリヒ一世赤鬚帝となっているが、近世以前では山中の王は一世の孫のフリードリヒ二世（一一九四～一二五〇）だったとされる。二世は南イタリアで没し墓もパレルモにあった。そのためドイツの人々の間ではその死が信じがたかったこともあり、十三世紀またそれ以降にも、二世をかたる偽者が出現したという。偽のフリードリヒについては『神話学』でも紹介されているが、ヤーコプは不幸な世を一新すべく再来するフリードリヒとして一世を念頭においているようである。なお「行方知れずのフリードリヒ帝」（二七五頁）参照。

【里人の気がかりと難儀】

〈家の精《コーボルト》〉

家の精（72）

村によっては、農夫やおかみさん、息子や娘のほとんど誰もが家の精を持っている。この精は家の仕事をあれやこれや片づけてくれる。台所では水を運ぶ、薪を割り、ビールを汲み、料理をする、馬小屋で馬にブラシをかけ床の掃除をする、などなどの仕事を肩代わりしてくれるのである。家の精がついている家では家畜が増え、何もかもうまくいく。今日でも、仕事をてきぱきと片づけている女中を見ると、「あの子には家の精がついている」という決まり文句が用いられるが、精を怒らせてしまった場合には注意が必要である。

精たちは、ある家に居つこうとするときには、その前に試験をする。夜中に鋸の木っ端を引っ張ってきて家の中に持ち込み、牛乳の壺にはいろいろな家畜の糞を入れる。その家の父親がよく注意して木っ端が散らばらないように気をつけ、牛乳壺の糞をそのままにして牛乳を飲むようにすると、精は家にとどまり続け、家の住人が一人でも生きている限り出ていくことはない。

料理女が精をひそかな助手として引き受けたときには、毎日決まった時間に家の中の決まった場所に、美味しい料理を盛った精専用の小皿を置いて、その場を立ち去らなければならない。そうしておけば、怠けていられるし、晩は早く床に就くことができる。翌朝早く起きてみると、昨晩そのままにしていた仕事が片づいてしまっている。もし食事を持っていくのを一度でも忘れると、それ以後は自分の仕事は自分でしなくてはならなくなる。それどころか、手が不器用になって、熱湯に突っ込んで火傷をしたり、皿や鉢を割ったり、料理をこぼしたりして、ついには主人に油を搾られる羽目になる。それを見ると精はカラカラまたクスクスと笑い、その声がよく聞こえてきたものである。

雇い人たちが入れ替わっても、家の精は居続ける。だから出ていく女中は、新入りに精を勧めて面倒をよく見るようにしてもらわなくてはならない。新入りがそれを嫌がりでもしたら、この家では何をしてもうまくいかず、結局は去っていくことになる。

世間では、家の精は正真正銘の人間で、小さな子供の姿をしていて豊かな彩りの上着を着ている、と信じられている。さらにこれに加えて、背中に包丁が刺さっていたり、とても惨く恐ろしい姿をしていて、これは以前に殺されたときの凶器の種類や殺され方によるのだ、と説明する人もいる。家の精とは、むかしその家で殺された人の霊だというのである。

ときおり女中は、自分の小さな下男、「クルト・ヒームゲン」とか「ハインツヘン」と呼ばれている家の精を、見たくてたまらなくなる。そこで精にしつこく頼むと、どこに姿を現すかを教えてくれるが、手桶に水を一杯入れて持っておいでなさい、と言い渡される。言われた通りにして行ってみると、家の精は床に置かれた小さな枕の上などに裸で横になっていて、背中には大きな包丁がぐっさりと刺さっている。これを見ると、びっくりして気を失って倒れてしまう女中も少なくない。すると家の精がぱっと飛び起きて、気を取り戻すまで何度も何度も水を浴びせかけてくれる。こんな目に遭うと、もう女中は家の精を見たいとは思わなくなってしまうのである。

訳注　『神話学』は、コーボルトの概念は小人や人形、偶像と入り混じって用いられてきたが、その起源は異教の時代に住居の内奥部に祀られていた小さな守護神像にさかのぼると説明している。

農夫と家の精（73）

家の精が何やかやいたずらをするので嫌になってしまった農夫がいた。いろいろと手を尽くして縁を切ろうとしたが追い払うことはできなかった。とうとう一計を案じて、精が住み処にしている納屋に火をつけて焼き殺そうとした。農夫はまず納屋の藁をすべて手押し車で運び出した。そうし終えると、出入り口に錠をさし精を完全に閉じ込めたうえで納屋に火を放った。

さて納屋が燃え盛る炎に包まれている最中に、ふと後ろを振り返ると、何と精が手押し車の後部に座っていたのである。そしてこう言った。「俺たちが、ちょうど出たときだったな。ちょうど出たときだったよな。」こういうわけで、農夫は考えを変えて精を養い続けるほかなかった。

トントンさん（77）

フリューゲラウの城には善良な家の精が住みついていた。精は、下働きの娘たちのために何でもやってくれた。娘たちが「トントンさん、お願い」というだけで、たちまち求めに応じて、手紙を届けたり、子供を揺すったり、実をもいだりしてくれた。ところがあるとき、みながぜひ姿を見せてほしいと言って引かなかったものだから、ついに精は火の玉となって煙突を通り抜けて外に飛び出した。このとき城は丸焼けになってしまい、いまだに再建されていない。スウェーデン戦役が始まる少し前のことである。

訳注「トントンさん」とはコツコツ、トントン音を立てる騒霊の一種である（『神話学』）。スウェーデン戦役は三十年戦争中の一六三〇年から一六三五年まで。

ヒンツェルマン（76）から

リューネブルク地方のアラー川から遠からぬところにフーデミューレンの古城がある。今はわずかに城壁を残すだけだが、この城には長いあいだ風変わりな家の精が住みついていた。

その存在が最初に分かったのは一五八四年のことである。がたがたと喧しい音を立てて知らせるだけだったが、その後、昼日中に奉公人たちと言葉を交わすようになった。奉公人たちははじめ、姿が見えないのに声だけが聞こえてくるのでびっくりしたが、しだいに慣れて気にならなくなった。それで精も大胆になっていき、ついに城主の前でも話をするようになり、午餐や晩餐の席では客人や土地の人たちと話に花を咲かせるまでになった。

こうして城の人たちの恐怖が消えてしまうと、精はとても親切に人なつっこく振る舞い、機嫌を損なわない限り、歌をうたったり笑ったり、さまざまな戯れに興じたりした。そういうときの精の声は少年か乙女のように優しかった。

どこから来たのか、ここに何の用があるのかと尋ねられると、精はこう答えた。自分はボヘミアの山から来た。ボヘミアの森には仲間が住んでいるが、みなに嫌われてしまった。それで仕方なく故郷を離れて善良な人たちのもとに身を寄せて、事態が好転するのを待っている。名前は「ヒンツェルマン」というが、「リューリング」とも呼ばれる。妻があって「ヒレ・ビンゲルス」という名である。時が来れば、本当の姿を見せるつもりであるが、今は都合が悪い。それはそうとして、自分は誠実で善良なごく普通の若い衆である。

フーデミューレンでヒンツェルマンはいろいろな仕事に進んで熱心に取り組んだ。台所では夜のうちにせっせと働いた。料理番の女が夕食の後で鉢や皿を洗わずに乱雑に積み重ねておいても、翌朝にはきれいに洗ってあって鏡のようにぴかぴかで、きちんと並べて仕舞ってあった。それで料理番はすっかり精に任せきって、夕食後には心配せずにすぐに床に就くことができた。台所で物がなくなることもまったくなかった。何かをどこかに置き忘れても、精が目立たない片隅からすぐに見つけ出して持ち主に渡してくれた。翌日に客があるとなると、ヒンツェルマンがとりわけ忙しく立ち働く音が聞こえ、準備は一晩じゅう続いた。鍋を磨き、鉢を洗い、バケツや桶をきれいにしていたのである。これを料理番の女はとてもありがたく思い、精の望むことは何でも叶えてやっただけでなく、言われなくても朝食に甘いミルクを添えて出した。

精はまた、ほかの下男や下女の監督も引き受けた。一人一人が務めを果たしているかに気を配り、みなに丁寧な励ましの言葉をかけて、まじめに働くように諭した。もしその言葉を無視する者がいると、精は棒を手に取って痛い目に遭わせた。奥方の機嫌が悪いときには、下女たちによく注意を促してくれて、うっかり忘れている仕事を思い出させてくれた。厩でも精は忙しく立ち働いた。馬の面倒をよく見て、ブラシを丁寧にかけたので、馬の毛並はウナギのように滑らかに光って見えた。馬の数もかつてなかったほど目に見えて増え、誰もが驚いたほどだった。

精の部屋は一番上の階の右側にあって家具は三つだった。一つは肘掛椅子もしくは安楽椅子で、精が自ら色とりどりの藁を巧に編み上げてこしらえたものだった。二つ目は小さな円卓で、精のたっての願いによって作られ、そこに置かれていたものである。三つ目は寝台で、これも精の求めによって作られたものだが、そこには人が寝たような痕跡は一度も見られず、猫が横たわっていたような小さな窪みが見つかるだけだった。奉公人たちは、とりわけ料理番の女は、毎日鉢一杯の甘いミルクと白パンのかけらを用意して円卓の上に置くことになっていた。しばらくしてから行ってみるときれいに平らげられていた。

ヒンツェルマンはいたずらをするのが好きだったが、その際に人に危害を加えることはなかった。当時フーデミューレンの近くのアールデンの城に、オットー・アシェン・フォン・マンデルスローエという殿が住んでいた。この地の代官を務めブラウンシュヴァイクの顧問官でもあった。この殿にもヒンツェルマンはときに悪さを仕掛けた。殿の城に客があったとき、喧嘩の種をまいたものだから、頭に血がのぼってしまった客たちは剣に手を伸ばした。ところが自分の剣が見つからず、仕方がないので拳固を丸めて何度か殴り合うだけでやめるほかなかった。このいたずらがよほど面白かったのか、ヒンツェルマンは腹を抱えて笑いながらこう話して聞かせた。「このドタバタの張本人はわしだ。前もって物騒な剣の類は隠しておいた。そうしておいて、わしのたくらみが見事に功を奏し、みなが派手に殴り合いをするところを見物させていただいたってわけだ。」

あるときフーデミューレンに一人の貴族の殿がやってきて、家の精を追い払って差し上げましょうと申し出た。殿は、精がとある部屋に戸も窓もしっかりと閉めて籠っているのを見届けると、まずこの部屋を、それから館全体を武装した手勢で取り囲ませた。そして自ら数名の家来を引き連れて剣を抜いて部屋に踏み入った。だが、そこには人影はなかった。それでも殿らは四方八方闇雲に切ってかかり突いてかかった。ヒンツェルマンに生身の身体があるならば、これできっと仕留めることができると考えたからである。刃が空を切る感触しかなかったものの、ここまでやれば片づいただろうと思って、疲れ切って部屋を出ようとして戸を開けたとき、黒い豹のようなものが飛び出すのが見え、こう言うのが聞こえてきた。「おやおや、上手につかまえたものだね。」

このあとでヒンツェルマンはこの侮辱に対して城主に苦情を言って激しく抗議した。「仕返しをしようと思えば簡単にできるんだが、二人のお嬢さんに不愉快な思いをさせたくないからな。」それからしばらくして、先ほどの殿が館の人気のない部屋に入ったとき、ふと見ると使われていない寝台の上に大蛇がとぐろを巻いていた。大蛇はすぐに消えたが、精の声が聞こえてきた。「もう少しでわしをとっつかまえるところだったな。」

精を追い出そうとして悪魔祓いの祈禱師がやってきたこともある。祈禱師が呪文を唱えてまじないを始めても、最初、精は静かにして物音一つ立てなかったが、祈禱師が一番効き目のある呪文を唱えようとしたときのこと、精は祈禱書をその手からもぎ取り破り裂いたので、本の頁が部屋中に舞い散った。そして祈禱師をむずとつかんで押し付けたり引っかいたりしたものだから、祈禱師は恐怖に駆られて逃げ出してしまった。このことについても、精は苦情を言った。「わしだってほかの人と同じキリスト教徒で、天国で救いに与りたいと思っている身だ。」家の精《コーボルト》や騒霊《ポルターガイスト》を知っているかと尋ねられると、こう答えた。「そんなものがわしに何の関係がある。そいつらはわしとは筋が違う悪霊だ。わしは悪いことなど誰にもしない、むしろいいことばかりだ。わしに構わんでくれたら、お前さんたちは幸せそのものだ。家畜は増えるし、財産は増す。万事がうまくいく。」

ヒンツェルマンは人と一緒にいるのが好きだった。とくに女性といるのが大好きで、そういう時はとても愛想がよく親切だった。

フーデミューレンの城にはアンナとカタリーナという姫がいた。この二人が精にはとりわけ気に入っていた。癪に障ることがあると、収まらない胸の内を二人に打ち明けた。そのほかにもいろいろなことを話し合った。姫たちが長旅に出るときにも、二人から離れたくなかったので、白い羽に姿を変えてどこへでもついていった。二人が夜床に就くと、その足元の掛布団の上に身を横たえた。朝見ると、そこには小犬が寝たぐらいの小さな窪みができていた。二人の姫はなかなか結婚しなかったが、それはヒンツェルマンが求婚者をことごとく脅して追い払ったからである。もう少しで婚約というところまで何度かこぎ着けたが、そのたびに精があの手この手で話をつぶしてしまったのである。

いつのことだったか、姫の一人が召使をレーテムに買い物に行かせた。召使が出かけている間に、姫たちの部屋で精が突然、コウノトリの羽ばたきのような音を立てて、こう言った。「アンネさま、あなたの品物は水車小屋の堀川でお探しなさいませ。」姫には何のことか分からなかったが、しばらくして戻ってきた召使がこんな話をしてくれた。

馬に乗って帰る途中で、それほど離れていないところにコウノトリが止まっているのが見えた。退屈しのぎに、鳥に狙いを定めて弾を放った。弾は命中したとしか思えなかったが、鳥はじっと立ったままで、やがて大きく羽ばたきを始めると飛び立っていった。

この話でヒンツェルマンがコウノトリの一件を知っていることが明らかになったが、間もなく予言の方も現実となった。一杯ひっかけていい気分で馬のところへ戻った召使は、汗と埃まみれになった馬をきれいに洗ってやろうと思って城の前の堀川に乗り入れたところ、ほろ酔い心地でぼんやりしていたものだから深みに踏み入ってしまった。そして馬の背で姿勢を保つことができずに水の中に落ちて溺れ死んでしまった。頼まれた買い物の品はまだ馬に積んだままになっていたので、亡骸とともに水中から探し出さねばならなかった。

予言といえば、フーデミューレン出身のある男の身に起きたこともある。あるとき他の日雇い人や作男とともに畑で穀物の刈り入れをしていた。何か不幸な目に遭うなどとは夢にも思っていなかったが、そこにヒンツェルマンがやってきて、大声で叫んだ。「急げ、大急ぎで家に戻れ。一番下の子が一大事だ。今しがた火の中に倒れ込んで顔に大火傷を負ったぞ。」

びっくりした男は鎌を置いて家に飛んで帰った。精の言ったことが本当なのか心配だった。戸口をまたいで入ろうとすると、人が駆け寄ってきて事故のことを話してくれた。見ると本当に子供の顔は全体が無残に焼けただれていた。この子は火の前の小さな椅子に腰を下ろして、炉にかけてある鍋から一匙すくおうと椅子ごと前に身を乗り出したところ、顔から火の中に突っ込んでしまったのである。幸い近くにいた母親が駆け寄って子供を抱き起こしたので、少し火傷を負ったものの一命はとりとめた。何とも不思議なのは、精が畑にいる父親にこのことを知らせて助けに帰るように促したのが、事故が起こったのとほとんど同じ時だったことだ。

無邪気な子供たちが遊んでいると精はいつも姿を見せた。フェルトマン牧師は、十四か十五のころ、精のことなど別に気にかけていなかったが、幼い男児の姿で精が階段を飛ぶように駆け上がるのを見たのを覚えていた。

また子供たちがフーデミューレンの城のまわりで集まって遊んでいると、精が可愛らしい小さな子供の姿をして現れ一緒に戯れたので、ほかの子どもたちは精の姿をはっきりと見ていた。家に帰ってから両親に、みんなで遊を始めようとしていると見慣れない子がやってきて仲間に加わり楽しく騒いだんだ、と話して聞かせた。

ある女中の話がこのことを裏づけている。あるとき、子供が四人から六人ほどで一緒に遊んでいる部屋に入っていったところ、その中に見たことがない小さな男の子がいた。きれいな顔立ちで、黄色い縮れた髪が肩までかかり、赤いビロードの上着を身に着けていた。女中がよく観察しようとすると、一団から消えて見えなくなってしまったという。

またクラウスという道化がフーデミューレンの城に滞在したことがあったが、この男にもヒンツェルマンは姿を見せて、一緒になって戯れに興じた。道化を探してもみつからないので、後でこんなに長い間どこにいたのだと尋ねてみると、「小人のところにいて、一緒に遊んでいたんだ」と答えた。背丈はどれぐらいだったかと聞かれると、四歳ほどの子どもの大きさを手でもって示してくれた。

フーデミューレンの城主の前では精は一度も姿を現さなかった。「もし人の姿をしているのならば、私に見せてもらえないだろうか」と城主が頼むと、精は「まだその時ではない。そうするにふさわしい時が来るまで待つように」と答えた。

ある夜のこと、城主が眠れないまま寝台に横になっていると、部屋の一方の側でガサガサいう音がした。精がいるに違いないと思って声をかけた。「ヒンツェルマン、そこにいるなら返事をしてくれ。」「そうだ、わしだよ。何の用かな。」ちょうど月の光が部屋を明るく照らしていた。物音が聞こえてきたあたりに子供の影が見えたように思えた。精がとても親し気で打ち解けた様子をみせていたので、あれこれと話しかけたところ返事も返って来た。そこで、ついに城主はこう頼んでみた。「どうか一度、姿を見せて触らせてくれんかね。」精は聞き入れなかった。「では、手だけでも差し出してくれんかね。そうすれば、君にも人間と同じように骨と肉があることが分かるんだがな。」「駄目だね」とヒンツェルマンははねつけた。「わしはあんたを信用していない。あんたは悪者だ。わしをいったんつかまえたら、もう離さないつもりだろう。」

だが城主が根気よく懇願し続け、真心と信仰にかけて、つかまえたりせずすぐに離すと約束すると、「さあ、これがわしの手だ」と言って差し出してきた。城主がそちらに手を伸ばすと、小さな子供の指に触れたように思われたが、精はあっという間にその手を引っ込めてしまった。城主が、今度は顔に触らせてくれないかと強く望むと、ついには聞き入れてくれた。手を伸ばして探ってみると、歯か骨かに触ったような感触だった。それも同じように一瞬のうちに引っ込められたので、顔の本当の形を捉えることはできなかった。ただ気づいたことは、顔も手と同じように冷たくて人間らしいぬくもりがないことだった。

精は自らの意思で城を去った。フーデミューレンの城には四年間滞在した。一五八四年から八八年までのことである。立ち退く前に、こう言った。「一族の運が傾いたら、きっとまた来る。そうしたら、一家はまた隆盛に向い栄えるだろう。」

訳注　フーデミューレンの城は、ホーデンベルク家の城として十五世紀から十八世紀ごろまで存在していた。なお、城主の姉妹の一人はアンネともアンナとも記されている。

〈人さらい〉

ウンタースベルク山中に住む山の女（50）から

これはグレーディヒの住人や近在の農夫が届け出て語った話である。その頃（一七五三年頃）ヴンダーベルクの山の女たちが、グラネック地区内の峡谷近くで家畜の番をしている少年や少女のところへやって来て、パンをふるまうということが何度もあった。

またこの女たちは麦刈りの時節にも何度か現れた。朝早く山を下りてきて、夕方仕事を仕舞うときになると、夕食を共にとらずにヴンダーベルク山中の洞穴に戻っていった。

この山の近くでは、いつの頃かこんなこともあった。農夫が馬を使って畑を耕していた。馬の背には男の子を乗せていた。すると女たちが山の中から現れて子供を力ずくでさらっていこうとした。父親は山の秘密やこれまでに山で起こったことをよく知っていたので、ひるむことなく女たちに向かって走り寄り子供を取り返すと、叱りつけるように言った。

「何て図々しいことをする。たびたび里に出てくるうえに、今度は倅をさらっていくとはな。うちの倅をどうしようというのだ。」「うちに来れば、坊やはお前さんの家にいるよりも、もっと面倒を見てもらえるし、もっといい暮らしができるのよ。坊やはとても好い子だろうから、怖い目には遭わせはしない。」こう女たちは諦めきれずに答えたが、父親は息子をしっかりと抱きかかえて離さなかった。山の女たちは涙を流してひどく泣きながら去っていった。

もう一度女たちが山から出てきたことがある。ヴンダーベルクのそばの丘の上に美しい姿が望まれるクーゲルミューレはクーゲルシュタットとも呼ばれているが、その近くにもこの女たちが現れて、羊の番をしていた男の子をさらっていった。それから一年も経ったころに、麓に近い小高い台地でこの子が緑色の服を着て切り株の上に座っているところを樵たちが目撃した。この子の顔は皆が知っていたのだ。あくる日にさっそく樵たちは両親を連れて山麓を探しに行ったが見つからなかった。その後、この子は二度と姿を見せることはなかった。

訳注　ヴンダーベルクとはウンタースベルクのこと。ザルツブルクの南に位置する山塊。「山の女」と訳したが、山や森など未開の荒蕪の地に住む女である。

取り替えっ子（82）

森のない平地が広がるオーデルンハイムに近いヘスロホであった出来事である。聖職者に仕えていた酒蔵監督と女料理人とが夫婦同然に暮らしていたが、正式の婚姻関係を結ぶことは許されていなかった。二人の間に子供ができたが、その子は背丈も伸びず目方も増えず、そのくせ昼夜泣き叫んで絶えず食べ物を欲しがった。ついに母親は人に相談して助言を求めたところ、ノイハウゼン方面のチュリアクスの草原に連れていって、目方を量ってもらい、そこの泉の水を飲ませれば子供はよくなるだろう、と勧められた。というのも当時、そうすれば九日後に子供が生き延びるか死ぬかがはっきりすると信じられていたからである。(1)

さて、助言に従って、母親が子供を背負って出かけ、ヴェストホーフェンの近くの水柳の草地にさしかかったとき、子供がとても重くなってきた。顔中に汗がしたたりハアハアと激しい息遣いになった。するとそこに向こうから遍歴の学生がやって来て、こう言葉をかけてきた。

「おやおや、何という化け物を負ぶっているんです。そいつのおかげで首が折れたって不思議じゃないね。」「これは私の子です。成長せず体重も増えません。それでノイハウゼンで目方を量ってもらいに行くところなんです。」そう答えると、学生は「それはあなたの子じゃない。悪魔(2)だよ。そこの小川に投げ捨ててしまいなさい」と忠告した。母親が応じずに、自分の子だと言い張り、子供に接吻までするのを見た学生はこう言葉を継いだ。「あなたの子は、家にいて暖炉部屋の衣装箱の後ろの新しい揺籃《ゆりかご》の中にいるよ。その化け物は川に投げ捨てるんだ。」

母親は泣く泣く川にかかる橋から子供を投げ込んだ。すると、橋の下から、狼か熊が咆えるような唸り声が聞こえてきた。母親が家に帰ってみると、子供は新しい揺籃の中で健やかに笑っていた。

原注1　取り替っ子は普通は七歳までに死ぬ。十八か十九まで生きるという説もある。
　2　悪魔は本当の子を揺籃からさらって、自分の子を代わりに入れておく。取り替っ子という名はここから来ている。
訳注　取り替える理由について『神話学』は、精霊は自分たちの小さな「種族を大きくしようとしているように思われる」と記している。

二人の地中に住む女（91）

これはプレトーリウスがある学生から聞いた出来事である。その場所は、学生の母親によればデッサウだという。

ある夫人がお産のあと子供を横に寝かせていたが、洗礼を受けさせる前に深い眠りに落ちてしまった。すると真夜中に地中に住む二人の女が夫人の家にやって来た。竈の火を起こし、鍋に水をいっぱいに張って温め、連れてきた嬰児を湯に入れてきれいに洗った後、その子を抱いて産婦が寝ている部屋に入った。そして眠っている子供と取り替えた。

そうしてしまうと二人は子供を抱いて家から出ていったが、家のすぐ近くの山のそばで二人は子供をめぐって喧嘩を始め、それがもとでボールを扱うように、子供を投げ合った。とうとう子供が泣き叫んだものだから、家の中にいた女中が目を覚ました。

女中は主人の横の赤ん坊を見て、取り替えられたことに気づくと、急いで家の外に出た。見ると、女たちがまだ盗んだ子供を投げ合っている最中だった。すぐさま駆け寄って飛んできた子供を受け止めると、しっかりと抱きしめて家の中へ駆け込んだ。そして取替っ子を戸口の外に出しておいたところ、山の女たちはその子を引き取っていった。

訳注　ヨハネス・プレトーリウス（一六三〇〜八〇）はドイツの作家。童話・伝説の収集で知られる。

笞で打たれた取り替えっ子（88）

この話は一五八〇年に本当にあったことである。

ブレスラウの近くに名のある土地貴族が住んでいた。夏のうちに一番刈と二番刈の干し草をたくさん準備しておかなくてはならなかったので、領地の民人は否応なく干し草刈りの役務に駆り出された。そのなかには、子が生まれてから一週間にもならない産婦も含まれていた。貴族の殿の意思を拒むことはできないと分かっていたので、仕方なく産婦は赤ん坊を連れて出かけ、草を少し積み重ねた上に寝かせておくと、その場を離れて仕事に向かった。

草を刈り続けてかなり経ってから乳をやりに戻った母親は、赤ん坊をじっと見つめていたが、急に激しい叫び声を上げると頭の上で手を打ち合わせ誰彼かまわずに訴えた。「これは私の子じゃない。お乳を吸いつくすように飲むし、人間じゃあないようなわめき方よ。私の子はこんなじゃなかったわ。」それでも、何日間かは自分のもとに置いてみたが、その子の食欲もむずかり方も尋常ではなかったので、母親は弱り果て死にそうになってしまった。

このことを貴族の殿に訴えたところ、こう助言してくれた。「おかみ、もしそなたの子ではないと思うのなら、こうするがよい。ご自分の子を寝かした草地にそいつを連れていきなさい。そのうえで、笞でそいつを強く打つのだ。そうすれば不思議なことが起こるだろう。」

母親は殿の言葉に従った。草地に連れて出て笞で取り替っ子を打ったところ、激しい叫び声を上げた。すると悪魔が現れて盗んだ実の子を「さあ、お前の子だ」と言って返すと、自分の子を引きさらって消えた。

この話はよく知られていて、ブレスラウとその周辺では、老いも若きもみなが知っている。

ハーメルンの子供たち（245）

一二八四年のこと、ハーメルンに一人の風変わりな男が姿を現した。男はさまざまな色の布でできた上着を着ていたので「ブンティング《斑服の男》」と呼ばれていたという。鼠捕りだと称し、ある程度のお代をいただけるなら町から鼠を退治して差し上げましょう、と言ってまわっていた。これを聞いた町の人々は男と話をつけて一定の報酬を与えることを約束した。

そうと決まると男は小さな笛を取り出して吹き鳴らした。するとたちまち町のありとあらゆる家から鼠が這い出してきて男のまわりに集まり始めた。鼠がすべて出てきたと見ると、男は町の外へと向かった。鼠の群れもその後に続いた。そのようにして鼠をヴェーザ川のところまで連れ出すと、男は衣服をたくし上げて川の中に入っていった。鼠もその後を追い、一匹残らず川に落ちて溺れ死んでしまった。

ところが町の人々は苦しみから解放されてしまうと、約束した報酬が惜しくなり、いろいろと口実を設けて取り決めた額を支払うことを拒んだ。そのため男は立腹して町を去っていった。

六月二十六日、ヨハネとパウロの日の早朝七時に、別の言い伝えによれば正午に、この男は再び町に姿を現した。今度は狩人の出で立ちで恐ろしい形相をして赤い奇妙な帽子をかぶっていた。そして横町をまわって例の笛を吹き鳴らした。するとすぐさま、今度は鼠ではなく大変な数の子供が、四歳から上の男の子や女の子が走って集まってきた。そのなかにはもう成年に達していた市長の娘もいた。

子供たちは群れをなして男の後について歩いた。男は子供たちを町の外に連れ出し、とある山の洞穴の中に入ると子供たちもろとも姿を消してしまった。

この様子を、はるか後ろから腕に子供を抱いてついて歩いていた子守の娘が見ていた。すぐに引き返すと事の次第を町に知らせた。親たちは市門から群れをなして町の外へ走り出て、悲しみにうち沈んで子供たちを探してまわった。母親は悲嘆にくれ泣き叫んだ。ただちに使者が陸路と水路をたどってありとあらゆるところに遣わされた。子供たちの一団を、そのうちの数人でも見かけはしなかったか問い合わせてまわったが、何の手がかりも得られなかった。

全部で百三十人の子供が行方不明になった。何人かの人が伝えるところによれば、二人の子供が遅くなって帰ってきたという。一人は目が見えず、もう一人は口がきけなかった。盲目の子は子供たちが消えていった場所を言うことはできなかったが、どのように笛吹き男について行ったかを話して聞かせてくれた。口がきけない子の方は、何も聞こえなかったけれども、消えた場所を教えることができたということだ。もう一人、下着のままで一緒について行ったが上着を取りに引き返したため難を逃れた小さな男の子がいた。この子が戻ったときにはほかの子供たちはとある丘の穴の中に消えてしまっていた。その穴は今でも見せてもらえる。

子供たちが町を出ていくときに歩んだ市門を抜ける通りでは、踊ってはならず弦楽を奏でることも許されなかった。そのため十八世紀中ごろにはまだ（多分今日でもなお）「無太鼓の（太鼓なしの、音なしの、静かな）道」と呼ばれていた。花嫁が楽隊に伴われて教会へ向かうときにも、楽士はこの通りを横切る際には音を立ててはならなかった。子供たちが姿を消したハーメルンのそばの山はポッペンベルクと呼ばれている。この山の右側と左側に十字架の形をした二つの石が立てられた。幾人かの人の伝えるところによると、子供たちはとある洞穴の中に連れていかれ、ズィーベンビュルゲンで再び姿を現したという。
ハーメルンの町の人々はこの事件を市の台帳に記入させ、公告を行う際には、子供たちが行方不明になってから経過した歳月を挙げるのが常であった。ザイフリートによれば市の台帳に記載されている日付は、六月二十六日ではなく六月二十二日だという。市庁舎には次のような銘文が刻まれている。

主キリスト生誕の後一二八四年
ハーメルンで生を享し子ら百三十人
笛吹き男に連れ出され
ケッペンの山の中へと消ゆ。

そして新門には次のような文字を見ることができる。

魔術師百三十人の子らを市より連れ出せしより
二百七十二年の後にこの門は建てられたり。

一五七二年に、市長はこの出来事を教会の窓に描かせ、流れが分かるように文を添えさせたが、その文字はほとんどが読めなくなってしまっている。またこの事件にちなんだ貨幣が鋳造された。(1)

原注1　（虚構あるいは創作の手が入っている）『大官ファアム・ホアムの冒険』の第四十四夜、一七二七年にライプツィヒ刊行のドイツ語訳では第二部一六七頁から一七二頁にあるとてもよく似た話を参照のこと。シャルダンは四十人の乙女の塔の名を挙げているのみである。なお、マルティン・ショックの『ハーメルンの伝説』はエーリヒを論駁して実話ではないとしている。
ハーメルンのとある家には金色の文字で書かれた次のような銘文が見られるという。「一二八四年の六月二十六日、ヨハネとパウロの日に、色とりどりの服をまとった笛吹き男に惑わされ、ハーメルンで生まれた百三十人の子供たちがコッペン山近くの洞窟の中に連れて行かれ消えてしまった（シェ

パハによる)。」

訳注　ズィーベンビュルゲン(トランシルバニア)はルーマニア中北部、中世期にドイツからの移民が住み着く。ザイフリートはヨーハン・ハインリヒ・ザイフリート、その『自然の不思議精選』(一六七九年)は他の伝説にも利用されている。

〈人狼〉

人狼(214)

ある兵隊が、祖父が体験したという次のような出来事を話してくれた。

祖父はあるとき森に木を切りに出かけていた。懇意にしている知人ともう一人の男が一緒だった。この男については、どこかおかしいという疑いが以前からあったが、確かな証拠を握っている者は誰もいなかった。

さて、三人が仕事を終えて疲れを感じていたところ、この男がしばらくぐっすり眠って疲れを取ってはどうかと持ちかけてきた。そうすることになり、三人とも地面に横になった。祖父は眠っているふりをして目を少し開けていた。すると男はほかの二人が眠っているかどうか見まわして確かめ、大丈夫と思うと、突然身に着けていたベルトを投げ捨てた(1)。男は人狼だった。人狼は普通の狼とそっくり同じではない。少し違った見かけをしている。男は子馬が草を食んでいた近くの草地へと走っていくと、子馬に襲いかかって丸々すべてを食い尽くしてしまった。食べ終わると戻ってきてベルトをつけ、以前のように人間の姿をして横になった。
しばらくして三人とも起き上がって町への帰路についた。ちょうど市門の遮断棒のところまで来たとき、男は腹痛を訴えた。祖父は男の耳元で「馬一頭を丸ごと食べてしまえば腹もいたかろうさ」とささやいた。男は「お前がそのことを森の中で言っていたら、今頃は口などきけない身だぞ」と脅すように言ったという。

これはまた別の伝えである。ある女が人狼の姿をとって羊の群れを襲い大きな損害を与えていた。女は羊の群れの持ち主である羊飼いを憎んでいたのだった。だが、ついに羊飼いは斧を投げて狼の腰に傷を負わせた。狼は這って藪の中に逃げ込んだ。徹底的に痛めつけてやろうと思って追いかけて行ってところ、藪での中で羊飼いが見たのは、衣服を引き裂き傷口から流れ出る血を止めようと必死になっている一人の女の姿だった。
一六一〇年のこと、リュティヒで二人の魔術師が、人狼に姿を変えてたくさんの子供を殺したかどで処刑された。二人は十二歳の男の子を連れていて、獲物を引き裂いて食べる際にはいつも、その子は悪魔によって鴉に変えられた。

原注1　あるいは、ほかの人々の話によれば、ベルトを締めた。
　2　ベルトを外した。
訳注　古代にはベルトが魔法を発揮して人を狼や熊に変身させると信じられていたと『神話学』は指摘している。変身のためには特別の肌着や毛皮を身に着けることもあるという。また狼と鴉は最高神ヴォーダンの随身とされる。

人狼岩（215）

マクデブルク市に帰属する村エッゲンシュテットはゾマーシェンブルクとシェーニンゲンからそれほど離れていない。この村の近くのゼーハウゼン方面に広がる草地に、土地の人が「狼岩」あるいは「人狼岩」と呼ぶ大きな岩が聳えている。

遠いむかしのこと、ハッケル山やハールツ山地と一続きだったブランツレーベンの森の縁に、どこから来たのか何者なのか分からない男が住みついていた。爺さんという名でみなに知られていて、よく村々にやってきたが騒ぎになることはなく、村人たちにお手伝いしますよと言ってまわり、頼まれると満足がいくようにやり遂げてくれていた。よく引き受けるのは、羊の番だった。

さて、ナインドルフの羊飼いメレの羊の群れに、一匹の可愛らしいまだらの子羊が生まれた。すると爺さんはメレに子羊をくれるように執拗にせがんだ。メレは手放すつもりはなかった。ところが羊の毛を刈る日に爺さんの手助けが必要になり仕事を頼んだ。メレが羊たちのところに戻ってきたところ、すべてが予定通りで仕事は片づけられていたが、爺さんも子羊も見当たらなかった。それからずいぶん長いあいだ、爺さんがどうなってしまったのか誰にも分からなかった。

とうとうある日のこと、カッテンの谷で羊に草を食ましているメレの前に、突然爺さんが姿を現し、「こんにちはメレさんよ、あんたのまだらの子羊がよろしくとのことだぜ」と嘲るように言った。これを聞いて激怒したメレは、牧杖を握りしめ仕返しをしてやろうと思った。すると突如、誰か分からぬ男は姿を変え、人狼となって襲いかかってきた。羊飼いは肝をつぶしたが、犬たちが猛り狂って狼に跳びかかっていったので、狼は逃げ出した。犬とともに後を追い、森や谷を抜けてエッゲンシュテットの近くまできたところで、犬たちが狼を取り囲んだ。

「さあ殺してやるぞ」と羊飼いが叫ぶと、狼は人間の姿に戻り、何でもするからどうかひどい目には遭わさないでくれ、と懇願した。だが怒りに狂った羊飼いはすかさず殴りかかっていった。すると突如、男は新芽を伸ばす茨の灌木に姿を変えた。復讐心に燃える羊飼いは容赦しようとはせず、残忍にも枝をすべてたたき落とした。男は最後にもう一度人間の姿に戻り命乞いをしたが、冷酷なメレはその願いを聞き入れなかった。そこで男はまたもや人狼となり逃げようとしたところをメレの一撃によって倒れ、事切れてしまった。

人狼が息絶えて埋められたところは岩が目印になっていて、この岩はいつまでも変わることなく人狼にちなんだ名で呼ばれている。

訳注　『神話学』には、森に逃れた者や追放された者の姿が狼男のイメージに混入しているとの記述がある。

〈竜を退治する〉

ヴィンケルリートと竜（218）

大むかしヴィーラ村の近くのウンターーヴァルデンに恐ろしい竜が住んでいた。この竜は人も家畜も行き会うものはすべて殺し、この地一帯を荒廃させた。そのためこの地方はエートヴィーラ《荒れ地のヴィーラ》というありがたくない名を頂戴したほどである。

さて当時、この土地に生まれたヴィンケルリートという名の男がいた。罪重い殺人を犯したために他国へ出て行かなければならない身だった。このヴィンケルリートが、もし故郷の地を再び踏むことを許してもらえるならば、竜を襲って殺そうと申し出たのである。これを聞いた人々は喜び、故郷に戻ることを許した。

ヴィンケルリートは果敢だった。大きく開いた竜の口に茨の束を差し込み、怪物の動きを封じてしまった。竜は茨を吐き出そうとしたが叶わず、その間に防御を怠った。勇士はその隙に乗じたのだった。勝ち誇ったヴィンケルリートは血の滴る剣を高く掲げ、住民に勝利を知らせた。

だがそのとき、毒を含む竜の血が腕からさらに素肌に伝わり、勇士は間もなく命を失う羽目になってしまった。それでもこの地方は救われて平和になった。今でも岩壁にある竜の住み処を見せてもらえる。住民はそこを竜の洞穴と呼んでいる。

泉に住む竜 (219)

フランケンシュタインの古城はダルムシュタットから一時間半のところにある。この城にむかし三人の兄弟が住んでいた。三人の墓石は今でもオーバビアバハの教会に見ることができるが、兄弟の一人はハンスという名で、竜の上に立っている姿が墓石に彫られている。

フランケンシュタイン城下の村には泉が湧き出ていて、今でもそこに村人も城の者も水を汲みにいかなければならないが、そのむかしこの泉のすぐそばに、恐ろしい竜が住みついていた。水を汲むにはこの竜に毎日羊か子牛を差し出さねばならなかった。竜が生贄を食べている間は泉に近づいても安全だったのだ。

この狼藉を治めようと騎士ハンスは勇敢にも闘う決意をした。闘いは長く続いたがとうとうハンスは竜の首を切ることに成功した。そしてハンスがまだあがいている怪物の胴体を槍で刺し貫こうとしたとき、尖った尾が右脚に巻き付き、鎧の唯一の隙だったひかがみを刺した。竜は全身に毒を持っていた。それがもとでフランケンシュタインの殿ハンスは命を失ってしまったのだった。

【悪魔たち】

ゴスラルの悪魔の穴 (183)

ゴスラルの教会の壁には亀裂が見られるが、これには次のような経緯が言い伝えられている。かつてヒルデスハイムの司教とフルダの修道院長が激しく序列を争い、どちらも教会で皇帝の隣の席を占めようとした。司教がクリスマスの最初の日には自分が名誉の席に座ると言い張り譲ろうとはしなかったので、修道院長は武装した手勢をひそかに教会に参じさせた。その者たちに力で明日の権利を確保させようとしたのだ。だが、このことは司教に通報され、司教も武装した者たちを教会に潜ませた。

あくる日、両者は再び言葉で序列争いをした後、力で決着をつけようとした。双方の武装した騎士たちが現れ出て闘いを繰り広げ、教会のなかはさながら戦場のようになり、血が教会から墓地へと滔々と流れ出た。三日間戦闘は続いた。その最中に悪魔が壁に穴を穿ち堂内に入り込んで、剣を交える騎士たちの前に姿を現した。双方の怒りをさかんに煽り立て、仆れた多くの勇士たちの魂を持ち去っていった。闘いが続いている間、悪魔はその場にとどまり続けたが、闘いが終わると用が済んだので姿を消した。

その後、教会の壁に穿たれた穴を塞ごうとすると、もう一歩のところまではうまくいくのだが、いよいよ最後の石をはめ込むと、その途端にすべてが崩れてしまい、穴がもとのままぽっかりと口を開くのだった。悪魔祓いの呪文が唱えられ聖水が注がれたが効き目はなく、とうとうブラウンシュヴァイクの公爵に依頼してお抱えの棟梁たちに足を運んでもらった。棟梁たちは一匹の黒猫を穴の部分に塗り込め、最後の石をはめ込むときに「神のみ名においてじっとしていたくないならば、悪魔の名において動かずにおれ」と唱えた。これが功を奏し悪魔は静かにしていた。ただその夜、壁にひびが入り、それが今日まで残っているのである。

アウグスティーン・レルヒハイマの『魔術考』によると、司教と修道院長は、どちらがマインツの大司教の一番近くに座るかをめぐって争いを起こした。争いが鎮められたのち、ミサの折に一同が心を込めて「汝この栄光の日をつくりたまえり」と歌うと、悪魔が丸天井の下でどら声をはりあげて加わり「われこの戦の日をつくれり」と歌ったという。

訳注　レルヒハイマ（レルヒアイマ）は本名ヘルマン・ヴィルケン（一五二二〜一六〇三）、人文主義の著作家、大学教授。なお領主である司教や修道院長には、封土を与え主従関係を結んでいる家来がいた。

悪魔の風車（184）

ハーバフェルトにあるラムベルクの山頂には花崗岩の塊が散乱していて、ところどころには積み重ねられている場所もある。これは悪魔の風車と呼ばれている。

粉屋の主人がこの山の斜面に風車小屋を建てた。ところが風が吹かないこともあったので、山頂にいつも風を受けて動いている風車が欲しいものだと思うようになった。だが山頂に風車を建てるのは人間の手には無理だった。

それでも粉屋が諦めきれずにいると、ある日のこと悪魔が姿を現した。長い交渉を続けたすえに、粉屋の主人は、この先三十年の命の保証と、六組の碾き臼を備えた非の打ちどころのない風車を山頂に建ててもらうことを条件に、ついに魂を悪魔に売り渡してしまった。風車はその夜のうちに、雄鶏が朝鳴く前に出来上がるという約束だった。

悪魔はこの取引に満足し、定められた時刻に仕事を始めた。悪魔の素早い仕事を見た粉屋は、風車が約束の時間には完成してしまうことに気づいた。そこですでに仕上がっていた石臼をひそかに横倒にして山の斜面を転がした。これを見た悪魔はまだつかまえられると思って跳んで後を追いかけた。ところが石臼は跳ねるごとに速さを増して転がっていったものだから見る見るうちに引き離されてしまい、山を下り終えたところでようやく追いついた。今度はそこから山頂を目指して、悪魔は力を振り絞り石臼を勢いよく転がしていった。だが頂上まで達しないうちに鶏が時をつくり、粉屋と交わした契約は無効になってしまった。

怒り狂った悪魔は風車をつかむと、翼と車と回転軸を引きちぎりあたり一帯にまき散らした。そのため、完成間近の風車を只で手に入れようとした粉屋の目論見は挫かれ、風車の再建もできなくなってしまった。さらに悪魔が念を入れて岩を投げつけたものだから、その岩でラムベルクは覆われることになった。風車の名残としては、基礎のごくわずかな部分だけが残されている。山の麓には今でも大きな石臼一つ転がっているという。

訳注　自家用本への追記や追加の伝説の書き込みをもとに、底本の編者ヘルマン・グリムの手が加わっている。とくに第三段落はすべて自家用本にある伝説と入れ替えられている。

キリストの足跡 (185)

ホイベルクに近い草地の一角、レムス川が流れる心地よい谷間に岩山が聳えている。この岩山には「ローゼンシュタイン」城の廃墟がある。そこの岩には最近まで人間の美しい足跡が見られたが、これをめぐって迷信が広まったため、政府が火薬でその岩を吹き飛ばしてしまった。

城の向かいに聳える「ショイベルク」(1)にもよく似た足跡が残されている。ローゼンシュタインの足跡は下流に向かっていたが、こちらは内陸に向かっている。向かいの森にはバイスヴァング(2)が建立したマリアを祀った礼拝堂があり、数々の奇蹟が行われてきた。城の左手には「悪魔の刃」と呼ばれる峡谷が刻まれていて、雨が続くとそこから濁った水が流れ出てくる。城の裏手には「納屋」と呼ばれる岩の洞窟が口を開いている。

遠いむかしのこと、この山の上から悪魔がキリストに、レムスの谷、ライン山地、エルヴァンゲン、レヒベルク、そしてシュタウフェンの美しい土地を見せて、もし自分の前に膝を屈するならばこの土地を与えようと誘った。だが主キリストがただちに悪魔に立ち去るように命じたところ、悪魔は山から転げ落ちてしまった。悪魔は呪われて千年の間、鎖につながれ拘束されて「悪魔の刃」に閉じ込められることになった。今なおそこから流れ出る濁った水は、悪魔の涙なのである。キリストは力強い足取りで山々を越えて歩み、足を置いたところには足跡が残された(3)。

その後、時は流れて、ローゼンシュタインの殿たちがこの岩山に城を建てた。殿たちは盗賊騎士だった。略奪品は「納屋」に隠していた。あるとき悪魔に吹き込まれて、森の礼拝堂を襲ったが、教会の財産を奪って城に帰り着くと、たちまち恐ろしい嵐が起こり、盗賊の巣窟は破壊されてしまった。城が崩れ落ちるとき、悪魔の高笑いが聞こえてきたという。

原注1　ザイフリートによれば、シャーヴェルベルクとなっている。ローゼンシュタイン城のものは左足、ショイベルクのものは右足の跡。

2　「頬に嚙み傷のあるフリードリヒ」によって建立された。

3　ツァイラは異なった話を伝えている。それによるとキリストはユダヤ人の手から逃れる途中、この足跡を残したという。また土地の人々はそこに溜まる水を洗眼の薬として用いているという。ツァイラの出典はクルーズィウスの『年代記の書』四八頁。

訳注　「盗賊騎士」については一九九頁訳注を、また「頬に嚙み傷のあるフリードリヒ」は二九〇頁を参照。第三段落の地名の一部と原注3の最後の文は、自家用本への書きこみをもとに編者のヘルマン・グリムが補っている。

フランクフルトのザクセンホイザ橋(186)

ザクセンホイザ橋の中央の二つの橋弧には、上部が板だけで覆われているところがある。戦の折にはこれを取り外し、爆破せずに簡単に外部からの進路を遮断できるようになっているのだが、これについては次のような言い伝えがある。

この橋をつくるときのこと、棟梁は決まった日時までに完成させるという約束で仕事を請け負った。さてその期限が迫ってきた。予定通りに終えるのは無理だと見た棟梁は、もうあと二日を残すだけになったとき、不安にかられ悪魔を呼んで助けを求めた。すると悪魔が姿を現し、もし最初に橋を渡る生き物の魂を引き渡してくれるならば、橋を期限前の最後の夜のうちに仕上げてやろうと取引を求めてきた。その条件で契約が結ばれた。

そして最後の日の夜、暗闇の中でのこと、どのように仕事をしているのか何も見えなかったが、悪魔は橋を非の打ちどころなく完成させた。夜明けとともに棟梁は橋のところにやって来て、自分の前に一羽の雄鶏を追いやって橋を渡らせ、その魂を悪魔に引き渡した。だが、人間の魂を望んでいた悪魔は、欺かれたと分かると、怒って雄鶏をつかみ引き裂いて橋に投げつけた。そのため橋に二つの穴が開き、その穴は今日に至るまで石で塞ぐことができない。日のあるうちに作業をして修繕しても、夜になると崩れてしまうからである。

橋の上には今でも、この出来事の記念として、黄金の雄鶏がとまっている鉄の棒が立てられている。

オスナブリュックのズュンテル岩（200）

オスナブリュックの近くに高さが十三フィートのたいそう古い岩がある。農民たちは、この岩は悪魔が空を飛び運んでいたときに落としてしまったものだと言っていて、悪魔がこの岩を持つためにかけたという鎖の跡を見せてくれる。この岩は「ズュンテル岩」（1）と呼ばれている。

原注1　おそらく「聖なる岩」の意。ズュント、サント、サンクトゥスに由来する。ヴェストファーレン地方のシャウムブルク伯爵領内のズュンテル山を参照のこと。

嘘つき岩（201）

ハルバーシュタットの大聖堂前の広場には、土地の人が嘘つき岩と呼んでいるかなりの大きさの丸い石がある。

大聖堂の基礎が地下深くに築かれたときのこと、悪魔は自分の王国のための建物が立つのだと思って大きな石を運んできていた。ところが建物が聳え立ちキリスト教の教会になると気づくと、破壊してしまおうと決心した。足場と壁を粉々にするつもりで、とてつもなく大きな石を抱えて空から舞い降りてきた。

ところが、素早く町人が悪魔を宥めて、居酒屋を教会のすぐ横に立てると約束したので、悪魔は石の向きを変えた。それで石は大聖堂の横の地ならしをした広場に落下した。今でもこの石には、悪魔が運ぶ際に灼熱した手の親指でつけた窪みを見ることができる。

訳注　悪魔は「嘘の（父）親」とも呼ばれる。

渓谷にかかる橋（202）

晩遅くに羊飼いが恋人を訪ねようと思って出かけたが、フィスパの流れを越えていかねばならなかった。そこはちょうど川が深い渓谷の底を流れている場所で、板を渡しただけの狭い橋しかかかっていなかった。この橋のたもとに夜の窓辺の訪問者がさしかかったところ、今まで一度もそのようなことはなかったというのに、真中に黒い炭の山が置かれて通れなくなっていた。羊飼いは嫌な気がしたが、勇気を奮い起こして深い淵の上を力強く跳び無事に向こう岸に着地した。

すると炭の山は飛び散り煙と化し、その中から悪魔が立ち上がって、羊飼いの背後から声をかけた。「うまくやったな。もしおまえが退いていたら、わしは首をひねっていただろう。もし炭の上を歩んでいたなら、炭の中に沈み込み渓谷の底へと真っ逆さまに転落せにゃならなかったろうな。」幸い羊飼いは恋人のことを思いつつも、通りすがりにザンクト・ニクラス村の背後にある聖母を祀る礼拝堂で、いつものように祈りを捧げるのを忘れていなかったのである。

悪魔に連れ去られた花嫁（209）

ザクセンで起こったことである。ある金持ちの娘が美しいが貧しい若者と結婚の約束をした。若者は娘が裕福で移り気な性格なものだから、この先がどうなるか分かっていたので、娘にお前は約束を守るまいと言った。すると娘は「あなた以外の人を選ぶことにでもなれば、結婚式のときに悪魔にさらわれてもいいわ」と言って誓いを立てた。

さてどうなっただろう。その後しばらくすると娘の気が変わり、最初に婚約した若者を無視して別の男と婚約してしまった。若者は何度か、約束と重い誓いの言葉を思い起こすように注意したが、娘はすべてを聞き流し若者を捨てて別の男と式を挙げた。

婚礼の日、親戚、友人、客人は上機嫌だったが、良心が目覚めた花嫁はいつもより憂いがちだった。最後に二人の貴族が馬で花嫁の家にやって来た。見知らぬ二人は客として迎え入れられ食卓に案内された。食事が終わると、そのうちの一人は、よそから来た客人として花嫁と輪舞を先導する栄誉を与えられた。だが、この貴族は一緒に輪舞を一つ二つ踊ると、花嫁を戸口から外へ、そしてついには空高く連れ去ってしまった。これを目の前で見ていた両親や友人たちは、ただ激しく泣き叫び嘆き悲しむだけだった。

翌日、悲嘆にくれる両親と友人たちが、墜落していれば埋葬してやろうと思って花嫁の亡骸を探していたところ、驚いたことに一行の前にあの二人連れが現れて、こう言って花嫁の衣装や宝石類を返した。「花嫁を自由にする権利は神から授かったが、このようなものは別だ。」

弁護人になった悪魔（211）

これは国境地方で起こったことである。ある傭兵が宿の主人にお金を保管してくれるようにと預けた。ところが返してもらおうとすると、主人は受け取っていないと言い張った。納得がいかない傭兵は宿に押し入ったが、主人につかまり牢獄に拘禁されてしまった。主人は、お金を我が物にするために口を塞いでしまおうと、傭兵を家の平和を乱したかどで、鞭打ち剃髪、首吊り斬首、内臓の刑に処するように訴えて出た。

囚われの身になった傭兵が牢でぽつねんとしていると、悪魔が姿を現し語りかけてきた。「明日お前は法廷に引っ張り出され、家の平和を乱したかどで首をはねられる。もし身も心も俺のものになるなら、助け出してやるぞ。」だが傭兵は取引に応じなかった。そこで悪魔は別の提案をした。「それではこうしろ。法廷に出て厳しく罪を糾弾されたら、主人に金を預けておいたのだと言い張れ。そして弁が立たないので、代わりに弁護してくれる弁護人をつけることを許してほしいと頼むのだ。そうすれば俺が白い羽をさした青い帽子をかぶって遠からぬところに立っていて、お前に代わってこの一件を処理してやろう。」

果たして悪魔の言ったように事は進んだが、宿の主人が執拗に否認したので、青い帽子の弁護人は「ご主人、どうしてこの事実を否認できるのかね。お金はお前さんのベッドの枕の下にある。判事の方々、陪審員の方々、人を遣りなさい。そうすればお金は見つかるでしょう」とまくしたてた。すると主人はこう言って無実を誓った。「もし私がその金を受け取っていたら、そんな盗人など悪魔にさらわれてしまえばいい。」

さてお金が見つかり法廷に持ってこられると、白い羽をさした青い帽子の男は、「二人のうち一人、主人か客かのどちらかをいただけるとちゃんと分っていたんだよ」と言うなり、主人の首をひねって空へと連れ去ってしまった。

縁の欠けた杯（485）

皇帝ハインリヒ二世が世を去ったときのことである。信心深い隠者が空を飛ぶ悪魔たちの騒がしい羽ばたきの音を聞きつけ、向かう先を教えてくれるように神を念じて懇願した。悪魔たちが「ハインリヒ帝のところだ」と答えたので、何か分かったことがあれば帰りに知らせてほしいと懸命に頼んだ。悪魔は先を急いで去ったが、善良な隠者は神に向かって皇帝の魂が救われるように祈った。

その後しばらくして悪魔たちが隠者のところへと飛んできて事の次第を話してくれた。「皇帝の悪行が善行よりも重くなることになり、わしらが帝の魂を手にしようと思っていたときに、亡きラウレンティウスが現れてすばやく杯を一つ天秤皿に投げ入れた。そのため杯は欠けてしまったが、わしらは魂を取りそこなった。杯が善行の皿を重く押し下げたからな。」この報を聞いた隠者は神の慈悲に感謝し、このことをメルゼブルクの聖堂参事会員たちに知らせた。参事会員たちが見てみると杯の縁が欠けてしまっていた。

この杯は今でも見ることができるが、皇帝が生前に善き行いをしようとして、メルゼブルクで聖ラウレンティウスのために奉納していたのである。

訳注　ラウレンティウス（三世紀のローマの殉教者・聖人）を庇護聖人とするメルゼブルク大聖堂の奉納式は、ハインリヒ二世（聖人、九七三〜一〇二四、国王・皇帝）と妃のクーニグント臨席のもとに行われた。

二　予告と呪い、罪と罰

【予告と夢】

湧き出る泉（104）

フランケン地方のとある山の麓に泉が湧いていて、その近くに高貴な一族が先祖代々館を構えている。この泉は一年中、澄んだ美しい水で溢れているが、一族の誰かに死が近づいたときには湧き出す水が途絶えてしまう。そうなると泉は干上がり、そこにかつて泉があったという痕跡さえもほとんど消えてしまう。

さてこのようなときに、一族の殿が異国の地で死の床に臥していた。もう八十歳にもなっていて自分の死期は近いと思った殿は、故郷に使いを遣って泉が枯れているか問い合わせさせた。使者が到着したとき、泉の水は涸れてしまっていた。だが館の人たちは厳しい調子で使者に命じた。「老いた殿には本当のことは言うな。悲しい思いをさせないように、泉はまだもとのまま水をたたえています、と伝えよ。」

使いの言葉を聞いて殿は笑い、神の御心が定め給うことを、迷信を信じて泉から知ろうとした自分を責めた。そして幸せな最期を迎えられるように心の準備をしていた。だが、急に殿の病は快方に向かい、ほどなくしてすっかり回復してしまった。ところが、泉の水はゆえなく涸れたのではなかった。昔からの予告の力は衰えてはいなかった。なぜなら、一族の若殿が一人、奔馬から振り落とされて同じ時期に命を失ったからである。

破局の告知（145）

一五五〇年九月二十二日、マクデブルク市民軍はゲオルク・フォン・メクレンブルク公爵軍との戦闘を前にしていた。市民軍が町から出撃して一マイル進み、ちょうどバールレーベンの村の手前にさしかかったとき、身なりからすると農夫のようにも見えたが、背の高い立派な老人が行く手に現れて問いかけてきた。

「戦の準備を整えた軍勢を引き連れてどこへ向かおうとなさっておいでか。」進軍の意図を告げられると、老人はすぐに両手を上げて心の底から頼むような調子で警告した。「それだけはお止めなされ。引き返して町をしっかり守るのがよい。あの場所で、とりわけこの時期には何も企てないのが一番です。ちょうど二百年前の聖モーリッツの日に、マクデブルク軍は、同じ場所、オーラ河畔で打ち負かされていますからな。町の聖ヨハネス教会の銘板にも記されている通りです。このまま進軍なされば、きっと今回もかつてと同じ憂き目に遭うことになりましょう。」

この老人の態度と話の内容に驚いた者もいたが、ほとんどは老人を嘲り警告を笑いとばした。こうしてその後に戦闘が始まったが、老人を嘲笑した者はみな打ち殺されるか捕らわれの身になったと伝えられている。老人は、髪は真っ白でとても高齢に見えたが、顔はきれいで慈悲深く赤みがさして若々しかったので、何とも不思議な感じがしたという。あいにく戦は老人の予言通りの結果になったが、町では老人を探し出そうと四方八方手を尽くした。だが、あの日以前にも以後にも老人を見たという人は誰もいなかった。

訳注 「聖モーリッツの日」は「聖マウリティウスの日」のことで九月二十二日。

ホーフのモルト横丁に現れたのっぽの男(168)

この疫病(一五一九年にホーフを襲ったペスト)がはやるまえ、夜になるとモルト横丁に黒衣をまとった背高のっぽの大男が姿を現した。開いた両足を道の両端に踏ん張って立ち、頭は屋並みの上に高く聳えていた。

私の祖先にあたるヴァルブルク・ヴィートマンがある晩、この横丁を通らねばならなくなり、その目で大男が一方の足を旅館の入り口に、もう一方の足を向かいの大きな家のかたわらに置いているのを見ている。この祖先の女は、恐怖のあまり引き返したらよいのか進んだらよいのか分からなくなってしまったが、ついに十字を切ると思い切って運を天に任せて、通りの真中を進み、大男の股の間をくぐっていった。引き返すにしても、この化け物が追いかけてきはしまいかという心配があったからだ。さて股の間を通り抜けるや否や、化け物が両脚を強く閉じたのでとてつもなく大きなガラガラという音が起こり、モルト横丁の家屋がすべて倒壊するかのように思われた。その後ひどいペストが町を襲い、まずモルト横丁から猛威を振るい始めたのである。

訳注 「私」とは、この伝説の出典である年代記の著者エーノホ・ヴィートマン（一五五一～一六一五）のこと。

橋の上の宝の夢 (212)

レーゲンスブルクの橋に行くがよい、そうすればお金持ちになれるだろう。そのようなお告げをあるとき夢で聞いた男がいた。

この男はこれを真に受けて橋まで毎日足を運んでいた。二週間ほど通い続けたある日のこと、橋をうろうろしていると、とある裕福な商人が、毎日橋の上で何をしているのだろうといぶかしく思い、男のところへやって来て「何を探しているのかね」と尋ねた。男は「夢でレーゲンスブルクの橋に行けばお金持ちになれるというお告げがあったのです」とありのままに答えた。すると商人は諭すように言った。「ああ何てことを、夢のことなど話して何になります。夢はうたかたで嘘ですよ。私もあの大きな樹の下に（そう言ってその樹を指さした）金のつまった大きな釜が埋まっているという夢を見ました。でもそんな夢など気に留めません。夢はうたかたですからね。」そのあとで男は商人が指さした場所に行き、樹の下を掘ったところたくさんの宝が見つかった。その宝で男は金持ちになり、夢の正しかったことが裏づけられたのだった。

アグリコラは「この話は父からよく聞かされた」と付け加えているが、伝えによってはレーゲンスブルクとは別の町の話になっていることもあり、たとえばリューベック（あるいはケンペン）での出来事とされている。

その話では、パン屋の小僧が、橋の上に行けば宝が見つかるという夢を見たという。いく度も出かけては橋の上を行ったり来たりしていると、乞食が話しかけてきて、なぜそんなことをしているのかと尋ねた。その乞食は、自分もメルケンの教会墓地の菩提樹の下（ドルドレヒトでは藪の下）に宝が埋まっているという夢を見たが、そこへ行こうとは思わないと言った。小僧は「そうだね。人はよくばかばかしいことを夢に見るよ。夢は諦めて、あんたに橋の上の宝をあげてしまおう」と話を合わせた。ところが自分は教会墓地に出かけていって菩提樹の下で宝を掘り当てたのだという。

訳注　ヨハネス・アグリコラ（一四九四～一五六六）は宗教改革者、諺の収集家として知られる。

コルヴァイの修道院の百合(264)

ヴェーザ河畔のコルヴァイにある修道院は一風変わった神の恩寵に与っていた。修道士の誰かに死が近づいたときには、いつもその三日前に、聖堂内陣に掛けられている青銅の花輪の百合によって予告を受ける定めになっていたのである。不思議なことに、この百合はいつも花輪から下りてきて死が間近に迫った者の椅子の上に移動するのだった。こうしてその修道士は三日後のこの世との別れに間違いなく気づき死を確信した。

この不思議は数百年続いたというが、若い修道士が百合の花によって死の予告を受けたとき、それを無視して年配の修道士の椅子に百合の花を移してからというもの途絶えてしまった。死は若者よりも老人にこそふさわしいと思ってのことだった。善良な老修道士は百合を見て死の予告にひどく驚き病の床に臥してしまった。だが死に至ることはなくやがてまた健康な体に戻った。それとは反対に、予告を無視した若い修道士は三日後に急死してしまった。

ひとりでに鳴る鐘（266）

ある有名な帝国直属都市でのこと、一六八六年三月二十七日に市場の鐘と呼ばれている鐘がひとりでに三度鳴り響き、その後しばらくして市場監督を兼ねていた市参事会の会員が一人この世を去った。またある家でのこと、その家の主人が世を去る六週間あるいは七週間前に、とても澄んだ音色の鐘が鳴り始めた。その音は間をおいて二度響いた。主人はその時はまだ壮健であったが、夫人が病で床に臥していたので、召使たちに夫人には何も言わないように命じた。夫人がびっくりしはしないか、暗い思いにとらわれてなお一層病が重くなりはしないか、それどころか死にはしないかと案じたためであった。だがこの告知は主人自身に向けられたものだった。果たしてこの家の主人は世を去ったが、夫人は回復してすっかり健康な身となった。

その十七週間後、夫人が亡き夫の上着と外套をきれいにしようとブラシをかけているとき、夫人の目の前であの土間の鐘が動き出しいつもの音色で鳴り響いた。その八日後に長男が病気になり日を経ずして死んでしまった。さて寡婦となったこの婦人が再婚して二番目の夫との間に何人かの子供をもうけたところ、生まれた子供はみな生後幾週間も経たないうちに三月に咲く花のようにはかない命を終え埋葬されてしまった。その折にはいつもあの鐘が、土間は閉ざされて誰も引き綱に手をかけることはできなかったというのに、続けざまに三度強く引かれて鳴り響いた。

ある人たちは、この鐘の音は（この音は病人や死の床についている者の耳には聞こえないのが普通で、それ以外の人にだけ聞こえる）悪魔のなせる業《わざ》だと言い、他の人々は善き天使の業であるという。また別の人の話によると、守護霊によるもので、速やかに迫りくる死に備えるように警告を与え注意を促しているのだという。

ハッケルンベルクの夢（311）

ハンス・フォン・ハッケルンベルクはブラウンシュヴァイク公国のご猟場監督を務めた有能な猟師だった。ある夜、ハンスはハールツブルクの城で重苦しい夢を見た。恐ろしい猪と闘い、長い格闘のすえ猪に負けてしまう夢だった。それ以来この夢がハンスの頭から離れることはなかった。

しばらく経ってハールツ山地の手前の山に出かけたときのこと、夢に現れたのとよく似た猪に遭遇した。ハンスは猪に襲いかかった。格闘は勝ち負けの決まらないまま長く続いたが、とうとうハンスが勝ち敵を地面にたたきのめした。足もとに猪がのびて横たわっているのを見るとハンスは喜び、足で猪の恐ろしい牙を蹴りつけて「お前のごときに、まだまだこうはさせんぞ」と勝ち誇って叫んだ。だが、あまりに力を入れて蹴りすぎたので、鋭い牙が長靴を突き抜けて足に傷を負ってしまった。

はじめのうちハッケルンベルクは傷を気にかけず狩を続けていたが、帰路につくころには足はたいそう腫れあがり、長靴を脱がねばならなかった。急いでヴォルフェンビュッテルに戻ろうとしたが、馬車の振動が傷によくなく、ホンブルクからほど遠からぬヴュルペローデの病院にかろうじて生きてたどり着いた。そして間もなくそこで息を引き取った。その墓には甲冑を身に着け驢馬にまたがった騎士を彫った石が置かれている。

訳注　「狩魔王ハッケルベルク」とその訳注（八三〜八四頁）参照。『神話学』はハッケル（ン）ベルクは他の伝えをもとに一五二一年に死亡、あるいはその年に生まれ一五八一年に没したと述べている。

【神の威力と父母の呪詛】

ゼムノーネ族の聖なる森（366）

スヴェーベ族の中ではゼムノーネが最も古く最も高貴な部族である。この部族が決まった時に集会を開く森がある。そこは先祖代々の礼拝の場で古の霊気に身も心も震える聖なる森である。この集会には部族の血を引くすべての支族から代表者が集まり、共同で人身御供一体を捧げる。この聖なる森への畏怖の念は深く、森に足を踏み入れる際には、神の全能と人の弱さを認めている印として必ず身を縛ってもらう。もし地面に倒れても、起き上がったり起こしてもらったりすることは許されず、そのまま地面の上を引きずって森の外に連れ出される。この慣習は、聖なる森が部族発祥の地であり、そこには誰もが屈服し従わねばならないすべてを支配する神が現に坐すことを教えてくれる。

訳注　スヴェーベはズエーベとも読む。ラテン語名はスエービィ。出典はタキトゥス（紀元五六頃～一一八以降）の『ゲルマニア』。

石の新床（230）

ボヘミアのドイツ人が居住する地方に、先が二つに分かれてちょうど寝台のような形になった岩が聳えている。これはこの岩にまつわる言い伝えである。

むかしここには城が建っていた。その城には、さる高貴な婦人が一人娘とともに暮らしていた。娘は母親の意に反して、近くに住む若い殿が好きになってしまった。母親は娘がこの殿に嫁ぐことを決して許そうとはしなかった。ところが娘はその言いつけを聞かず、母親の死を待って結婚するという条件でひそかに恋人と婚約してしまった。母親は死ぬ前にこの婚約のことを知り、厳しい呪いの言葉を吐き、この呪いを聞き届けて娘の新床を石に変えてくれるように神に懇願した。

母親は亡くなり、言うことを聞かぬ娘は婚約者と結婚した。式は贅を尽くして岩山の城で執り行われた。新郎新婦が花嫁の部屋に入った真夜中ごろ、城の周辺に住む人々は恐ろしい雷鳴の響きを聞いた。翌朝、城は姿を消してしまっていた。岩山に通じる道はすべてなくなっていた。そして頂上には花嫁が一人、今でも麓からよく見える石の臥所に取り残されていた。だが誰も花嫁を救うことはできなかった。絶壁をよじ登ろうとしたものはみな転落してしまった。花嫁は飢えて衰弱した末に果て、屍は鴉の餌食となった。

呪われて動けなくなった息子（231）

これは一五四五年にマイセン地方のフライベルクで起こったことである。ヴァイン横丁に住む織匠のローレンツ・リヒターが、十四歳になる息子に急いで何かをするように命じた。ところが息子はぐずぐずと部屋にとどまり、すぐには言葉に従わなかった。そのため父親は激しく怒り、「こら、もう金輪際動けんようにそこに立ったままでいろ」と息子を呪った。

呪いの言葉通りに、息子はすぐに立ち止まってその場から動けなくなり、まる三年というもの同じところに立ち続け床に深い窪みをつくってしまった。この間に、この若者が腕と頭をもたせかけて休むことができるように立ち机が据えられた。だが立ったままの場所が戸口から離れておらず、しかも暖炉の近くだったので、出入りする人々にとても邪魔になった。そこで町の聖職者たちが、前もって熱心な祈りを捧げた後、若者を持ち上げて大変な苦労のすえ、向かい側の隅に無事移動させた。聖職者と祈りが必要だったのは、そうせずに運ぼうとすると、若者は言うに言われぬ苦痛に見舞われ、まるで気が狂ったようになったからである。

新たな場所には三年を越えて立ち続け、床をもっと深くへこませてしまうことになったが、ここに移された後で、出入りする人たちの目につかないようにと、若者のまわりに幕が張られた。これは本人の頼みに応じてなされたことで、若者はいつも一人でいることを好み、心晴れず悲しみに沈んだままであまり話をすることもなかった。とうとう慈悲深い神が罰を少しばかり緩められた。それで最後の半年間は座ることができ、横に置かれた寝台に身を横たえることもできた。

若者は、何をしているのかと尋ねられると、自らの犯した罪のために神の懲罰を受けている、すべてを神の御心にまかせて主イエス・キリストの功徳にすがり、そのおかげでもって救済されたいと望んでいる、と答えるのが普通だった。そういうときは別として、いつもはとてもみじめな様子だった。顔色は青白く身体はやつれ衰え、飲み食いは控えめ、つまり食事にはしばしば強要が必要だった。

七年の歳月が過ぎた後、一五五二年九月十一日に若者はこの悲しむべき状態から解放され、イエス・キリストを心から信じつつ、至福のうちに道理にかなった自然な死を遂げたのである。足跡は今でも、上述の横町の家の（この家の現在の所有者はゼヴェリーン・トレンクナーである）、このことが起こった上階の部屋の暖炉のそばと、後になって部屋が区切られたので、その隣の小部屋とに見ることができる。

コルベックの農夫たち (232)

一〇一二年のことである。ハルバーシュタットの近くの村コルベックに住むアルブレヒトという農夫が、クリスマスの夜ミサが執り行われているときに、他の十五人の農民とともに教会の敷地内で踊りをおどっていた。その中には三人の女もまじっていた。司祭が教会から歩み出て踊っている者たちを叱りつけたところ、アルブレヒトはまともに取り合わずこう言い返した。「わしはアルブレヒト、あんたはループレヒト。あんたは中で楽しんでいる、わしらにゃ外で楽しませなよ。あんたは中で祈りの歌だ。わしらにゃ踊りの歌うたわせてくれ。」これを聞いた司祭は、神に訴えて言った。「それならば、神よ、聖マグヌスよ、この者たちが一年中踊らねばならぬように思し召しを。」

願いは聞き届けられ、司祭の言葉の通りになった。雨も霜も農夫たちの頭に触れることはなかった。暑さも飢えも渇きも感じることなく踊って回り、履いている靴もすり減ることはなかった。ある男（聖物保管係）が駆けつけて妹をこの踊りの輪から引き離そうとしたが、腕がもげてしまった。一年が過ぎると、ケルンの司教ヘーリベルトがやって来て呪縛を解いた。するとただちに四人が事切れ、他の者たちも重い病に臥してしまった。

十六人は地中に半分（腰のところまで）没してしまうまで踊り続けていて、深い溝が地面に掘られてしまっていたという。この溝は今でも見ることができる。国の領主は、このことの印にするために一緒に踊っていた人数分の石を、溝のまわりに設置させた。

神聖な日曜日 (233)

フランケン地方のキントシュタットに一人の紡ぎ女がいた。この女は、日曜日も一日中仕事をするのが普通で、手伝いの娘たちにもそうするように強いていた。

あるとき手伝いの娘たちみなの目には糸巻き棒から火が出たように思えたが、ただそれだけのことで誰にも被害はなかった。その次の日曜日には、本当に糸巻き棒に火がついたが、これも消し止められた。ところが紡ぎ女はこのことを意に介さなかった。そのため、三度目の日曜日には亜麻から火が出て家全体が燃え、女は二人の子どもとともに焼け死んでしまった。だが、神さまのご慈悲によって、揺籃の中にいた赤ん坊は助かり無事だった。

このような話もある。ある農夫が日曜日に穀物を碾くために水車小屋に行ったところ、穀物が灰になってしまった。同じことをしようとした別の農夫は、納屋が穀物もろとも焼け落ちてしまった。また別の農夫は、聖日に畑を耕すために犂の刃をやすりで研ごうとした。すると、やすりが手から離れなくなり、そのままの状態で長い間、苦痛に耐えねばならなかった。熱心な祈りを捧げた後、ようやく二年後に神がこの苦しみを取り除いてくださった。

【罪と罰】

石になったパン (241)

このような話は多くの土地に残っているが、ことにヴェストファーレン地方で広く語り伝えられている。大飢饉が襲ってきたときに、ある修道女が貧しい妹から自分と子供たちのためにパンをもらえないかと請われたが、「私がもしパンを持っているとしたら、そんなものは石になってしまえばいいわ」と冷酷にも妹の頼みをはねつけた。するとたちまち修道女が蓄えていたパンが石に変わってしまったという。オランダのライデンにある大きな聖ペテロ教会には、このような石になったパンが保存されていて、話の証拠にと人々に見せている。

一五七九年のこと、ドルトムントのパン屋が、飢饉の際に多くの小麦を買い占め、それをもとに大儲けをしてほくそ笑んでいた。ところがそのような儲け仕事をしている最中に、家の中のパンがある日ことごとく石に変わってしまった。そしてパン屋がひと塊のパンをつかみ包丁で切ろうとしたところ、パンから血が流れ出てきた。このことがもとで、この直後にパン屋は部屋で首をくくって死んでしまった。

聖カストゥルスに奉納されたランツフート中央教会には、パンの形をした丸い石が銀の枠に納められて掛けてある。石の表面には四つの小さな穴が開いている。この石については次のような話が伝わっている。聖カストゥルスは亡くなる少し前に、貧しい男の姿で町のとある寡婦のところへ行き喜捨を請うた。婦人は残っている唯一のパンを貧しい男に手渡すように娘に言いつけた。ところが娘はすべて与えてしまうのが嫌だったので、手渡す前に急いでパンをちぎろうとした。その瞬間、すでに聖者のものになっていたパンは石に変わってしまった。こうして今でも石には指の跡がはっきりと残っているのである。

また別の土地の話である。大飢饉の折に貧しい女が子供を腕に抱え、もう一人をかたわらに連れてダンツィヒの通りを歩いていた。連れている子は大きな声でパンが欲しいと叫んでいた。そこにオリーヴァ修道院の修道士が通りかかったので、女は子供たちのために少しばかりパンを分けてもらえまいかと一心に頼んだ。ところが修道士は「パンなど持っていない」と答えるだけだった。「ああ、あなた様が胸にパンを隠しておいでなのは分かっています」と女が質すと、「何を言う、これはただの石じゃ。犬に投げるためじゃ」と答えてその場を去った。しばらくして修道士がパンを取り出して食べようとすると、本当に石に変わってしまっていた。びっくりして自らの罪を告白して、その石を差し出した。石は今でもダンツィヒの修道院内の教会に掛けられている。

ビンゲンの鼠塔（242）

ビンゲンに近いライン川の真中に高い塔が建っている。この塔については次のような話が広く語られている。

九七四年ドイツは大飢饉に見舞われた。人々はやむをえず犬や猫を食べたが、それでも多くの人が飢えのために死んでいった。当時マインツにハトー二世と呼ばれる司教がいた。この司教は吝嗇で自分の財産を増やすことしか念頭になかった。貧しい人々が横町で倒れ、群れをなしてパン屋に殺到して力ずくでパンを奪っていても、傍観しているだけで、憐憫の情がこの司教の心に萌すことはなかった。それどころか、「貧しいものをすべて町の外の納屋に集めよ。食事を与えよう」と命じ、貧しい人々が納屋に入ってしまうと戸に錠を下して火を放ち、納屋もろとも焼き殺してしまった。その中には老いも若きも男も女もいた。司教は燃え盛る炎の中で人々が呻き苦しむのを聞くと、「聞け、聞け、鼠が鳴いているぞ」と叫んだ。

だが主なる神は時をおかずこの者を懲らしめなさった。鼠が昼となく夜となく司教の身体の上を這いまわり嚙みついたのだ。司教は力の限り防いだが鼠たちから身を守ることはできなかった。とうとう最後に司教が思いついた策が、ビンゲンのそばのライン川の真中に塔を建てることだった。今でも見ることができるこの塔に逃れて何とか生き延びようと考えたのだ。だが、鼠は流れを横切って泳いで押し寄せてきた。そして塔に這い登り司教を生きたまま食い尽くしてしまった。

ゼーブルク湖（132）

ゲッティンゲンから歩いてほんの二時間のところにゼーブルク湖はある。湖は年々小さくなっていて、今では深さは三十から四十フィート、広さは半時間もあれば一周できるほどである。この一帯にはそのほかにもいくつもの陥没地や危険な窪地があるところを見ると、どうやらこのあたりの地下には川が流れているらしい。土地の漁師たちの間にはこのような話が伝わっている。

今は湖があるところにむかしは立派な城が建っていた。そこにはイーザングという名の伯爵が住んでいて、神を畏れぬ荒くれの日々を送っていた。あるとき伯爵はリンダウ女子修道院に神聖な壁を破って押し入り、修道女を奪い去ると無理矢理に自分の意志に従わせた。ところがこの罪が犯された後すぐに、辱めた修道女が知らされていなかった自分の妹であることが明らかになった。驚いた伯爵は償いの金品とともに妹を修道院に送り返したが、これを機に心が神に向くことはなく、再び欲望の赴くままに暮らし始めた。

さて、ある日のこと、伯爵が召使を漁師のもとに遣わして鰻を求めさせたところ、漁師は鰻の代わりに銀白の蛇を渡した。この買い物に、少しばかり動物の言葉を理解する伯爵はとても満足した。この種の蛇を食べると動物の言葉がすべて分かるようになることを知っていたからである。蛇は召使に料理するように命じたが、ただし絶対に味見をしてはならない、もし少しでも食べたら命はないものと思え、と厳しく言い渡した。料理ができあがると伯爵は腹に入る限り食べたが、それでも食べきれず、少しばかりの残りが皿にのせたまま下げられた。それを目にした召使は、禁じられてかえって募った欲求に抗しきれず、残っていた蛇を食べてしまった。

伯爵はといえば、蛇を食べた後すぐに、過去に犯したすべての悪行と犯罪が心にのしかかり、目の前にありありと浮かび上がった。頭につきまとって離れないので、伯爵は不安のあまりなすすべを知らず、「恐ろしく暑い、地獄の炎を吹いて煽ってしまったようだ」と喘ぎ、庭に下りていった。そこに使いの者が近づいてきて伝えた。「たった今、妹君がお亡くなりになりました。殿が無理強いなさった罪行がもとでございます。」

伯爵は怖くなって城の中庭を振り返った。するとそこにいた動物すべてが、鶏、家鴨、鵞鳥が残らず歩きまわって伯爵の無道な生活と犯した恐ろしい罪について話していた。屋根にとまっている雀や鳩も話に加わって下に向かって大きな声で応じていた。「でももう悪行は限度を超えているよ。終わりの時だ。もうすぐ華麗な塔は倒れ、城全体が沈んでしまうだろうよ。」

屋根の雄鶏が金切り声を張り上げたとき、蛇の残りを食べた召使が庭に出て歩み寄ってきた。伯爵は試そうと思って召使に尋ねた。「雄鶏は何と叫んでいるのだ。」雄鶏の言葉が理解できた召使は恐怖のため我を忘れて答えてしまった。「あいつはこう叫んでいます。急げ、急げ、日が沈む前に。命が惜しかったら急げ、急げ。でも一人で逃げろ。」「この裏切り者め、やはり蛇を食べおったな。荷物をまとめろ、逃げようではないか。」

召使は大慌てで城のなかに戻っていった。伯爵は自分で鞍を置くと馬に跨り出ていこうとした。ちょうどそのときに召使いが戻ってきた。真っ青になって息を切らせて伯爵を押しとどめ一緒に連れていってくださいと懇願した。伯爵は空に目をやった。太陽の最後の光が山の頂で赤く輝くのが見え、雄鶏が「急げ、急げ、太陽が沈む前に、でも一人で逃げろ」とけたたましく鳴くのが聞こえた。すると伯爵は剣を取るなり召使の頭をたたき割り、馬を駆って跳ね橋を渡り城外へと逃れ出た。

伯爵はギーボルデハウゼンという小さな町の近くの小高い丘に駆け上ると後ろを振り返った。城の塔の先端がまだ夕焼けの中で輝いているのを見たとき、すべてが夢のように思われ錯覚のように感じられた。だが次の瞬間、突然足もとの大地が揺れ始めた。びっくりして先へと馬を走らせ、もう一度振り返ってみたところ、塁壁や城壁、塔はことごとく消えてなくなっていた。そして城の跡には大きな湖が広がっていた。

この奇跡的な命拾いの後で、伯爵は改心してギーボルデハウゼンの修道院に入り、罪を償って残りの日々を過ごした。難を逃れた大量の財産や所領は修道院に寄進した。伯爵の命に従って、今でも悔い改めた罪人たちのために特定の日に死者のミサが執り行われている。またベーレンスハウゼンの村の教会には内陣と祭壇の支柱を奉納したが、その際の奉納状がまだ残っているという。湖からは今日でも整えられた角石や樫の厚板が引き上げられる。少し前には、浮彫細工を施し盛り上がった環で飾られた銀の壺が二つ上がった。その一つはゼーブルクの旅籠の亭主が買い取った。

ヒュット夫人(234)

大むかしチロル地方に「ヒュット夫人」と呼ばれる強大な権勢を誇る巨人の女王がいた。館はインスブルックの北に聳える山脈にあった。この山脈は今では灰色の岩肌が露出して何も生えていないが、当時は森や豊かな耕地、緑の草地で覆われていた。

あるとき女王の小さな息子が帰ってきてしきりに泣いた。顔と手は泥だらけで、着ているものも炭焼きの上着のように真黒だった。息子はおもちゃの馬を作るために樅の木を折ろうとしたところ、木が泥沼の縁に生えていたものだから、足もとの地面がゆるんで首まで泥の中に沈んでしまった。それでも何とか運よく沼から抜け出すことができたのだった。ヒュット夫人は息子を慰めって新しいきれいな上着を約束すると、召使を呼び、柔らかいパンくずを手に取って息子の顔と両手を拭ってやるように命じた。

ところが召使が神聖な神の賜物をこのように罪深く扱い始めると、たちまち重く黒い雷雲が押し寄せ天を覆いつくし、恐ろしい雷が落ちてきた。雷雨が去って空が明るくなると、豊かな穀物畑と緑の草地、そして森とヒュット夫人の住居は跡形もなく消えてしまっていた。そしていたるところ一本の草も生えない岩だらけの荒れ地になっていた。中央には巨人の女王ヒュット夫人が岩と化して立っていた。最後の審判の日までその姿で立ち続けることになるだろう。

チロル地方の多くの土地では、とくにインスブルックの近くでは、聞き分けのないいたずらな子供がパンを投げ合ったりぞんざいに扱ったりすると、この言い伝えが戒めとして持ち出される。「ヒュット夫人のようにならないように、貧しい人のためにパンくずを取っておきなさい」と叱るのだ。

ヴィルドゥングの町人(536)

ハープスブルク家のルードルフの治世にヴィルドゥング(ヴェルダン)の町に住んでいた男の話である。

すっかり落ちぶれてしまった町人が何とかもう一度裕福な身分になろうと思い、とある老婆の助けを借りて悪魔に身も心も委ねてしまった。神と縁を切り神の加護を一切当てにしないと誓うと、地獄の鴉が男の財布に銭を詰めた。この銭は決して底をつくことはなく、全部使いつくしても、そのたびごとに財布の底にたまっているのだった。そのためこの町人は途方もなく裕福になり、草地や畑を手に入れ思うがままの暮らしを送るようになった。

ある日のこと、友人たちのところで腰を下ろして楽しく過ごしていると、黒い馬に乗った二人の男が現れた。そのうちの一人は鞍を乗せた真黒な空馬の手綱を引いていて、町人の前まで進むと約束した場所までついて来るように促した。町人は悲しみにうち沈んでみなに別れを告げ、馬にまたがると五十人以上の人々と二人の息子たちの目の前で、地獄の使者とともにその場を去っていった。

息子たちは嘆き悲しんだが、父親の身に何が起こったのか分からなかった。そこで二人してさまざまな術を心得ている老婆を訪ね、父親がどうなったのか本当のことを教えてくれるならば大金を与えると約束した。老婆は若者二人を森の中に連れていき地面に呪文をかけた。すると大地が口を開き、そこから父親を連れて立ち去った二人の男が姿を現した。老婆は息子たちに父親に会いたいかと念を押した。兄は恐れをなしたが、胆のすわった弟は決意を変えなかった。そこで魔法使いの老婆は地獄の使者に、その子を父親のもとに案内して無事に連れて帰って来るように命じた。

二人の使者は息子を美しい家の中に連れて行った。そこには別れたときと同じ服装のままの父親が一人きりで座っていた。苦痛を与える炎は影も形も見えなかった。息子は声をかけて尋ねた。「お父さん、どんな具合ですか。楽ですか、それとも苦しいですか。」父親は答えた。「わしは貧しさに耐えられなかったため、地上の富が欲しくなり、身も心も、それに神さまがわしについてお持ちの権限もすべて悪魔に与えてしまった。だから息子よ、わしから受け継いだ財産は一つとして自分の物にしてはならぬぞ。さもなければお前もわしと同じように地獄に落ちてしまうぞ。」——「お父さんのまわりに火が燃えさかっていないのはどうしてなのですか。」——「指の先でわしの身体に触ってみろ。だがすぐに引っ込めるのだぞ。」息子がその通りしたとたん手と腕が炎に包まれ、火勢は肱にまで及びようやく衰えた。

父親が受けている苦しみに仰天して息子は言った。「お父さん教えてください。お助けするのに何かしら役に立つことがこの世にありますか。」——「悪魔自らに救いの道がないのと同じように、わしも助かる見込みがないのだ。息子よ、お前は魂が無事であるように自分の財産を処分するのだぞ。」その言葉を最後に親子は別れを告げた。二人の案内人が若者を連れて帰ると、若者は老婆に火傷を負った腕を見せた。そのあとで貧しき者にも富める者にもわが身に起こったことと父親の様子を話して聞かせた。そして財産をことごとく放棄すると自ら進んで修道院に入り死ぬまで質素な生活を送った。

訳注　ルードルフ・フォン・ハープスブルク（一二一八〜九一、一二七三年よりドイツ国王）。ヴェルダン（フランス北東部の町）は一五五二年までドイツに属していた。

ブレスラウの鐘(126)

ブレスラウの聖マリア・マグダレーナ教会の鐘が鋳造されたときのことである。鋳造の準備がほぼ整ったので、鋳物師はひとまず食事をとりにその場を離れた。徒弟には、留守中に溶鉱釜の栓には絶対に触れてはならないと厳しく言いつけておいた。

ところがこの徒弟は好奇心が強く、熱く溶けた鉱石を見てみたくてたまらなくなり、栓を動かしていたところ、思いがけず栓がすっぽりと抜けて、溶けた金属がつぎからつぎへと鋳型の中に流れ出てしまった。びっくりした哀れな徒弟はどうしたらよいかまったく分からなかった。とうとう思い切って親方の部屋に行き、泣きながら一部始終を打ち明け「後生だからお許しください」と謝った。

だが、これを聞いた親方は怒りに駆られて剣を抜き、その場で徒弟を刺殺してしまった。それから急いで部屋を出て作業場に向かい、まだ手の施しようがあるかどうか調べようとした。銅が冷めるのを待って鋳型を外した。すると、どうであろう、鐘は傷一つなく見事に鋳られていた。

たいそう喜んで部屋に戻った親方は、そこではじめて、自分が大変な罪を犯したことに気づいたのである。徒弟の顔は青白くすでに事切れていた。親方は引き立てられ、斬首の刑を言い渡された。その間に、できあがった鐘は鐘楼に吊り下げられていたので、親方は判事たちに懇願した。「あの鐘を鳴らしていただくことはできませんか。造った者として、鐘の響きを聞いてみたいのです。最期を迎える前に特段にお認めいただけませんでしょうか。」その願いは聞き入れられた。

この時から、哀れな罪びとが市庁舎から出てくるときにはこの鐘が鳴らされるようになった。これはとても重い鐘で、五十回鳴らすために引くと、その反動でもう五十回、鳴り続けるほどである。

シュヴァイドニッツの市参事会員(359)

むかしシュヴァイドニッツに神よりも金銭を愛する市参事会員がいた。この男は一羽の鴉に芸を教え込み、自分の家の真向かいにある市の金庫室の中に、ガラスが割れている格子窓から忍び込んで、貨幣を一つくわえて持って帰るように仕込んでいた。毎晩その盗みは繰り返され、鴉はちょうど市の収入として机の上に置いてあった金貨や銀貨の中から一つを嘴にくわえては主人のところに運んでいた。

とうとう他の市参事会の会員たちが市の財貨の減少に気づき、衆議のすえ盗人を待ち伏せすることになった。しばらくそうしていると、日が沈んだ後に鴉が飛んできて金貨をつまみ取っていくのが分かった。そこでいくつかの金貨に印をつけておいたところ、鴉はその金貨を今まで通り一つまた一つと運び去っていった。

市参事会は全体の会合を開き、この一件が持ち出され決議が下された。それは盗人を見つけ出したならば市庁舎の高くそびえる塔の軒蛇腹の上に乗せ、盗人はそこで餓死して果てるか、地面まで下りてくるか、二つに一つしかないという刑を言い渡すというものだった。そうしている間に、疑わしい市参事会員の家に人が遣わされ、鴉だけでなく印をつけておいた金貨も発見された。

悪人は犯行を白状し従順に判決に従った。参事会は高齢であることを考慮して判決を和らげようとしたが、本人はそれを承知せず、みなの見ている前で怯え震えながら塔の軒蛇腹の上に登っていった。ところが下へ降りようとするときに、すぐに手すりのところまではたどり着いたが、そこからは先へ進むことももとに戻ることもできなくなり立ちつくしてしまった。そして十日間、昼となく夜となく憐れな老人はそこで見世物になったまま人々の同情を誘っていたが、その間飲食もかなわず、ついには空腹のあまり自分の手と腕の肉をかみちぎり、悔悛の念を懐いて前代未聞の恐ろしい最期を遂げたのだった。後に遺骸の代わりに老人の石像が鴉の石像と並んで塔の手すりの上に据えられた。一六四二年に暴風によって石像は落ちてしまったが、その頭部は今でも市庁舎に残されているという。

【無実の証と受難】

閉ざされた銀鉱(98)

ハールツ山麓で最も豊かな銀の採掘場といえば、もう廃鉱になって久しいが、大ヨーハン坑と黄金祭壇坑(アンドレーアス山の近くか)だった。この二つの坑については次のような話が伝えられている。むかし、まだ二つの坑道で採掘が行われていたころに、両方の現場を任されていた鉱夫長がいた。

この鉱夫長は採掘量が多いときに、鉱石がよく出る切羽を二つ三つ掘らずにとっておいた。銀の出が悪くなったときには、ここを掘って不足分の埋め合わせをして、同じ採掘量を維持しようと考えていたのである。このように善意からなされたことを、これに気づいた者たちが犯罪行為として訴え、鉱夫長は死刑を宣告されてしまった。

さて、跪いていよいよ首が切り落されるというとき、鉱夫長は今一度わが身の潔白を誓ってこう言った。「私は間違いなく無実です。その証拠に、間違いなく私が流す血は白いミルクに変わり、坑道での採掘は終わるでしょう。この二つの坑道をお持ちの伯爵家には、ガラスの目と鹿の足を持つ坊やが生まれ、その子が生きているならば、採掘はまた始まるでしょう。もし生まれてすぐに亡くなったならば、坑道は未来永劫、閉ざされます。」

刑吏が刃を振り下ろし、首が落とされた瞬間、血ではなく、白いミルクが二条の線を描いて胴体から空に吹き上がり、鉱夫長の無実を証した。二つの坑道も間もなく廃坑になった。その後しばらくして、伯爵家にガラスの目と鹿の足の男児が生まれ、生後時を移さずに死んだ。銀の採掘場は再び開かれることはなく、今日に至るまで閉ざされたままである。

長男の死（261）

二、三百年前にさる高貴な一族にあった話である。最初に生まれた男の子が、添い寝をしていた乳母の横で朝になって死んでいるのが見つかった。乳母は故意に窒息死させた疑いをかけられ、身の潔白を誓言したにもかかわらず死罪の判決を受けた。

さて乳母が跪いてまさに刃の一撃を受けることになったとき、今一度無実を訴えこう予言した。「私の身の潔白は間違いありません。それと同じように間違いなく、将来この一門に男の長子が生まれるたびに、その子は死ぬでしょう。」乳母がそう言い終えると、一羽の鳩が頭上を飛んでいった。そして乳母は処刑された。だが予言は現実となり、この家の長男はいつも幼いうちに死んでしまった。

死刑囚の上にかかる虹 (360)

一六二一年の六月、ボヘミアの暴動に巻き込まれた二十七人の名望ある男たちがプラハで処刑されることになった。

刑場でのこと、その一人の旧市街区市民兵の首領ヨーハン・クゥトナウアが切々と天を仰いで、自らと仲間たちに恩寵の印が与えられるだろう、と声を張り上げて言った。しかも確信しきった様子で、印が与えられることを毫も疑っていない、と付け加えた。

さて死刑の執行が始まろうとするとき、小降りの雨が止み、通称ローレンツベルク山の上方の空に、十字架状に重なり合った虹が現れ、ほぼ一時間そのままかかり続けて処刑される男たちを慰めていた。

ひげの生えた乙女 (330)

ザールフェルトを流れる川の真中には教会が建っている。教会へは近くにかかっている橋から階段を伝って行くことができるが、今ではそこで説教は行われていない。この教会の外側には町の印あるいは第二の紋章として、修道女と男の姿が石に彫られている。修道女は十字架にかけられ、男はスリッパを横においてヴァイオリンを手に修道女の前に跪いている。この彫像についてはこのような言い伝えがある。

修道女は王女でザールフェルトの修道院で暮らしていた。王女があまりにも美しかったので、ある国王が惚れ込み妃に迎えようとして、諾意を得るまで引き下がろうとしなかった。王女は誓願を忠実に守り拒み続けたが、繰り返し迫られてもはや身を守る術がなくなったとき、とうとう神に助けを求めた。美しさを奪い醜い姿形にしてほしいと頼んだのだった。神はその願いを聞き届けた。ただちに王女の顔には長く醜いひげが生えた。国王はこれを見ると激しく怒り、王女を磔《はりつけ》にしてしまった。

ところが王女はすぐには事切れなかった。数日間というもの十字架の上で筆舌に尽くしがたい苦痛に耐えねばならなかった。その苦しみのさなかに、深い同情の念に心動かされた一人の楽士が磔刑の場に足を運び、王女の苦痛を鎮め死の苦しみを和らげようと、技の限りをつくしてヴァイオリンを弾き始めた。疲労のために立っていられなくなると、膝をついて絶えることなく慰めの音色を奏で続けた。このことが聖なる乙女の心にかない、褒美と記念にと、金と宝石の刺繍を施した類まれなスリッパを一つ、足から落として楽士に与えたのだった。

三　魔術、呪物、幽霊

【魔法と呪術】

〈魔術・奇術〉

百合（94）

お国のHの地にはA・v・Thという名の貴族の殿がいた。この殿は人の首を切ってはまた付けるという術を心得ていた。不幸な目に遭わないうちに、このような危険な悪魔の所業は止めにしようと心に決めていたが、災いは起こってしまった。

ある宴の席で、善き友たちから、これを最後にもう一度だけあの余興を見せてほしいと請われて、ついには承知してしまったのである。ところが少し考えれば分かることだが、首を貸そうという人がなかなか出てこなかった。結局、殿の下僕が、「あとで元の通りにする」と固い約束を交わしたところ、首を差し出してくれた。

さて殿は首を切り落としたが、付ける段になるとなかなかうまくいかなかった。すると殿は客人たちに向かって注意を促した。「そなたたちの中に、私の術を妨げている方がおいでだ。そのようなことをなさらぬように、警告しておきますぞ。」そう言ってからもう一度付けようと試みたが駄目だった。殿は改めて「邪魔をなさらないように」と威嚇したが、それも効果なく三度目も失敗すると、卓上に一本の百合を生やして、その花の首を切り落とした。

そのとたん、客人の一人が長腰掛から後ろざまに倒れ、その首は落ちてしまっていた。そのあと殿は下僕の首を元通りに付け終えると、国を逃れ出て、この件が調停されて許しを得るまで戻ることはなかった。

葡萄の木と鼻(253)

Hの地にある宮廷に仕える同輩は、ふざけたものだが珍しい奇術を招いた客人に披露していた。客人たちは食事を終えると余興に奇術を見せてくれるように同輩にせがんだ。何よりもそれがお目当てでみなここに来ていたのである。

そこで同輩は葡萄の木を一本机の上に生やすと、一人一人の客人の前に一房ずつ熟した葡萄がぶら下がるように枝を成長させた。それからめいめいに片手で自分の房をつかんで放さず、もう一方の手でナイフをちょうど房を切り取ろうとするときのように柄に当てるように、だが決して切ってはならないと命じた。そう言っていったん部屋を出て行き、また戻ってきた。すると客人はみな、自分の鼻をつかみそれにナイフを当てて座っていたのである。もし切っていたら自分の鼻を傷つけてしまっていたことだろう。

しっかりつかまり空の彼方へ（254）

むかしマクデブルクに一風変わった魔術師がいた。この男は多くの観衆から見物料をたくさん徴収すると、円く囲った地面の上で踊りまわる驚くほど小さな馬を披露した。この見世物が終わりに近づくと、こんな不平をもらした。「けちな連中ばかりで物乞いをせねばならないこの恩知らずの世の中では、役に立つことなど何もできはしない。」そしてさらに、「こういう次第だから皆さま方のもとをお暇したいと思う。もしかするとあちらではわしの仕事もうまくいくかもしれぬし、一番の近道をして天国へ行こうと思うのだ」と言葉を続けた。

そう言い終えると魔術師は一本の綱を空高く投げた。するとすぐさま綱を追って馬がまっしぐらに駆けのぼり、魔術師がその尾を、女房は亭主の両足を、下女は女房の服をつかんで、三人は馬ともども数珠つなぎになって、空の彼方へ飛んでいってしまった。

さて、見ていた人々が口をあんぐり開けたまま、いくら考えてみても不思議なので驚嘆して立ちつくしていたところ、たまたま来合わせた町人が、どうしてこんなところに立っているのだねと問いかけてきた。奇術師が小さな馬と一緒に空に消えてしまったと答えると、町人が言うには、ちょうど今、泊っている宿屋のそばでその男が歩いてくるのを見かけたところだとのことだった。

百発百中(257)

私の知り合いの射撃手は、射程内にあるものならば何にでも命中させてみせると自慢し、的を見なくても仕留められると豪語していた。W町が包囲された際にこの男は重宝された。町の外の小さな森に貴族の連隊長がひそんでいた。射撃手はその姿を見ることはできなかったが、撃ち殺したいと申し出た。ところがそれが許されなかったものだから、乗馬したまま朝食をとっていた連隊長の頭上の木を撃ち抜いた。

ヴァルヴァソル(『クラインの誉れ』第一巻六七六)は、毎日三発だけ命中弾が打てる貴族の殿のことを記している。一日に三発の弾を、これを撃ってくれと名を挙げさえすれば、その的に命中させたのである。この種の射手はノロジカ、兎その他何なりと人に言わせる。それから猟銃を窓から突き出し当てずっぽうに引き金を引く。すると的は仕留められているのである。

訳注 「私」とは最初の段落の出典の作者レルヒハイマ(一一〇頁訳注参照)のこと。ヨーハン・ヴァイヒャルト・ヴァルヴァソル(一六四一〜九三)はクライン公国の貴族、碩学の学者。

遍歴の猟師(258)

ある大きな森でのこと、そこを監守している山番が銃で撃ち殺された。森の所有者である貴族は別の者をその任務につかせたが、その山番も同じ不幸に見舞われた。のみならず、その後任の幾人かも同じ目に遭ったものだから、ついに危険な森の監督を引き受けようとする者は誰もいなくなってしまった。新しい山番が森に入るや否や、はるか遠くで発砲する音が聞こえ、ほとんど同時に額の真中に銃弾を受けて山番は死んでしまうのだった。だが、どこから弾丸が飛んでくるのか、また誰が撃った弾なのか、何の手掛かりも見出せなかった。

このような不可解な事件があったというのに、二、三年後に、遍歴の猟師が山番の職務につきたいと申し出てきた。貴族は、過去に起こった出来事をつつみ隠さず話したうえ、この森をまた監督下に置けるのは嬉しいのだが、それでもこの危険な仕事につくよう勧めることはできない、ときっぱりとした口調で付け加えた。猟師は、目に見えない狙撃手に対してはしっかりと策を講じますので、と自信をもって答えて森の監督を引き受けた。

あくる日、猟師が付き添いの何人かとともにはじめて森に入ったところ、一歩足を踏み入れた途端に遠くで銃声がした。即座に猟師は帽子を放り上げた。すると帽子が弾丸を受けて落下してきた。「さあ今度は俺の番だ。」猟師は銃を装塡して「この弾丸が答えだ」と言うなり、空に向けて発砲した。そして連れの一行に一緒に来て犯人を探してくれるように頼んだ。長いあいだ歩きまわったすえ、一行はついに森の反対側の端にある水車小屋で、粉屋が猟師の銃弾を額に受けて死んでいるのを見つけた。

この遍歴の猟師はその後しばらく貴族に雇われていたが、獣に魔法をかけて動けなくしたり、山鶉をポケットから飛び立たせたり、信じられないほど遠くにある的にも常に正確に命中させたり、その他にもいろいろと理解しがたい芸当を心得ていたので、貴族はなんだか不気味に感じてうまい口実をもうけて解雇してしまった。

生き写し（259）

何かに取り憑かれたように、もう長いあいだ心身ともに萎えて弱ってしまっている貴族のところに、一人の放浪者が訪ねてきてこう言った。「あなた様は魔法にかけられているのです。悪しきことを行っている女を御前に連れて参りましょうか。」貴族が承知すると、放浪者は「明日お館に参り、火を使うために竈の上に乗り、自在鉤をつかんで手に持つ女こそ、あなた様に害をなしてきた張本人でございます」と予言した。

翌日、信心深い正直者として知られている隣に住む家来の女房がやって来て、放浪者が予言した通りの行動をとった。貴族は自分が悪意を懐いてもいないのに、誠実で敬神の念篤い女がこのような悪事をなすものだろうかと不思議に思い、これは悪魔の仕業ではないかと疑い始めた。そこで召使にひそかに命じて、一走りして隣の女房が家にいるかどうか見てくるように言いつけた。召使が隣家に行ってみると、女房は座って亜麻をこく仕事に没頭していた。ご主人さまのところへすぐに来るように命じると、「このように埃だらけで汚れたままでお殿さまの前に参りますのは具合が悪うございましょう」と答えるので、召使はそんなことは何でもない、急いで一緒に来るようにと説得した。

さて女房が主人の館の戸口を入るとすぐに、もう一人の女は幽霊のように広間から姿を消してしまった。貴族は、隣家まで見に遣らせることを思いつかせ給うた神に感謝した。もしそうしていなければ、悪魔の惑わしを信じて罪のない女房を火あぶりにさせていたところだった。

アルベルトゥス・マグヌスとヴィルヘルム帝（495）

アルベルトゥス・マグヌスは高名でたいそうな学識の修道士だった。一二四八年ヴィルヘルム・フォン・ホラント帝が公現日の祝日にケルンに着いた折のこと、この修道士は帝と廷臣すべてをドミニコ会修道院のかたわらの庭園に招待したいと申し出た。

その願いは快く聞き入れられたが、当日は耐えられないほどの厳しい寒さに加え大雪に見舞われた。そのため帝の顧問官や家臣たちは、修道士の常軌を逸した招待を不愉快に思い、帝を諫めて、このような厳しい冬の季節に修道院の外で食事をとるのを止めるように説いた。だが帝は受諾の意を翻すことはなく、宴の席に廷臣を従え遅れずに姿を見せた。アルベルトゥス修道士は、木々や草すべてが雪で覆われている修道院の庭にいくつかの卓を並べ用意万端整えさせたところだった。給仕には姿形の美しい堂々とした若者を十分な数そろえていた。誰もがこの風変わりで非常識なしつらえを異様に思って眺めていた。

さて帝が領主や殿らとともに席につき食事が運ばれ卓上に並べられたとき、突如、陽光あふれる晴天となり、雪は見る見るうちに消えて瞬く間に朗らかなで好ましい夏の日となった。木々の葉や草は緑の芽を吹き、ありとあらゆる美しい花々が大地を割って顔を現した。木々はみな花咲き、咲き終えると見事な実をみのらせ始めた。それに続いてさまざまな鳥が飛来し、庭には愛らしい歌声が満ち溢れた。暑さも大変なものになったので、ほとんどの客人が冬の衣服を一部脱がずにはいられなかった。だが、食事がどこで調理されたのか見た者は誰もいなかったし、また上品で躾の行き届いた召使の顔を見知っている者も、どこから来たのかを知っている者もいなかった。誰もがこの宴の手配と準備の一部始終を大変不思議に思っていた。

はたして食事の時間が終わると、まず最初に修道士の命で動いていた素晴らしい召使がいなくなり、やがて木々の葉や地上の草とともに愛らしい鳥たちも姿を消し、再び雪が舞う冷え冷えとした冬が訪れた。そのため来客は脱いでいた服を身に着けたが厳しい寒さが身に応えたので、誰もが火に当たろうと暖かい部屋をめざして急いでその場から退散した。

ヴィルヘルム帝はこの奇妙な余興を愛で、アルベルトゥス・マグヌスとドミニコ会の修道院にいくつもの所領を与えて十二分に報いた。そしてその卓越した能力ゆえにアルベルトゥスは皇帝よりたいそう重んじられたのだった。

訳注　アルベルトゥス・マグヌス（一二〇〇頃～八〇）は碩学の学者、司教。ヴィルヘルム・フォン・ホラント（一二二八～五六）は、一二四八年からフリードリヒ二世の対立国王、五四年から国王。フリースラントとオランダの伯爵一族の出身。

マクシミリアン帝とブルグントのマリア（496）

誉れ高き皇帝マクシミリアン一世は、ブルグントの国から迎えた妃マリアを心から愛していた。そのため妃に先立たれたときの帝の悲嘆は並大抵ではなかった。帝の悲しみのほどがよく分かっていたシュパンハイムの大修道院長ヨハネス・トリーテムは、「陛下のお気持ち次第ですが、生前のお姿を目のあたりになさってお心をお晴らしなさいますように、奥方さまを御前にお連れいたしましょう」

と申し出た。

帝は説得され危険な好奇心の誘惑に負けてしまった。二人は連れだって特別にしつらえた部屋に入ると、合わせて三人になるようにもう一人を呼び寄せた。魔術を使う大修道院長は、霊が姿を現している間は一言も話してはなりませんと言い渡した。

マリアの霊が部屋に入ってきた。　みなの前をしずしずと通り過ぎて行ったが、生前の姿そのままで違うところは何一つなかった。　まったく区別がつかないのに驚きながらも、帝は妃の首の後ろに小さな痣があったのを思い出し、注意して見たところ確かにあった。そこでもう一度妃の霊は皆の前を歩むことになった。すると帝はにわかに恐怖に襲われ、修道院長に霊を去らせるように合図した。そして身を震わせ怒りをあらわにして、「院長、余を相手にこのような茶番はもうやめにしてくれ」と言って、霊に語りかけないように思いとどまるのがどれだけ難しかったかを打ち明けた。

訳注　マクシミリアン一世（一四五九〜一五一九）は、一四八六年から国王、一五〇八年から皇帝、ハープスブルク家の出身。ヨハネス・トリーテム（トリテーミウス、一四六二〜一五一六）は博学の人文主義者でもあった。

〈将来の夫を呼び寄せる術と魔女〉

聖アンドレーアス祭の前夜 (115)

聖アンドレーアス祭とトーマス祭、降誕祭の前夜、そして大晦日の夜には、若い娘は将来の夫となる男を客人として迎え、その姿を見ることができる、そのように人々の間では信じられている。

そのためにはその晩に、食卓に二人分の席を設けて準備をしておかなくてはならない。ただしフォークは出してはならない。そして男が立ち去るときに置き忘れていったものを大切にとっておく。そうするとその男が本当にやって来て娘に強い恋心を懐くようになる。だが、男が置いていったものは、男の目に二度と触れさせてはならない。もし目に触れると男はあの夜に超自然的な力を身に受けたときの苦痛を思い出し、魔術が使われたことに気づくようになる。そうなってしまうと、大変な不幸が起こるのである。

オーストリアの美しい娘が、将来の夫をぜひ見てみたいと思って、真夜中に習わし通りの支度をして待っていたところ、一人の靴屋が短刀を手にして現れ、それを娘に投げつけるとさっと姿を消した。娘は短刀を拾い上げて長持にしまった。やがて靴屋がやってきて娘に求婚した。

さて目出度く二人が結ばれて数年が経った日曜日のこと、夕べの祈りも終わったので、妻は明日の仕事の準備に必要なものを取り出そうと長持のところへ行った。ちょうど蓋を開けたときに、夫が近寄ってきて中を覗こうとした。妻は止めようとしたが、夫は力ずくで押しのけて中を見ると、以前に失くした短刀がそこにあった。夫は短刀を手に取ると、これはある折に失くしたものだがどうしてここにあるのか、そのわけを手短に話してくれるように妻に求めた。妻は狼狽と恐怖で言いつくろうことができず、ありのままを話してしまった。「それは、将来の夫を見たいと思った夜に、あなたが置き忘れていった短刀です。」すると夫は激怒して、妻にひどい言葉を浴びせて呪った。「売女め、するとお前は、あの夜にあれほど非道に俺を恐怖に陥れたあの娼婦か。」こう言うと夫は、手にした短刀で妻の心臓を突き刺した。

登場人物は異なるが同じ話が、いろいろな土地で語り伝えられている。口承だが、それによると、相手の男は猟師になっている。猟師は娘のもとに猟刀を置き忘れる。最初の子の産褥の床に就いているとき、妻は大に衣装箱から肌着を取ってきてくれるように頼む。そこに魔力のこもる猟刀を隠していたことを忘れていたのである。これを見つけた夫は、その刀で妻を殺してしまった。

訳注　聖アンドレーアス祭前夜は十一月二十九日から三十日にかけての夜。聖トーマス祭前夜は十二月二十日から二十一日にかけての夜。古い民間信仰によれば、クリスマス・イヴ、大晦日を含めてこれらの夜には、結婚を望んでいる娘が特定の手段を用いれば、将来の夫を目にすることができるとされていた。またこの時節の夜にはさまざまな霊の活動が盛んになるという。

食事に招かれる将来の夫（116）から

テューリンゲンのザールフェルトで収税吏を務めていた女が、ひそかに自分の書記に惚れ込んでいた。男の心を魔術で我が物にしようと思った女は、クリスマス・イヴの真夜中に、焼いたばかりのパンに二本のナイフを交差させて突き刺しながら、呪文を二言三言唱えた。すると眠り込んでいた書記が起き上がり、身に何もまとわずに居間に飛び込んできて、テーブルの前に腰を下ろし鋭い目で女をじっと見据えた。女が立ち上がって逃げ出したところ、書記はパンから二本のナイフを抜き取って背後から投げつけたので、女は危うく大けがをするところだった。そのあと書記は自室に戻っていったが、このとき居間に居合わせた親戚の女は驚愕のあまり、数週間も病の床に臥さねばならなかった。

翌日、書記は同居人たちにこのように話したという。「昨夜あのように私を不安にさせた女が誰か知りたいものだ。口では言えないほど疲労困憊させられた。一緒になって先へ先へと進むように命じられ、まともに抵抗もできなかった。力の限りお祈りしたけど、駆り立てられてしまった。」

これはまた別の話である。シュレーズィエンでのこと、三人の女官が聖夜に食事の支度が整った食卓について、将来の夫となる人を待っていた。招待者の席にはそれぞれ皿が一枚置かれていた。この招待に応じて、男たちは現れたが、それは二人だけで、あとの一人はなかなか姿を見せなかった。二人の客はそれぞれの娘のところに腰を下ろした。

残された娘は悲しくいたたまらない気持ちだったが、いつまで経っても相手が現れないのでついに席を立って窓辺に寄って外を見たところ、向かいに棺があるのが見え、その中には、自分とまったく同じ姿をした乙女が横たわっていた。これがもとで娘は病に臥し、ほどなくして世を去った。口伝によれば、棺が部屋に入って来たので娘がそれに近づくと、蓋が自然に開いて、娘はその中に倒れ込んで息絶えたという。

肌着投げ（118）

コーブルクでのこと、クリスマス・イヴに数人の娘たちが一緒に座って話をしているうちに、どうしても将来の夫を見たいという気持ちが抑えられなくなった。
その日の昼間に九種の薪を切って準備はしてあったので、真夜中になるとみなでその薪に火をつけて部屋を暖めた。そうすると娘の一人が、身に着けているものを脱いで、肌着を扉から外に投げると、暖炉のかたわらに座ってこう言った。

「何も着ないで裸なの、
愛しい人よ、来てください、
私のお膝に肌着を投げてくださいな。」

それに応じるように肌着が投げ返されてきた。娘は投げ返した男の顔に注意しておいた。それは後に求婚してきた男と同じ顔だった。
他の娘たちも裸になったが、一つ間違いを犯してしまった。全員の肌着を一つに丸めて外に投げたのである。こうなると霊たちはどうしたらよいのか分からなくなってしまい、ガタガタゴトゴトとすさまじい音を立て始めた。娘たちは背筋が寒くなってきたので、急いで水をかけて火を消しベッドに潜り込んでしまった。翌朝、部屋の扉の前には、肌着が細かく引き裂かれて散らばっていた。

魔法の薬草を煎じる（120）

これは一六七二年にエルフルトで起こったことである。同じ建物に指物師と染物屋が仕事場を構えて住んでいたところ、指物師の下女と染物屋の職人が好い仲になった。浮ついたままの関係がしばらく続いていたが、そのうち職人は相手に飽きて、遍歴の旅に出てランゲンザルツァで別の親方のところに職を見つけた。下女はといえば、恋慕の思いを断つことができず、恋人を何としても取り戻したいと考えていた。

聖霊降臨祭の日、下女は家の雇用人が徒弟のほかは教会に出かけている間に、薬草を鍋に入れて火にかけた。鍋が煮え立ったらたちまち恋人がその場に現れるはずだった。ところが、鍋が煮え始めているころに、残っていた徒弟がやってきて中身も知らずに鍋を火の強い場所に押しやって、空いたところに膠の入った自分の平鍋をかけた。薬草の鍋は強火にさらされると、鍋の中から声が何度か聞こえてきた。「出てこい、出てこい、ハンゼル、出てくるのだ、出てこい、出てこい、ハンゼル、出てくるのだ。」

すると膠をかき回していた徒弟の後ろにドスンと袋のようなものが落ちてきた。振り向いてみると、下着一つの若い男が倒れているので、驚いて悲鳴を上げた。下女が駆けつけてきた。家の住人たちも、大きな叫び声が聞こえたので何事かと思って様子を見に集まってきた。見ると、そこには最近まで同居していた職人が、深い眠りから覚めたばかりという顔をして下着一枚の姿で横たわっていた。そうこうするうちに職人は少し元気を取り戻して、周囲から問われるままに次のような話をした。

「寝ていると、雄山羊のような姿をしていて、黒くて大きい毛むくじゃらの獣がベッドに近づいてきた。とても怖かったが、あっという間にそいつは角に俺を乗せて大きな窓から外へと飛び出したのだ。その後のことは覚えていない。特別なことは何も感じなかった。でもこんなにも遠くに来ていたのだ。八時ごろはまだランゲンザルツァのベッドの中にいた。今ここエルフルトに八時半だ。これはきっと以前恋人だったカタリーネの仕業に違いない。俺が旅立つときに、すぐにまた戻ってこなかったら、雄山羊に乗せて連れ戻してやる、と言っていたからな。」

下女は、魔女の疑いで役所に引き渡すぞと脅されると、ひどく泣き始めてすべてを白状した。これはある老女が勧めてくれたもので、薬草を渡されてこう教えられたという。「これをゆっくりと煮立てれば、あんたの恋人が必ず現れるよ。どんなに遠くにいても大丈夫。」この老女の名前も下女は打ち明けた。

訳注　悪魔は雄山羊の姿をとって現れるという。

ポメルンの製塩業職人（121）

ポメルンの製塩業者のもとで働く男に魔術を使う高齢の妻がいた。男はこの妻と一緒にいるのは嫌だと思っていたので、あるとき故郷のヘッセンに旅して旧友を訪ねるつもりだと偽って家を出ようとした。妻は二度と戻ってこないことを恐れて旅に出すまいとしたが、それでも夫は出発してしまった。さて旅に出て何日か経ったとき、道を歩いていると後ろから黒い雄山羊が走ってきて、男の股の間に頭を差し込むと持ち上げて運び、家に連れて帰った。といっても、田舎道をたどってではなく、畑や森を抜け、川や湖沼と陸地の区別なしに、万難を排してまっしぐらに駆けたので、数時間後には戸口の前に着いていた。夫は恐怖で震え汗を流し気が遠くなっていた。出迎えた妻は嘲った。「驚いたね。戻ってきたの。大人しくお家にいることを教えてあげなきゃね。」そう言い終えると、夫を我に返らせるために、着替えさせて食事を与えた。

訳注　塩の産出地の争奪（「聖なる塩の川」二一七頁）が男たちの仕事であったとすれば、古代においては塩の精製は、女たち、女予言者や女神官の役目とされていた。そのため製塩が魔女と結びつくようになったのであろうと『神話学』は述べている。

嵐を呼び雹を降らす（251）

一五五三年のこと、ベルリンで作物に害を与えるために雹霰を降らそうともくろんでいた二人の魔女が捕らえられた。この二人は隣人の子供を誘拐したうえ、切り刻んで煮てしまっていた。子供を探していた母親がたまたまその場に来合せ、鍋の中に行方不明の子供の手足を目にしたのは神の思し召しであろう。二人は捕らえられた。拷問にかけたところ、料理が続けられていたら雹霰をともなう大寒波が押し寄せて、作物はことごとくやられていただろう、と口を割った。

同じように作物に被害を与えようとする魔女の話である。あるとき旅籠に二人の魔女が集まり、水が入った手桶あるいは盥と思しきものを二つ、奇妙な場所に置いて穀物にするか葡萄にするか相談していた。旅籠の主人は人目につかない片隅にいてそれを聞いていた。晩になって二人が寝てしまうと手桶を手に取って二人の上に水を注ぎかけた。すると水は氷となり、その瞬間に二人は凍え死んでしまった。

また別の魔女についての言い伝えである。子供をどう養ったらよいものかと思いあぐねている貧しい寡婦が森に薪を拾いに出かけた。わが身の不幸をつくづく考えていると、そこに山番の姿をした悪魔が現れて、なぜそんなに悲しそうにしているのか、亭主に死なれたのかと尋ねてきた。女がそうですと答えると、悪魔は「お前が私と仲良くして言うことを聞けば、ありあまるほどのお金をあげよう」と言って、言葉の限りをつくして口説いたものだから、とうとう女も折れて神を拒み悪魔と情を交わしてしまった。

一月後に悪魔はまたやってきて女に一本の箒を手渡した。二人はこの箒にまたがり、踊りに加わるために山の頂を目指して困苦をともにして旅を続けた。山に着くと、そこにはほかにもたくさんの女がいた。寡婦が知っている顔は二人だけだった。一人は楽士に十二ペニヒの報酬を与えていた。踊りが終わると、魔女たちは力を合わせて穂や葡萄の葉や樫の葉を集め始めた。それによって穀物や葡萄やドングリに被害を与えようと考えていたのである。だがそのもくろみはうまくいかず、雹霰の荒天は襲うべきところを襲わず逸れてしまった。とはいえ寡婦はこの嵐を利用して一匹の羊を殺した。羊が遅れて家路についていたからである。

訳注　嵐を呼び雹霰を降らせて作物に被害を与える魔女について、『神話学』は大地を潤し恵みをもたらす女神や半神との関連を示唆している。空を駆ける魔女のイメージには女神ホルダに従って空を舞う妖霊の姿が流入していて、魔女が集まり踊るとされる山は、異教の時代に人々が集い神に供物を捧げ祭りを行った山などであったとされる。また魔女が鍋や釜を用いるのは、古代の異教徒が神に捧げた動物の肉を煮たことにさかのぼると推測されている。

【呪物】

よろず開きの根（9）

むかしケータベルクの山で、羊飼いが一人のんびりと家畜の番をしていた。ふと後ろを振り返ると、まばゆいばかりの王女が目の前に立っていて、こう言葉をかけてきた。「よろず開きの根をもって私についておいで。」

ところで、このよろず開きの根だが、これは次のようにして手に入れる。まず、アオゲラ（カササギあるいはヤツガシラ）の巣を探して木切れで塞ぐのである。すると巣が塞がれたのを見た鳥は、すぐに飛び去って不思議な根を見つけ出してくる。この根は鳥には見つけることができても、人の手によっては探し出されたためしがない。鳥は根をくちばしに挟んで戻ってくると、それで巣を開けようとして塞いでいる木切れに近づける。そのとたん、木切れは強く打たれでもしたように勢いよくはねて飛ぶ。そこで、鳥が巣に近づこうとするときに、近くに隠れていて大きな音を立てるのである。すると鳥は驚いて根を落としてしまう。（白か赤の布を巣の下に広げるだけの方法もある。こうしておくと、鳥は根が用済みになるとすぐに布の上に落とす。）

さて、羊飼いはこのようなよろず開きの根を持っていたので、羊の群れには勝手に草を食ませておいて王女の後についていった。とある洞穴まで来ると、王女は中に入り羊飼いを山の内部へといざなっていった。行く手に扉や閉ざされた通路が現れると、そのたびに羊飼いに根を近づけるように命じた。するとたちまち大きな音を立てて戸が開いた。こうして先へ先へと進んで山の真中あたりまで来ると、そこには二人の乙女が座ってせっせと糸を紡いでいた。悪魔の姿も見えたが、乙女たちの前にある机の端に縛り付けられていて、何の力もふるえない状態だった。まわりには、金やきらきら輝く宝石がぎっしりと詰まった籠がいくつもあった。羊飼いがいかにも欲しそうな顔をして眺めていたところ、王女は「好きなだけお取り」と言った。羊飼いはためらうことなく籠に手を伸ばしてポケットがどれもはちきれそうになるほど金や宝石を詰め込んだ。

こうして宝を十分に手に入れていざ外に出ようとすると、王女が「一番大事なものを忘れては駄目よ」と声をかけた。羊飼いは金銀財宝のことに違いないと考え、それならば十分に取ったはずだと思ったが、王女が言おうとしたのは、実はよろず開きの言葉のことだった(1)。根を机の上に置き忘れたまま羊飼いが山から歩み出ようとすると、その瞬間ほとんど踵をかすめるように洞窟の入り口が閉まった。挟まれて危うく命を落とすところだったが、幸い怪我もなく外に出ることができた。こうして羊飼いは巨万の富を無事に家に持ち帰ったのだが、山の内部に入る入口は二度と見つけ出すことはできなかった。

原注1　これを語っている羊飼いは、「よろず開きの根」と「よろず開きの言葉」とを同じ意味で使っている。二つの表現が古い時代には同族関係にあったことを感じ取っているようである。

訳注　「まばゆいばかりの王女」とあるが、この形容は「白衣の」と等しいという。「ベルタ夫人あるいは白衣の夫人」(二二三頁)訳注参照。ケータベルクはコルヴァイ北西にある。

アルラウンあるいは絞首台の小人（84）

これは「アルラウン」あるいは「絞首台の小人」とも呼ばれる草とその根にまつわる言い伝えである。

絞首刑になった者が尿を洩らす（あるいは精液を大地に放出する）と、その場所にこの草は芽を出す。だが吊るされた者が誰でもよいというわけではない。生まれながらの盗人、つまり盗賊の家系に生まれたか、あるいは懐妊中に盗みを働いたか少なくともその誘惑を覚えた母親から生まれた（他の伝えによれば、無罪でも拷問にかけられて盗んだと自白してしまった）者で、しかも童貞の若者に限られる。草は生長すると幅の広い葉をつけ黄色の花を咲かせる。だが、根を掘り出す場合には大きな危険が伴う。土から根を引き抜こうとすると、とても恐ろしい声で泣き叫ぶので、掘り出している人は、たちどころに死んでしまうのである。

根を安全に手に入れるには、金曜日の日の出前に、耳を綿や蜜蠟あるいは樹脂蠟でしっかりと塞いで、真黒な犬を連れてそこへ行く。この犬は、体のどこか一部にでもほかの色が混じっていては駄目である。アルラウンの上で十字を三回切ってから、まわりの土を掘り、ごく細いひげ根だけで土とつながっている状態にする。それから根をひもで犬の尾に結び付けて、犬にパンのかけらを見せながら走り去る。すると犬はパンに食いつこうとして追いかけてくるので、根は引き抜かれることになる。このとき根が悲痛な叫び声を上げるので犬はその場に倒れて死んでしまう。

根は、拾い上げて家に持ち帰ったのち、赤葡萄酒できれいに洗い、紅白模様の絹布にくるんで小箱に収める。そして金曜日ごとに取り出して風呂に入れ、新月の日には必ず新しい白い肌着を着せてやらねばならない。こうしておいてアルラウンにいろいろと尋ねると、未来のことや秘密のことを教えてくれるので、幸せを得て富み栄えるのである。アルラウンを手に入れると、そのときから敵はなく、貧しさを知らず、子供がいない場合には子宝に恵まれる。前の晩に貨幣を一枚添えておくと、翌朝には二枚に増えている。だが、アルラウンが弱ったり死んだりしないように用心して長く尽くしてもらいたければ、過度な要求はしないことである。半ターラを毎晩添えるのはかなり大胆かもしれない。上限は一ドゥカーテンだが、毎晩は駄目で、ほんの時たまにしておかねばならない。

アルラウンの持ち主が死んだら、末の息子が相続するが、父の棺にはパン一かけらと一枚の貨幣を入れて埋葬しなければならない。末の息子が父より先に死んでしまった場合には、長男が受け継ぐことになるが、末弟の埋葬に当たっては、同じようにパンと貨幣を添えて棺を埋めなければならない。

訳注　アルラウンはマンドラゴラとも呼ばれる。『神話学』は、ゴート族の女予言者アリルーネにも触れながら「アルルーナ（今日ではアルラウン）は予言する魔性の精霊から根（マンドラゴラ）へと意味を変えていった」と記している。

アーヘンの湖に沈む指輪（458）

これはペトラルカがドイツに旅した折にアーヘンの司祭たちから聞いた話である。司祭たちは、これは本当にあったことで、代々口から口へと語りつがれてきた話だと言っていたという。

むかしカール大帝は庶民の女にすっかり惚れ込んでしまい、いつもの行いをすべて忘れ、帝としての務めをないがしろにしたばかりか、自らの身も顧みないほどだった。宮廷の人々は、一向に収まらないこの情熱に戸惑い不快な思いを懐いていたが、とうとう女は病に臥し世を去った。これでようやく帝の恋心も消えるだろうとみなが期待したが当ては外れてしまった。帝は遺体のかたわらに座って、まだ生きているとでもいうかのように、接吻をして腕で抱き話しかけ続けた。遺体は異臭を放ち腐敗が進み始めた。にもかかわらず帝は女のそばを離れなかった。

それを聞いた大司教トゥルピンは、ここには魔法の力が働いているにちがいないと感づいて、ある日カールが部屋を出て行った隙に、何か発見できないかと屍をくまなく手で触れて調べてみた。するとついに口の中の舌の下に指輪が見つかり、これを取り去った。

皇帝は部屋に戻ってくると、深い眠りから目覚めたように驚いた様子で「この臭い死体を誰が運び込んだのだ」と尋ね、すぐに埋葬するように命じた。その通りに行われたが、このときから帝は大司教に好意を懐くようになり、どこであろうとその後を追うようになった。このことに気づいた賢く敬虔な大司教は指輪の持つ力を確認したので、悪しき者の手に渡ることを恐れて町の近くの湖に投げ捨てた。

それ以来、皇帝はこの町をとても好むようになり、アーヘンから離れたがらず、そこに皇帝の城と大聖堂を建てさせ、その城で残りの生涯を過ごし、死後は大聖堂に埋葬されることを望んだと言われている。また、帝は後継者はみな、まずこの町で聖油と聖別の儀式を受けさせるように定めた。

訳注　カール王（七四二〜八一四）は七六八年より国王、八〇〇年より皇帝。七九四年にアーヘンにフランク王国の王都をおく。ペトラルカはルネサンス期の詩人、一三三三年にドイツを旅行。カール王についての類似の伝説としては「皇帝と蛇」（二一六頁）がある。

【幽霊と霊魂】

〈幽霊〉

ヨーハン・フォン・パッサウの妻(95)

マルティン・ルター博士が語った話である。

ある貴族の殿に美しい妻がいたが、若くして死んでしまい埋葬ももう終わっていた。その後しばらくして、殿と侍臣が同じ部屋に眠っていたところ、夜になって亡くなった夫人が現れ、言葉を交わすかのように殿の寝台の上に身をかがめた。これを見ていた侍臣は、二晩続けて同じことが起こったので、若い殿に尋ねた。「毎夜、白い服のご婦人が、ご主人さまの寝床の横に現れるのは、どういうことでしょうか。」「いや、私は夜中ずっとよく眠っているので、何も見ていない。」

あくる日の夜、若殿は床に入っても眠らずに気をつけていた。すると女が横に立ったので、「お前は誰だ。何の用があるのだ」と訊くと、「あなたの妻です」との返事だった。「お前は死んで埋められてしまっているだろう。」「ええ、私はあなたの呪いの言葉のために、その罪業のために死なねばならなかったのです。でも、もう一度私と暮らしたいと仰るなら、あなたの妻になってもよろしゅうございます。」「もちろんだ、それができるならば」と殿は応じたが、女は「もう決して人を呪ってはなりませんよ。でないと私はまた死ぬことになりますから」と注意を促し約束を求めた。殿には風変わりな呪いの言葉を吐く癖があったのである。殿がこれを確約したので、一度死んだ妻は夫のもとにとどまり、家のうちを取り仕切り、夫のかたわらで眠り、ともに食事をとり、やがて子をもうけた。

さてある日、殿は館に客を迎えることになった。夕食が終わったとき、果物に添えるための焼き菓子を引き出しから取って来るように妻に言いつけた。ところが妻がなかなか戻ってこなかったので、殿は機嫌を損ね、口癖になっていた呪いの言葉を吐いてしまった。するとその瞬間、妻の姿は消え、もうこの世の人ではなくなっていた。

いつまでも戻ってこないので殿と客人が、どこに行ったのかと、上の部屋を見に行ったところ、そこには妻が着ていた服だけが残されていた。両袖が引き出しの中に入り、他の部分は外に垂れ、引き出しの上に上体を傾けている妻の姿をそのままにとどめていた。だが、妻自身は消えてしまっていて、この時以来もう二度と現れることはなかった。

訳注　マルティン・ルター博士は宗教改革者のルター（一四八三〜一五四六）のこと。

幽霊調教師（100）

十七世紀も末のころロゲンドルフ伯爵の館に見知らぬ男が訪ねてきて、馬の調教師として雇ってほしいと願い出た。試してみるとなかなかの腕なので、雇い入れて十分な俸給を与える約束をした。さてあるとき、伯爵の館に宮廷付きの貴族が到着して、調教師と同じ食卓を囲むことになった。客人は驚きの目で調教師を見ると悲しみに沈み、伯爵が気を遣って親切な言葉をかけても、食事に手を出そうとはしなかった。食事が終わった後で、伯爵がどうしてそのように悲しい顔をなさっているのかと今一度尋ねたところ、このような返事が返ってきた。「この調教師は普通の人間ではありません。この男は、オステンデの戦いの折に私の横にいて弾に当たって死にました。埋葬にも立ち会いました。」客は、この死んだ男の祖国、名前、年齢などを詳しく話してくれたが、それは調教師が語っていたところと何から何まで一致していた。

こうなると伯爵はもう疑うことはできなかった。そのためこの幽霊に暇を出して、その言い訳として「収入が減ってきていて奉公人を減らそうと考えている」と付け加えた。これを聞いた調教師は「あの客人の無駄話をいろいろお聞きになったのでしょうが、伯爵さまには私を追い出す理由などないはずですし、私自身は誠実にお仕えしてまいりました。これからもそうするつもりですから、どうか今後ともお館で仕事をさせてください」と懇願した。それでも伯爵は口に出した解雇の言葉を翻すことはなかった。願いが叶わないと分かった調教師は、取り決め通りの金銭は望まず、一頭の馬と銀の鈴のついた道化の衣装を要求した。伯爵はこれを快く許し、そのほかにもあれこれの品を渡そうとしたが、調教師は受け取ることを拒んだ。

その後、伯爵がハンガリーに旅した折のこと、ラープ近郊の堤のうえで、道化の衣装を着て馬を何頭もつないで引いてくる調教師に出会った。むかしの主人だと分かると、調教師はたいそう喜んで挨拶をして、馬を一頭差し上げましょうと申し出た。伯爵は礼を言ったが受け取るつもりはなかった。するとと調教師は、館で知り合っていた従者が一行の中にいるのに気づき、この男に馬を与えた。喜んだ従者が馬にまたがったその瞬間、馬が高く跳ねたので、従者は振り落とされて半死半生の大怪我を負った。それと同時に、馬喰は馬ともども跡形もなく消えてしまった。

訳注　ロッゲンドルフ家は十五世紀には確認されるオーストリアの貴族、十七世紀半ばに伯爵家となる。

幽霊教会（176）

一五一六年ごろ聖ローレンツ教会とその墓地で起こったことは不思議だが本当の話である。

信心深く敬虔な老婆が、ある時いつもの通りに日の出前に、町の外に出て聖ローレンツ教会の待降節の早朝ミサに行こうと思ったが、時間を勘違いしていて、真夜中に上の市門の前まで来てしまった。門が開いていたものだから、町を出て教会に向かった。教会の中に入ると、高齢の見知らぬ司祭が祭壇の前でミサを執り行っているのが見えた。その両側の椅子にはあちこちに人が座っていて相当な数だった。大部分は見知らぬ人たちだったが、一部の参列者には首から上がなく、なかには老婆が生前よく知っていて最近死んだばかりの人も何人かいた。

老婆は恐怖と驚愕でへたるように椅子の一つに座り込んだ。見知った顔や見知らぬ顔、とにかく死者ばかりだったので、これはみな幽霊だと思った。だが、あまりに早く来すぎてしまったことを思うと、教会から出たらよいものか、ずっとそこにいたらよいものか分からず、鳥肌は立ち髪の毛は逆立った。すると、今は疑いもなく神の善き天使であり、つい三週間前に世を去った親友と思しき女が、死者の間からやってきて外套を引っ張って朝の挨拶をした後、こう忠告してくれた。「まあ、あなた、神さまお守りください。どうしてここに来たの。後生だからよく聞いてよ。司祭がパンと葡萄酒を聖別したら、できる限り速く走って逃げるのよ。ぜったいに振り向いては駄目よ。もし振り向いたら命はなくなるわ。」

司祭が聖別を始めようとすると、老婆は全力を振り絞って走り教会から跳び出した。すると背後で教会全体が倒壊したようなとてつもない轟音が聞こえ、幽霊どもがこぞって後を追って教会から繰り出してきた。そして墓地で老婆に追いつくと、（当時女たちが身にまとっていた）毛皮の外套を首から引きちぎった。老婆は外套には目もくれずにひた走り、無事に逃げきることができた。

さて、老婆が上の門まで戻ってきて町に入ろうとすると、門はまだ閉まっていた。時刻は夜中の一時ごろだったので、門が開くまで三時間ほど、とある家で待たせてもらわねばならなかった。老婆は、先ほど門を通してくれたのは善い霊ではないことに気づいた。あの時、門の手前で豚が何匹も鳴いていたのを見て、家畜を外に連れ出す夜明けの時間だと思い込んでしまったが、あの豚こそ忌々しい悪魔だったのだ。もともと肝の据わった女で、また難はもう逃れていたので、これ以上この件には関わらず家に帰り命に別状はなかった。とはいえ心底を揺るがした恐怖のため二日間床に臥さねばならなかった。

それでもこの奇怪な出来事の夜が明けて日が昇ると、老婆は人を墓地に遣って外套があるかどうか探させた。すると外套は細かく引き裂かれてしまっていて、どの墓の上にも小さな切れ端が一つずつのっていた。このことを聞いた町の人々は、群れをなして墓地へと駆けつけ、その様子を見て何とも奇異の感に打たれた。

この事件はこの町だけではなく近隣の村々でも話題になったほどで、父母の時代には実によく知られた話だった。今でもなお、以前両親から話を聞いたという人々を見つけ出すことができる。

口承では、この事件は教会が厳かに死者を追悼する万霊節の夜に起こったことになっている。ミサが終わると突然、それまで人で一杯だった教会から人の姿が消え、会堂はがらんとして真っ暗になってしまった。老婆はびくびくしながら戸口への道を探り、外に出ると塔の鐘が一時を打った。その途端に、教会の扉がすぐ後ろでものすごい力で閉まったので、身にまとっていた黒い雨合羽が挟み込まれてしまった。老婆は合羽をそのままにして急いでその場を去った。朝になってから合羽を取りに戻ってみると、細かく引き裂かれてしまっていて、墓地のどの塚の上にもその切れ端が置かれていた。

コルマルの少年（262）

コルマルのプフェフェル家に住む子供は、友達が平気でそこで遊ぶのに、自分の家の庭のある場所に決して足を踏み入れようとはしなかった。友達はそのわけが分からず、あるときその子を力ずくでその場所に引っ張っていった。

するとその子の頭髪が逆立ち、全身から冷や汗がにじみ出た。気絶状態からやっと正気に戻ったあとで理由を尋ねたところ、いつまでも打ち明けようとしなかったが、みなからさんざん説得されてとうとうこう話してくれた。「この場所には人が埋められている。その人の手はこういう風に、脚はこんな風になっている（その様子をすべて精確に説明した）、そして一方の手の指には指輪をはめている。」

発掘が行われた。地面は草で覆われていたが、地下三フィートのところに子供が語った通りの姿勢で、名指した指に指輪をはめた骸骨が見つかった。正式に埋葬が行われると、それ以後、少年は発掘も埋葬のことは何も教えられていなかったのに、平気でその場所へ行くようになった。

この子には特別のところがあって、死者が眠っている場所に来ると、いつも死者の全身が靄となって立ちのぼるのが見え、死者の様子が何から何まで分かってしまう。たくさんの恐ろしい幻を見たために、この子は心労でやつれ若くして命をすり減らしてしまった。

絞首台から来た客（336）

とある立派な町で旅籠を営む男が二人の葡萄酒商とともに家路についていた。商人たちの葡萄山で旅籠の亭主は大量の葡萄酒を仕入れてきたところだった。三人がたどった道は絞首台のそばを通っていた。三人とも酔っていたのだが、ずいぶん前に処刑されぶら下がったままの三つの遺骸に目がいってしまった。すると葡萄酒商の一人が大きな声を上げた。「熊屋のご主人、ここにぶら下がっている三人は、あんたのところのお客でしたぜ。」「ほう」と亭主は調子に乗って言った。「この連中に今宵、旅籠に来てわしと食事をとることを許すぞ。」

さてどうなっただろう。亭主は酔ったまま家に帰り着き馬から降りた。そして自分の部屋に入って腰を下ろしたところ、底知れぬ不安に襲われ、誰かを呼ぼうとしたが、声が出なかった。そうするうちに下僕が長靴を脱がせに入ってきた。見ると主人が半死の状態で安楽椅子に横たわっていた。下僕はすぐにおかみさんを呼んだ。おかみさんは亭主に強い酒を飲ませ元気づけると、何があったのかと尋ねた。それに答えて亭主はこう話した。三人の吊るされた男のかたわらを通り過ぎたとき、そいつらを食事に招いたのだ。家に戻って自分の部屋に落ち着いたところ、三人が絞首台にぶら下がったままの恐ろしい姿でやって来て机に着き、近くに来るように繰り返し手招きした。そこにようやく下僕がやって来た。すると幽霊はみな消えてしまった。

亭主の話は、通りかかった際に罪人に向かって呼びかけたことが酔った頭に現実となって現れただけで、妄想にすぎないと片づけられた。だが本人は床に臥してしまい、三日目には帰らぬ人となった。

死者に会う死者（342）

ある女王が世を去り、遺体は黒い幕を下ろした広間の、きれいに飾った寝台に安置されていた。夜のあいだ広間は蠟燭で明るく照らされ、控えの間には四十九名の兵卒を従えた大尉が見張りに立っていた。

真夜中ごろに、大尉は六頭立ての馬車が勢いよく城の前に走り込む音を聞き階下に降りていった。すると喪服に身をつつんだ婦人が高貴で気品のある身のこなしで近づいてきて、しばらく死者のかたわらにいたいのだが、と許可を求めてきた。大尉はそれを許可する権限は自分にはないと説明したが、婦人は広く知れ渡っている自らの名を名乗り、亡き女王に仕えていた女官長として、埋葬される前にもう一度女王に会う権利があると主張した。大尉は決心がつかなかったが、婦人がなおも執拗に会見を迫ったので、しかるべき異論も底をついてしまい、とうとう広間に通すことになった。

大尉は広間の扉を閉めると、その前を行ったり来たりしていたが、しばらくして扉の前に立ち止まり耳を傾け、鍵穴を通して中の様子を窺った。すると亡くなったはずの女王が背を起こし小声で婦人に話しかけている姿が見えた。目は閉じたままで、唇を少し動かす以外は顔の表情は死んだままだった。大尉は兵卒に順に中を覗くように命じた。兵士たちが目にしたものはみな同じ光景だった。最後にまた大尉が鍵穴から見ると、亡き女王がちょうど飾り付けた寝台にゆっくりと身を横たえるところだった。そのあとすぐに婦人が広間から出てきた。大尉は婦人を階下まで連れていき馬車に乗せた。そのときの夫人の手は氷のように冷たく感じられた。馬車は来た時と同じように恐ろしい速さで走り去り、遠くで馬が火花の息を吐くのを大尉は見た。

翌朝、報せが届き、数時間離れた別荘に住んでいる女官長が、真夜中に、それもちょうど亡き女王のかたわらにいた時刻に世を去ったとのことだった。

〈遊離する魂〉

小鼠（248）

テューリンゲン地方のザールフェルトに近いヴィルバハの貴族の屋敷で、十七世紀のはじめにあったことである。

使用人たちが部屋で果物の皮をむいていたところ、下女の一人が眠気を催し、ひと眠りしようとみなの輪から外れて、それほど離れていない長腰かけに身を横たえた。すると間もなく、静かに横になっていた下女の口から赤い小さな鼠が這い出してきた。使用人のほとんどがそれを見ていて互いに教え合った。小鼠はちょうど隙間ができていた窓の方へ足早に走り、そこから外へ出ていくとしばらく戻ってこなかった。

この様子を見ていたお節介な侍女が好奇心を起こし、ほかの者が強く止めたにもかかわらず魂の抜けてしまった下女のところへ行き、身体を揺さぶって少し前の方へ動かしてしまった。そしてその場を離れて元の席に戻った。その後すぐに小鼠が帰ってきた。先ほど下女の口から這い出した場所へと走っていき、そのあたりを行ったり来たりしていたが口に戻ることができず、ついには姿を消してしまった。下女の様子を見てみると、すでに死んでしまっていて生き返ることはなかった。お節介な侍女は悔やんだがどうにもならなかった。

ところで、この屋敷には以前から夢魔に悩まされ安らかな生活を送ることのできない召使がいたが、その苦しみは下女の死とともに消えた。

訳注 『神話学』によれば、魂は眠っている人の身体から鼠や猫、蛇や蝶となって外に出ると太古から信じられていたが、時代が下ると、眠り込んだ魔女の口から魂が鼠や猫の姿をとって出てくると語る伝説が現れるという。最高神オーディンが眠り込むと突如、虫や鳥、魚や蛇に姿を変えて遠い国々へとさっと動くという古代北欧神話との関連も指摘されている。

立ち昇る煙（249）

ヘルスフェルトのとある家に二人の下女が奉公していた。二人は毎晩床に就く前にしばらくの間、何をするでもなく居間にとどまっていることがよくあった。とうとう家の主人が奇妙に思うようになり、ある晩、眠らずに起きていて居間に身を潜めて様子を探ろうとした。

二人の下女は部屋には机のかたわらに座っている自分たちしかいないと思うと、一人がこのように唱えはじめた。

「霊よ、離れ出で
かの下男を苦しめよ。」

それに続いて二人の下女の喉から黒い煙のようなものが立ち昇り、窓から外へ這うように出ていった。それと同時に二人は深い眠りに落ちた。

そこで家の主人は一人の方へ歩み寄り、その名を呼び身体を揺さぶったが、下女は身動き一つしなかった。ついには主人は二人をそのままにして居間を後にした。あくる朝、揺すった方の下女は死んでいたが、もう一人の主人が触れなかった方の下女は生きていた。

柳の木から出てきた猫 (250)

シュトラースレーベンに住む農家の下男が語ってくれた話である。村に住む下女の一人は、舞踏会の折にときどき会場を離れてどこかへいなくなってしまい、しばらくして姿を現すまでどこへ行っていたのか誰にも分からなかったという。

あるときこの下男は、下女の後をつけてみてはどうかと仲間たちと相談した。さて、この下女は日曜日にまた踊りに来て下男たちと楽しく時を過ごすと、例によってまた姿を消した。何人かがひそかに後をつけた。下女は踊りが行われていた飲食店を抜け出すと野原に出て、わき目もくれずに幹が空ろな柳の木に向かって歩き、木の洞《うろ》の中に姿を隠した。後を追っていた下男たちは、下女が洞の中に長く我慢していられるものか知りたいと思って、うまく身をひそませることができる場所を見つけて待つことにした。

するとしばらくして柳の洞から一匹の猫が跳び出してきて、野を横切り一路ランゲンドルフに向かってひた走っていった。下男たちが柳に近づいていったところ、例の下女が、というよりもその魂の脱殻が、すっかり硬直してしまって洞の中にもたれかかっていた。いくら揺すってみても生き返らせることはできなかった。

下男たちは背筋に冷たいものを感じて、下女をそのままにしてもとの場所に戻って様子を窺っていた。すると少し経ってから、猫がもとの道を戻ってきて洞の中に滑り込んだ。その後すぐに例の下女が這い出してきて事もなげに村に向かって歩いていったという。

眠る王（433）

フランク族の王グントラムはとても善良で穏やかな心の持ち主だった。あるとき狩に出かけたが、家来たちが四方八方に散ってしまい、王のもとにはお気に入りの忠臣が一人、残っているだけだった。このとき王は深い疲労に襲われたので、木のもとに腰を下ろし頭を家来の膝に置いてまどろもうと目を閉じた。王が眠り込んでしまうと、王の口から蛇のような小さな動物が這い出てきて、近くを流れる小川に走っていったが、岸で立ち止まり向こうへ渡りたいようなそぶりを見せた。その様子を逐一見ていた家来が、鞘から剣を抜いて小川の上に差し渡した。小さな動物は剣の上を伝って向こう岸に渡ると、山に開いた穴に向かい、その中に入り込んだ。二、三時間後に、穴から出てくると、また剣の橋を伝って戻り王の口の中に走り込んだ。

王は目覚めると家来にこう言った。「今見た夢は不思議だ。お前に話さずにはいられない。とても大きな川があって、そこに鉄の橋がかかっていた。その橋を伝って向こう岸に行き、高い山に口を開いている洞窟に入っていった。その中には遠い祖先の財宝が数知れず眠っていたのだ。」そこで家来も王が眠っている間に見たことを話し、夢が現実と合致していることを伝えた。その後、小動物が入っていった穴を掘り返したところ、山の内部に大量の金銀の硬貨と食器などが発見された。遠いむかしに隠され秘められたままになっていた財宝である。

訳注　グントラム（五三二頃～九二、王位六一～九二）はクロータル一世の子。分裂したフランク王国の一国王。

四　子供と盗賊、女性と聖像

【子供のいる伝説】

ホッラ婦人と忠実なエッカルト（7）

テューリンゲンにシュヴァルツァという村がある。降誕祭の折に、この村をホッラ婦人の行列が通り過ぎた。一団の先頭には忠実なエッカルトが歩み、行き会う人々に「痛い目に遭いたくなければ、道を空けよ」と先払いをしていた。

さてこの日、農家の子供が二、三人で酒屋に使いに出てビールをもらって帰ろうとしていたところ、そこにホッラ婦人の行列がやってきた。黙って見ていると、妖霊たちが道いっぱいに広がって進んでくるので、少年たちはビールが入ったジョッキを大事に抱えて脇によけて片隅に身を寄せていた。するとすぐに、列のなかからさまざまな女たちが近寄ってきてはジョッキを取り上げて中身を飲んでいった。恐ろしくて何も言い出せなかったが、空のジョッキを持って家に帰ったら、どんな目に遭うか知れたものではなかった。

そこへ最後になってやっと忠実なエッカルトが歩み寄ってきて声をかけてくれた。「お前たち、一言も喋らなかったのは勿怪《もっけ》の幸いだった。もし喋っていたら顔が後ろ向きになるところだったよ。さあ急いで家に帰りなさい。もしこのことを誰にも話さなかったら、その器にビールが絶えることはないからな。」

言いつけを子供たちが守ったところ、その通りだった。ジョッキは決して空にはならなかった。だが、それは三日間だけのことだった。四日目にはどうにも隠していられなくなって、両親にすべてを話してしまった。すると運は尽きて器の底は干上がってしまった。これは降誕祭ではなく別の日にあったことだと言う人たちもいる。

訳注　ホッラ婦人については「ヘルタの聖なる湖」（一五頁）以下の伝説参照。この行列はいわゆる「荒れ狂う軍勢」のことである。『神話学』には次のように書かれている。忠実なエックハルト（エッカルト）は「荒れ狂う軍勢」の前で人々に警告し、またヴェーヌスベルク（妖婦の山）のかたわらに座り人々に注意を促すと言われているが、もともとは「おそらくは異教の神官であり女神が一年の特定の折に車に乗って外に出るときの侍臣でありお供なのである」。

ヘルフェンシュタインの岩山（107）

ボヘミアのトラウテナウから一マイルのところ、リーゼンベルクの山中にヘルフェンシュタインという名の岩山が高く聳えている。この岩山にはかつて盗賊騎士の城があったが、後に城は大地に沈み込んでしまい、住人がどこへ行ってしまったのか知る人はいない。

一六一四年のことだが、この岩山から四半マイル離れたところの村メシェンドルフに住む若い下女が、岩山の近くで家畜の番をしていた。まわりには家畜の数よりも多い子どもたちを連れ従えていた。この子たちに下女は言った。「みんなおいで、ヘルフェンシュタインに行ってみましょうよ。もしかすると岩が開いているかもしれない、大きな葡萄酒の樽が見られるかもしれないわ。」

みなで行ってみると、岩山が口を開いていて、鉄の扉が見えたがそれも開けられていた。扉にはたくさんの鍵がついた錠前がぶら下がっていた。一行は好奇心に誘われて近づいていき、ついには中に足を踏み入れた。そこはかなり大きな控えの間で、奥にはまた扉があった。それを抜けて二番目の部屋に入ると、いろいろな什器が並んでいた。とりわけ目を引いたのは十アイマーほども入る葡萄酒の大樽だった。樽板はほとんどが剝がれ落ちてしまっていたが、指一本ほどの厚さの膜ができていて、そのため葡萄酒が外に流れ出してはいなかった。四人全員が手で触れてみると、ぶよぶよとしていて、柔らかい卵の殻のように押すとへこんだ。

みなでこの不思議な樽を観察していると、横手のきれいな部屋から粧し込んだ男の人が出てきた。赤い羽根の束がついた帽子をかぶっていた。手には大きな錫の容器を持っていて葡萄酒を取りに来たのだった。部屋の扉が開いたときに、楽し気な中の様子が見えた。二つのテーブルを囲んで着飾った男女が音楽を聴きながら陽気に過ごしていた。男は樽の栓を抜いて葡萄酒を注ぐと、一行を歓迎して中に入るようにと促した。みなびっくりしてしまい、心の中では逃げ出したいと思った。

それでも何とか一人の女の子が口を開いて断った。「私たちは汚い身なりで、あんな着飾った人たちのところへ行く支度ができていないわ。」すると今度は、男がみなに葡萄酒を勧めて容器を差し出してきた。それも辞退すると、別の容れ物を取ってくるので、それまで待っているように言いつけた。男が出て行くと、一番年かさだった下女が口を切った。「さあ外へ出ましょう。これ以上いると、ろくなことはないわ。山のここで城の人たちが滅んだという話よ。」みなは急いで引き返し入り口に向かった。洞窟の外にわずか数歩出た瞬間、背後でバタンと閉まる大きな音が聞こえたので、身が縮むほど驚いた。

一時間後に下女が再び誘った。「もう一度あそこに行って、あのすごい物音が何だったのか見てみましょうよ。」ほかの三人は行くのを嫌がったが、下女が大胆にも一人で見てくると言って歩き出したので、その後についていった。先ほどのところに戻ってみると、入り口も鉄の扉も見つからず岩は固く閉ざされていた。下女と子供たちは家畜を小屋に追い込んでしまうと、それぞれ家に帰って両親に一部始終を話した。両親はこのことを領主に報告した。何度も岩山の検分が行われたが、岩はいつも閉じたままだった。

訳注　一アイマーは二十六・五リットル。「盗賊騎士」については「エッペラ・ガイラ」（一九八頁）訳注参照。

湧き出る銀貨 (161)

ハインリヒ・ユーリウス・フォン・ブラウンシュヴァイク公が治めていた時期、一六〇五年二月に起こったことである。

クヴェードリンブルクから一マイル離れたツム・タールと呼ばれるところに住む貧しい農夫が、娘を近くの灌木の林に薪を拾いに行かせた。娘は背負い籠を負い手籠を下げて出かけた。さて二つの籠を一杯にして、さあ帰ろうとしたところ、白衣を身にまとった小人が歩み寄ってきて尋ねた。「何を運んでいるんだね。」「炊事と暖を取るために拾い集めた薪よ」と答えると、「その薪を全部空けてしまいなさい。空の籠を持って私についておいで。薪よりもずっと良くて役に立つものを見せてあげるからね」と言って娘の手を取った。そして来た道を引き返してとある丘の麓に連れていくと、普通の机二つほどの広さの場所を指さした。

そこは程よい厚さの大小の銀貨が溢れかえって光り輝いていた。銀貨には聖母マリアのような像が浮き立ち周囲には太古の文字が刻まれていた。銀貨が大量にさながら大地から湧き出ている様子を目にすると娘はびっくりして後ずさりしたが、薪の入っている手籠を空けようとはしなかった。そこで白衣の小人が手籠を空けてやって貨幣を詰め、こう言って娘に手渡した。「この方が薪よりもお前の役に立つよ。」娘は困惑して受け取ったが、小人が背負い籠も空にして銀貨を詰めるように求めると、断って言った。「薪も家に持って帰らなければ。だって家には小さな子がいて暖かい部屋が必要だし、それに炊事のためにも薪はいるわ。」その言葉に小人は満足して「じゃあそれだけにしてお帰り」と言うなり姿を消した。

娘は銀貨で一杯の手籠を持って帰ると、身に起こったことを話して聞かせた。この話を聞きつけた農夫たちが、鍬やその他の道具を手に大挙して林に走り、宝の分け前にあずかろうとしたが、誰も銀貨の湧き出ていた場所を見つけることはできなかった。

銀貨はブラウンシュヴァイク公の命で一ポンド分が徴収された。ハルバーシュタットのN・エーヴァカンとかいう町人も一枚を買い取った。

鬼火（277）

山街道沿いのヘンラインでは、またロルシュのあたりでも、鬼火は「ヘールヴィシュ」と呼ばれ、待降節の間にだけ見られるという。鬼火を嘲るこういう歌が伝わっている。「ヘールヴィシュやーい、麦藁みたいに燃えてらあ。おいらをしっかり打ってみろ、くっきり青あざ残るほど。」

三十年以上も前のこと、ある晩、ヘールヴィシュを目にした少女が大声でこの歌をうたってからかったという。すると鬼火はまっしぐらに少女に向かって飛んできた。少女は逃げ出して両親の家に駆けこんだが、鬼火はすぐ後ろまで追いすがり、一緒に居間の中まで入り込んできた。そして、そこに居合わせた人たちすべてを炎の翼で打ちすえたので、みな気を失ってしまった。

訳注　「天国で安らえない霊魂は、夜分に炎の姿であてどなく飛ぶ鳥のように、草地や畑をさまよう。そのようにドイツの民衆の間では今でも信じられている」と『神話学』は述べ、この伝説を指示している。

神の与え給う食事（362）

フォークトラント地方のツヴィカウからほど遠からぬ村で起こったことである。両親がまだ小さい息子に、森へ行って草を食べている雄牛を集めて連れて帰るように言いつけた。少年が森で少し手間取っていたところ夜が訪れ、しかもこの夜は大雪が降り山々一帯を覆ったため、少年は森から出ることができなくなってしまった。

両親は翌日になっても少年が帰ってこないので、雄牛はともかく息子のことが心配でならなかった。だが大雪のため森に入ることはできなかった。三日目になって雪が一部溶けてなくなると、両親は子供を探しに出かけた。さんざん探したあげく、雪がまったく積もっていない日当たりのよい丘の麓に子供が座っているのを見つけた。少年は両親を見ると笑いかけてきた。

両親がなぜ帰ってこなかったのかと尋ねたところ、夕方になるまで待っていようと思ったからだと答え、この間に丸一日が過ぎてしまっていることに気づいていなかった。また苦しくつらい思いもまったくしていなかった。何か食べたかと訊かれると、一人の男がやって来てチーズとパンをくれたと話した。少年は疑いもなく、神のお遣わしになった天使に食事をもらい、命をつないでもらっていたのである。

フン族あるいはアヴァール族がフリアウルに侵攻したとき、ロイピキスもフリアウルの城から子供の捕虜として引きたてられていった。五人兄弟だったが、自分以外はみな死んでしまった。

ロイピキスはフン族のもとを逃れて故郷に戻ろうと機会を窺っていた。ある日、逃亡の計画を実行に移し、弓矢とわずかの食料だけを持って抜け出したが、どの方向に向かって逃げればよいのか分からなかった。すると一頭の狼が近づいてきて道案内をしてくれた。狼が何度も振り返ってこちらを窺い、自分が立ち止まると同じように立ち止まるのを見て、少年はこれは神さまから遣わされた獣だと思った。こうして狼とともに未開の谷や山を越えて何日も歩き続けたが、ついには手持ちのわずかのパンも尽きてしまった。ひもじさに耐えかねたロイピキスは、食料にしようと思い弓を絞って狼を狙った。狼は矢を避けるとそのまま姿を消した。

さてこうなると、どの道をたどればよいのか分からなくなり、疲れきって大地に身を投げやがて眠り込んだ。すると夢の中に一人の男が現れて語りかけてきた。「眠っているお前よ、起き上がるのだ。そしてお前の足が向いている方の道をたどるのだ。その方向にイタリアはある。」すぐにロイピキスは立ち上がりその方向を目指して歩き始めた。先へと進んでいくとスラヴ人の小さな集落に行き当たった。そこに住む一人の老女が寝食の世話をしてくれたうえ、自宅にかくまい食料を持たせてくれた。そこからさらに先へと道を進み、数日後にはロンバルディアに入り、故郷の地に帰り着いた。

両親の家は荒れ果てていた。屋根はなくなっていて、いたるところに茨とアザミが生い茂っていた。少年は茂みや草を切り倒すと、壁と壁の間に大きく育っていた楡の木に弓をかけた。そしてその後この地に新たに家を建てて住み妻を迎えた。このロイピキスこそ筆者の祖先となった人だ。ロイピキスがアリキスをもうけ、アリキスがヴァルネフリートを、そしてヴァルネフリートが、このパウルスをもうけたのだ。

訳注「パウルス」とは、この伝説の出典である『ランゴバルド族の歴史』の著者パウルス・ディアコヌス（七二〇／三〇～九九頃）のこと。パウルスは史家、聖職者。アルボインに従ってイタリアに入ったランゴバルト族の古い家系の出。六一〇年にイタリア北東部フリアウルに侵攻したのはアヴァール族である。アヴァール族は中央アジアから移動してきたとされる。七世紀を通じて八世紀半ばまでパノーニエン（今日のハンガリー西部あたり）を中心に強大な勢力を誇ったが、八世紀末フランク国王カールに攻められアヴァール国は崩壊した。

【盗賊騎士と盗賊】

エッペラ・ガイラ (130)

ついこの間まで、ニュルンベルクの町の子どもたちは次のような古い歌を口ずさんでいた。

「エッペラ・ガイラ・フォン・ドラーマオス
いつも月の十四日、お馬に乗ってお出ましだ。」

こういう風にも歌われた。

「ニュルンベルクの仇敵がお馬に乗ってお出ましだ、

エッペラ・ガイラ・フォン・ドラーマオス。」

遠いむかしのこと、バイロイトに帰属するドラーマイゼル（ムッゲンドルフ教区に編入されている小さな村）の近くに、エッペリン・フォン・ガイリングという名の大胆不敵な騎士が住んでいた。この騎士はあたり一帯を略奪して荒らしまわっていたが、とくにニュルンベルクの町人には敵意を懐いていて、折があれば危害を加えていた。

この騎士には妖術の心得があり、この術を使って手に入れた馬はよく走り駿足だった。この馬を駆って、岩や淵も高々と跳び越え、水に脚を濡らさずにヴィーゼント川を跳んで渡った。牧場の干し草を積んだ車の上を越えても、蹄は藁の一本たりとも傷つけることはなかった。

騎士の本拠はガイレンロイトの城だったが、周囲にいくつもの別の城を持っていて、瞬く間に風のように一つの城からもう一つの城へと移動した。山腹から山腹へとあっという間に移り、しばしばムッゲンドルフの聖ローレンツ教会へと馬を走らせて略奪に出かけていた。ニュルンベルクでは、市壁も広い濠も騎士には何の用もなさなかった。そのほかにも数々の驚くべき行為に及んだが、ついにはニュルンベルクの町人に捕らえられ、ノイマルクトで手下とともに縛り首になってしまった。

ニュルンベルクの城には今でも騎士の武器が展示されている。市壁には馬が跳び越えたときに刻まれた蹄の跡が残っている。

訳注　『グリム ドイツ伝説集』のなかで「盗賊騎士」という言葉がそのまま用いられることは稀であるが、「盗賊の城」に住み略奪や強盗を事とする騎士や貴族はたびたび登場する。「盗賊騎士」という一般的な名称自体は十九世紀初めのロマン主義的想像力に多分に彩られているが、中世の後期になると実際に略奪を行う騎士や貴族が出現する。その歴史的背景としては、統治・経済構造の変容の過程で、下級の貴族や騎士が軍事的重要性を失い経済的にも苦境に陥ったことや、それと絡んで領主との間の権限の争いもあったという。

ブルーメンシュタイン城（131）

ヘンセンのローテンブルク近傍の城ブルーメンシュタインに、まだ騎士が住んでいたころの話である。ある晩、近くの村ヘーネバハに住む若く元気のよい農家の娘が賭けをして、月の明るい真夜中に村を出て恐ろしい城に登って煉瓦のかけらを拾ってきてみせると豪語した。約束通りに勇を鼓して夜の道をたどり、証拠のかけらを拾ってちょうど戻ろうとしたときのこと、夜の静寂の中を馬の蹄の響きが聞こえてきた。

急いで跳ね橋の下に飛び降りて身を隠したところ、間髪を入れず騎士が城に入ってきた。自分の前には攫《さら》ってきた美しい乙女を乗せ、後ろには乙女の豪華な衣装を積んでいた。跳ね橋を渡っているときに衣装の包みが一つ転がり落ちたので、下に潜んでいた娘はそれを拾い上げて急いでその場を離れて村への道をたどった。

村と城の間にあるシュピスの山をようやく半ばまで登ったころ、騎士がまた跳ね橋を通って城を出てくる音が聞こえてきた。どうやらなくした包みを探しに出てきたようだった。他に助かるすべはなかったので、娘は道を逸れて深い森の中に身を隠してやり過ごした。こうして難を逃れた娘は、拾い物を手放さずにすみ、証拠の煉瓦のかけらを携えて無事に家に帰り着いたのだった。

場所を変えた同じような話が伝えられているが、それには次のような経緯が付け加えられている。村娘は、騎士が乙女を殺す様子を見ていた。その際に乙女がひそかに落とした包みを拾った。開けてみると華麗な衣装と装身具が入っていた。そこでこの拾い物については何も言わず、とても怖くなったので城には行かなかったと嘘をついた。拾った衣類は自分自身で購入したと見せかけるために、時間をかけて少しずつ取り出しては身に着けていたが、舞踏会が開かれたときに豪華な衣装をすべて纏って参加してしまった。

その舞踏会場には見知らぬ男がいた。娘にじっと目を注ぎ、一緒にダンスを踊り、最後には家まで送ろうと言ってきかなかった。娘の村へ送る途中、男は突然短刀を抜いて娘を刺し殺そうとした。助けを求めて叫んだので、人が駆けつけ男は捕らえられた。男は乙女を殺した騎士だったという。

訳注　最後の三段落は、自家用本への追記から付け加えられている。

ヴァイセンシュタインの剣舞 (166)

マールブルクからほど遠からぬところ、ヴェターへ至る道の途中に、ヴェーレという村とその近くに尖った山がある。この山にはむかし盗賊の城があったという。城はヴァイセンシュタインと呼ばれ、その廃墟は今でも残っている。

城に巣くう盗賊から周囲に住む人々は大きな被害を被っていたが、城壁の堅固さと山の高さゆえに賊を打ち負かすことができなかった。とうとうヴェーレの農夫たちはある策略を思いついた。ひそかにありとあらゆる武器で武装して城に登っていくと、貴族たちに、自分たちは剣舞[1]を披露したいのだと申し出た。そのように偽ったので農民たちは城に入ることを許された。すると農夫たちは武器を取り出し勇敢にも打ってかかった。ついには貴族たちは打ち負かされて慈悲を乞い降伏し、農夫たちによって城ともどもその地の領主に引き渡された。

原注1　ヘッセン地方の剣舞の風習と、剣舞を舞う男たちがうたう歌については別の箇所でお伝えする。

シュタイナウの泉(164)

一二七一年、フルダの修道院長ベーロルトに対して臣下の者たちが敵意を懐き、命を奪おうと共謀した。そしてある日、修道院長が聖ヤーコプ礼拝堂でミサを捧げていたところを襲いかかって剣で打ち殺した。犯行に加わった者は、シュタイナウの殿たち、エーバシュタインの殿たち、およびアルブレヒト・フォン・ブランダウ、エーベルト・フォン・シュパーラそして騎士コンラートだった。

その後まもなく、犯人たちは他にも手勢を加え総勢三十人、馬二十頭を引き連れ、ハッセルシュタインで聖物を強奪しているところを取り押さえられ、剣によって処刑され、その館も破壊された。

この凶行ゆえに、シュタイナウの殿たちはこれ以後、紋章の中に三つの剃刀がついた三つの車輪を図柄に入れなければならなくなった。そして殿たちが修道院長に対して謀反の同盟を結んだ場所、シュタイナウ（ハーナウ伯爵領のシュタイナウ・アン・デアア・シュトラーセ[1]）近傍の草地にある泉のほとりには、今なお草が生えることはない。

原注1　おそらくフルダから一時間のところのシュタイナウ・アン・デア・ハウンである可能性が高い。
訳注　シュタイナウの殿は十二世紀から確認されるフランケン地方の貴族。フルダの領主修道院長の殺害と、その後の処刑と居城の破壊と紋章の図柄は歴史的事実。紋章の車輪は、おそらく車による処刑との、また剃刀は髪の毛を剃り上げる刑との関連であろう。シュタイナウの一族で犯罪に関わらなかった者の紋章の話である。なお悪魔が踏んだ地面には草が生えないという。

ディーツ・シュヴィンブルクの処刑（500）

バイエルン人帝と呼ばれたルートヴィヒは一三三七年、国の治安を乱したかどで捕らえたディーツ・シュヴィンブルクとその四人の手下を、ミュンヘンに連行し打ち首の刑に処するように命じた。いよいよ刑が執行されるときに、ディーツは裁判官に願い出た。「私と手下を八フィートおきに一列に並べ、まず私から刑を始めていただきたい。首が落とされましたら、私は立ち上がって横に並んだ手下の前を走り抜けるつもりです。私がその前を走りおおせました者の命は、どうかお助け願えないでしょうか。」裁判官たちは顔に嘲りの色を浮かべながら願いを聞き入れた。

するとディーツは一番お気に入りの手下から順に自分の横に並べ平然と跪いた。そして首が落とされるやいなや、立ち上がって四人の手下すべての前を駆け抜け倒れて動かなくなった。裁判官たちはあえて刑を続行せず、事のすべてを帝に伝え手下たちの助命を認めてもらった。

訳注　バイエルン人帝（ルートヴィヒ四世、一二八一／二～一三四七）は一三一四年から国王、一三二八年から皇帝。

【女性の知恵と力】

ランゴバルト族の出発 (389)

デンマークを王スニオ（シュネー）が治めていたときのこと、国中が飢饉に見舞われた。王は法を定め饗宴や酒宴を禁じたが、思ったような効き目はなく飢餓は募っていくばかりだった。そこで王は評議会を招集し、部族の三分の一の命を絶つという決定を下した。

二人の勇士エッベとアーゲが評議会では一番の上席を占めていた。二人の母はガムバルクという名のユートラントに住む予言者だった。兄弟が母に王の決断を伝えたところ、母はそれほど多くの無辜の民が命を失う決断に大いに不満を表すと、こう助言した。「わたしにはもっと良い考えがある。みなにとって為になる方策だ。老人組と若者組に分かれてくじを引く。そしてくじに当たった組みは、デンマークから船に乗って出て海に幸運を求めるのだ。」

この案は広く支持を受け、くじが引かれた。くじは若者たちに当たった。すぐに船の装備がなされた。エッベとアーゲも準備に精を出し、船に自らの旗を取り付けなびかせた。エッベがユーテ族を、アーゲがグンディンガ族を率いて大海原に乗り出していった。

ガムバラ(1)と長鬚の伝説(390)

くじに当たったヴィーニラ族の三分の一が故郷を後にして異国の地へと旅立たねばならなくなったとき、移住する一群を率いたのはイーボルとアーヨ(2)の兄弟だった。二人は若くて元気にあふれていた。二人の母はガムバラという名で賢く策にたけた女性だった。兄弟は困ったときにはこの母の賢明な助言に頼っていた。

移動をかさねて定住に好ましい土地を探していると、ショーリンゲンと呼ばれる地方に到達し、そこに数年間滞在することになった。近くにはヴァンダル族が住んでいた。この粗暴で好戦的な部族は、ヴィーニラ族が移ってきたと聞くと使者をよこし、貢物を献じるか戦いの準備をするかどちらかを選ぶように求めてきた。そこでイーボルとアーヨは母のガムバラと話し合い、貢物によって自由を汚すよりも自由のために戦うのが良策と対応を決め、その決定をヴァンダル族に伝えさせた。たしかにヴィーニラ族は勇気と力を持ち合わせた勇者たちだった。だが数の上では劣っていた。

さて、ヴァンダル族はヴォーダン神の前に進み勝利を祈願した。神はこう答えた。「太陽が昇るとき我が目が最初に見る者たちに勝利を与えよう。」それに対して、ガムバラはヴォーダンの妃であるフレーア神の前に歩み戦勝を祈願した。すると神は策を授けてくれた。「ヴィーニラ族の女たちは髪の毛を解き、顔のまわりに鬚のようにしつらえよ。そして朝早く男たちとともにヴォーダンに面と向かって東の窓の前に立ちなさい。ヴォーダンはいつも東から見るからだ。」

ヴィーニラ族はお告げの通りに並んで立った。そしてヴォーダンは日の出とともに外を見たとき叫びを上げた。「何という長い鬚《ラングベルテ》だ。」フレーアがそれに続けた。「あなたが名前を与えた者には勝利も与えねばなりません。」このようにヴォーダンはヴィーニラ族に勝利を授け、この時以来ヴィーニラ族は自らを長鬚（ランゴバルト）と呼ぶようになった。

原注1　このガムバラは注目すべきことにフニバルトのカンブラである。
2　ゴットフリート・フォン・ヴィテルボではヒボルとハンギオ。
訳注　ランゴバルト族は紀元前一世紀ごろに確認され、エルベ川下流域を主な居住区にしていたが、四世紀に入ってエルベ川流域からドーナウ川流域へと進出していく。「アウドイン王がアルボインに同席を許す」（二三二頁）訳注参照。ヴィテルボは十二世紀イタリアの史家。

闘鶏（443）

カール大帝がケンプテンの城に妃のヒルデガルトを訪ねていたときのことである。ある日、王と王妃が食事をとりながら祖先の統治についてさまざまなことを話し合っていた。かたわらでは三人の息子のピピン、カールそしてルートヴィヒが立って話を聞いていたが、ピピンが「母上、父上がいつの日か天国に行かれたら、僕が王になるのでしょうか」と尋ねた。カールは父親の方を向いて「ピピンではなくて、ぼくが父上、あなたの後を継ぎます」と言った。末のルートヴィヒは父と母の両方に自分を国王にしてくださいと頼んだ。

そのように兄弟が争っていると、王妃がこう提案した。「あなた方の争いに決着をつけましょう。城を降りて村に行き、あなた方一人一人が農夫から雄鶏を一羽もらい受けてきなさい。」兄弟が教育係とほかの生徒たちをとともに城を下りて雄鶏をもらってくると、ヒルデガルトはこう続けた。「さあ、鶏を放ってけしかけ合いなさい。勝った鶏の持ち主が将来国王になりますよ。」雄鶏は闘い合った。そしてルートヴィヒの鳥が他の二羽を打ち破った。実際に、このルートヴィヒが父の死後に王位を継いだのである。

訳注　カール大帝（七四二～八一四、七六八からフランク国王、八〇〇から皇帝）。ヒルデガルト（カールの二番目の妻、七五八～七八三）はカールとの間に三男三女をもうけた。ルートヴィヒについては二六四～二六五頁参照。

バンベルクの大聖堂（483）

私財を投じてバーベンベルクの大聖堂を建立したのは、ハインリヒ捕鳥王の妹でアルブレヒト男爵の奥方であったバーバ、あるいは別伝によれば皇帝ハインリヒ二世の妃クーニグントと言われている。聖堂の建設が続く間は毎日、夫人は日雇いの人夫たちのためにお金を盛った大きな鉢を置いて、その日に自分が働いたと思う分だけを勝手に取っていくようにさせていた。というのも、不思議なことに、働いた分よりも多くを取ることは誰にもできなかったからである。また夫人は悪魔を強いて大理石の太い柱を教会建設のために山上に運ばせたという。この教会は今でも山の上に仰ぐことができる。

訳注　バーベンベルクはバンベルクのこと。クーニグント・フォン・ルクセンブルク（九八〇頃～一〇三三）

は九九五年に当時のバイエルン公ハインリヒ四世（後の国王ハインリヒ二世、九七三～一〇二四、一〇〇二年よりドイツ国王、一〇一四年より皇帝）と結婚。夫婦ともに聖人。バンベルク聖堂の建立は一〇〇二年。

ヴァインスペルクの女房たち（493）

国王コンラート三世がヴェルフ公爵を打ち破り（一一四〇年）、ヴァインスペルクの城を攻囲したときのことである。

城内の女房たちが城の明け渡しに条件を付けた。それは、女たちが城を出る際には誰もが背に担げるものを持って出ることを認めてほしいというものだった。王はそれを快く許した。すると女房たちは他のものには構わず、それぞれが自分の夫を背負って城から運び出した。それを見た王の家来たちの多くが「それは趣旨が違う」と声に出して夫の救出を許そうとしなかった。ところが王は苦笑いを浮かべながらも女たちの狡猾なたくらみを大目に見てやり、「王が一度口に出して約束した言葉に、変更があってはならぬぞ」と声を張り上げて家来たちに命じた。

訳注　コンラート三世（一〇九三／四～一一五二）は一一三八年からドイツ国王。

【聖像と聖地】

聖ニクラスと盗人(134)から

ポメルンのグライフスヴァルトにあるゲルトルート礼拝堂には、聖ニクラスの像が置かれている。ある夜、喜捨箱を盗もうとして礼拝堂に泥棒が押し入った。聖者の像が目に入ったので、泥棒はこう声をかけた。「おや、ニクラウスさま、ここのお金はおいらのものか、あんたのものか。駆けっこで決めようじゃないか。喜捨箱に最初についた方が勝ちだ。」そう言って駆け出したところ、像も走り出し泥棒を追い抜いてしまった。三度まで勝負をしたが結果は同じだった。

すると泥棒は理屈をこねた。「ニクラウスさま、確かにお前さんの勝ちだ。でもお前さんは金に用はねえだろう。木でできてるんだから使いようがねえや。おいらが頂戴するぜ。気分よく帰りたいからな。」

この後しばらくして泥棒は死んでしまったが、埋葬が終わると悪魔が地獄から出てきた。屍を墓から掘り出して盗まれた喜捨箱のかたわらに投げつけると、最後には町の外の風車に吊るして風とは逆の方向にぐるぐると回転させた。この風車は一六三三年にはまだ立っていて、周囲にある風車が普通に動くのに、ただ一ついつも逆風を受けて回っていた。

訳注　ニクラスとニクラウスの両方の表記がなされている。

アルテンベルクの教会(291)から

アルテンベルクはテューリンゲンの森のなかの村である。村の上手に聳える高い山の上には、樹々に囲まれて村の小さな教会ヨハネスキルヒェが朗らかな様子で立っている。

教会がこのように山の上にあるため、とくに冬場には道が凍結すると、遺体を運び上げたり洗礼をほどこすために子供を連れて上げたりするのはたいそう骨が折れた。そこで村人は教会を取り壊し、下の村の中に建て替えようとしたが、それはかなわなかったと伝えられている。というのも、今日運び出して谷まで持って降ろしたものが、翌日には元の場所に戻り、整然と山上の礼拝堂に納まっていたからである。そのため村民はこの計画を放棄せざるをえなかったという。

ヴィッテンベルクのキリスト像(347)

ヴィッテンベルクには不思議なキリスト像があるという。その像は、その前に立って眺める人が巨人のように大きくても小人のように小さくても、その人よりも常に一インチだけ背が高いのである。

岩壁の聖母像（348）

フィスパタールの谷沿いのザンクト・ニクラス村の背後にレーティベルクの険しい岩壁がそそり立っている。その上の方の、かろうじて目に見える岩の狭間に小さな聖母像が置かれている。

以前この像は、今は空になっている道端の小さな礼拝堂の中に安置されていて、通りすがりの人たちが祈りを捧げていた。ところがあるとき、不信心者が願いを聞き届けてもらえなかったため、汚物を聖像に投げつけた。聖母像は涙を流した。それでもこの不信心者が不敬を繰り返すと、像は岩壁の高みへと去ってしまい、人々が哀願しても降りてこようとはしなかった。

岩壁を登って持って降ろすことはとてもできる相談ではなかった。それよりも、山の頂から下ってならば近づくことができるだろうと人々は考え山に登った。強い綱を体に巻き付けた男を宙づりにして像の前まで降ろして抱き上げさせようとしたのだった。

ところが、綱を山頂でしっかりと支え男を降ろしていったところ、下にいくにしたがって綱が細くなり、像の近くまで来たときには、ついに髪の毛のように細くなってしまった。男は恐怖に襲われて、どうか引き上げてくれ、さもないと死んでしまう、と上に向かって叫んだ。山の上の者たちは男を引っ張り上げた。すると綱は見る見るもとの太さに戻っていった。そういうわけで聖母像はそのままにしておくしかなく、二度ともとの場所に戻すことはできなかった。

落葉松の幹から生まれた聖母像（349）

一三九二年のこと、天上の聖母がチロル地方のゼルレスベルク山のヴァルトラストに一人の天使を遣わされた。天使は幹が空洞になった一本の落葉松の前に歩み、聖母の名において落葉松に話しかけた。「汝幹よ、天におわす聖母さまの像を実らせよ。」すると聖母像が幹の中に生い育った。一四〇七年になって、二人の敬虔な羊飼いの少年、ミーツェンス村のヘンズレとペーテルレが最初にこの像に気づいた。びっくりした二人は農夫らのところへ駆けて下った。「山に登ってみてよ、木の幹の洞《うろ》の中に何か不思議なものがあるんだ。ぼくらは触れてみる勇気が出なかった。」かくして聖像は発見された。鋸で幹から切り離されると、さしあたってマトライに運ばれ、この像のためにヴァルトラストに特別な教会が建てられるまでそこに安置されていた。

ヴァルトラストの地に移されるについては、聖母はマトライに住むルッシュという名の貧しい樵を利用なさった。

樵が聖霊降臨祭日の夜、床について眠っていると声が響き三度問いかけてきた。「眠っているのか、それとも目覚めているのか。」三度目で樵は目を覚まして尋ね返した。「誰なんだ。望みは何だ。」すると声は「聖母さまを尊びヴァルトラストに礼拝堂をお建てするのだ」と命じてきた。「そんなことはごめんだ」と樵は答えた。その夜はそれで終わったが、その声は、翌日の聖霊降臨祭日の夜にも聞こえ、前夜と同じように樵と言葉を交わした。樵は「俺は貧しすぎてそんなことはできない」とはねつけた。

ところが聖霊降臨祭の第三夜にも、寝ているところに声が響き同じように命じてきた。こうして樵は三夜にわたって声が気になって眠れず、ついに「どういうつもりでそこまで俺にこだわるのだ」と訊いた。だが声はただ「お前がやらねばならないのだ」と答えるだけだった。その返事に樵が「おれにはそのつもりはないのだ」と断ると、何者かにつかまれて高く持ち上げられてしまった。「お前がやらねばならぬ。決心しなさい」と声が迫ってきた。樵は身の不運を嘆き、間違いなく事を進めるにはどうしたものかと考えながら、適当な場所があればやろうと答えた。声はそれに対してこう助言した。「森に苔が生えた緑の場所がある。そこに横になって休んでいなさい。そうすれば建てるにふさわしい所のお告げがあろう。」

樵は家を出て苔の上に身を横たえて休んだ。（それにちなんでこの場所は森の休息、ヴァルトラストと呼ばれている。）樵が眠り込むとすぐ、二つの鈴を鳴らす音が聞こえてきた。目を覚ましてみると、前方の現在教会があるところに白衣の婦人が腕に子供を抱えて立っていた。その姿が見えたのはほんの一瞬のことだった。樵は、ああ神さま、あそこが教会にふさわしい場所なのだと思い、婦人の姿が見えたところへ行き、教会を建てようと思う地面のまわりに印をつけた。鈴の音は印をつけ終えるまで響いていたが、それが終わると聞こえなくなった。

樵は「神さま、どのようにして仕上げればよろしいのでしょうか。私は貧しく、建物を建てようにもお金がありません」と訴えた。すると再び声が聞こえた。「では敬虔な人々のところへ行きなさい。教会を完成させる資金を与えてくれよう。教会が奉献する段階までできあがったなら、三十六年間そのままにしておくように。その期間が終わったら奉献の儀を進め、ここに大いなる印が永遠に聳え立つことになろう。」

いよいよ礼拝堂を建て始めようと思ったとき、樵は聴罪司祭のところへ行きその意図を伝えた。するとブリクセンの司教のところへ行くようにとのことだった。樵は五度ブリクセンに足を運んだ。五度目に司教は樵に教会と礼拝堂を建てることを許した。それは一四〇九年の聖パンクラティウスの日の前の火曜日のことだった。

訳注　聖パンクラティウスの日は五月十二日。

【動物の恩返し】

蛇の女王 (221)

羊飼いの娘が岩山の上で死にそうなっている病気の蛇を見つけた。可哀そうに思って携えていたミルクの入った瓶を差し出したところ、蛇は夢中になって飲み、目に見えて元気になっていった。その様子を見届けて娘はその場を去った。

さてその後しばらくして、娘は恋人から求婚された。ところがこの恋人は、裕福で誇り高い娘の父親からすればあまりに貧しすぎた。父親は「私と同じくらいの羊の群れをかかえるようになるまでは駄目だ」とあざ笑って認めなかった。だが、このとき以来、父親の身には運が向くことはなく、ただただ不幸ばかりが起こった。夜中に火のように赤い竜が老羊飼いの草地で目撃されたという。財産は尽きていった。貧しい若者は今や娘の父親と貧富の差がなくなり、もう一度求婚したところ、今度は娘との結婚を許された。

婚礼の日、一匹の蛇が部屋に入ってきた。とぐろを巻いた尾の上には美しい乙女が座っていて、こう告げた。「心優しいあなたは、かつて飢えに苦しんでいた蛇にミルクを下さった。あれは私だったのです。」そう言うと感謝のしるしとして、光り輝く冠を頭から外すと花嫁の膝の上に投げて渡し姿を消した。その後、若い夫婦の仕事はうまくいき、やがて二人は豊かになっていった。

訳注　『神話学』には、蛇はミルクを好み幸せをもたらす動物であるとされ、多くの例が紹介されている。蛇は竜と親縁関係にあるのだが、「竜は嫌われている」。この伝説でも竜は害を与える役を負わされている。

小間物屋と小鼠（333）

随分むかしのこと、貧しい小間物商がボヘミアの森を抜けてライヒェナウに向かって歩いていた。男は疲れたので腰を下ろし、小さなパンの塊を食べようとした。腹の足しになるものといえばそのパンしかなかったのだ。さて食べていたところ、足もとを小さな鼠が這いまわっているのに気づいた。そのうちに小鼠は男の前に座り込んでしまった。その様子は何かを待ち望んでいるように見えた。心の優しい男は自分のことは構わずに、パンのかけらをいくつか投げてやった。小鼠がすぐに齧って食べてしまうと、手元にまだ残っていたパンの一部を分けてやった。それはパンがなくなるまで続き、商人は文字通り小鼠と一緒に食事をとったのだった。

さて、近くの泉で水を一口飲もうと立ち上がり戻ってくると、驚いたことに地面に金貨が転がっていて、小鼠が二つ目の金貨を運んでくるところだった。小鼠はそれを一つ目の隣に置くと、三つ目を取りに走っていった。後を追ってみると、小鼠は穴の中に入り込み、金貨を運び出してきた。そこで小間物商は杖をつかみ地面をこじ開けたところ、昔の金貨ばかりがたくさん見つかった。宝を掘り出してしまうと、あたりを見回し小鼠を探したが、どこかに姿を消してしまっていた。

商人は心を躍らせて宝をライヒェナウへ運んでいった。半分は貧しい人々に分け、残りの半分で教会を建てさせた。この出来事は、いつまでも人々の記憶に残るように石に彫られた。彫像は今でもボヘミアのライヒェナウにある三位一体教会の中に見ることができる。

皇帝と蛇（459）から

カール帝がチューリヒで「穴倉亭」と呼ばれる館に住んでいたときのことである。帝は、一本の柱を立てて上部に鐘をとりつけ、鐘には綱を垂らすように指示した。この工夫によって、皇帝が昼食の席についているときに法の裁きを求める者も、綱を引いて知らせることができるようになった。

ある日のこと、鐘の音が響いた。だが家来が行ってみると綱のところには誰も見当たらなかった。ところがまた鐘の音が響き、それもとぎれることなく鳴り続けた。帝は家来にもう一度見に行って原因を調べるように命じた。よく見てみると大きな蛇が綱に身を寄せて鐘を引いていた。びっくりして皇帝に知らせたところ、帝はすぐに立ち上がって人と同じようにこの動物にも裁きを下そうとした。

蛇は恭しく王の前で身を屈めると、帝を水辺へと案内していった。そこには蛇の巣と卵の上に途方もなく大きな蝦蟇が屈んでいた。カールは審問を行うと二匹の動物の争いを裁き、蛇の言い分を認めるとともに蝦蟇には火あぶりの刑を言い渡した。

この判決は言葉通りに執行されたが、その数日後に蛇がまた宮廷を訪れきてお辞儀をすると身をくねらせて机の上に登り、そこに置かれていた杯のふたを開けて、その中に咥えていた稀有な宝石を入れたのち、お辞儀をして去っていった。

蛇の巣があったところにカールは教会を建てさせ、この教会はヴァッサーキルヒと名づけられた。宝石は並々ならぬ愛を注いでいた奥方に贈呈した。この石には不思議な力があり、帝の心をたえず奥方に向けさせたので、帝はよそに出かけたときには悲しみに沈み奥方に恋焦がれる毎日だった。それゆえ奥方は死期が迫ったとき石を舌の下に含んだ。もしほかの人間の手に渡れば、帝からすぐに忘れ去られてしまうと分かっていたからである。

訳注　カール（七四二〜八一四）はフランク国王、ローマ皇帝。なおこの宝石の不思議な力については「アーヘンの泉に沈む指輪」一七六頁参照。

五　古代の部族、王侯貴顕、スイスの建国など

【部族の戦と移動】

聖なる塩の川(364)

ゲルマン人は、赤々と燃える薪の上に塩水をかけるという方法で塩を得ていた。ヘルムンドゥーレ

族とカッテ族の領土の境を流れる川（ザーレ川）(1)には塩分が豊富に含まれていたので、この川の領有をめぐって戦《いくさ》が起こった。

ゲルマン人はこう信じていたのである。このような土地は天に近く、どこよりも人間の祈りが神々の耳にはっきりと届く。神々の恩恵によって、この川や周辺の森には塩がもたらされている。他の諸族の地では、塩は荒々しい海の潮が退いた後に地面が乾いて得られるが、ここでは川の水を赤く燃える積み重ねられた木々の上に注いで得られる。二つの敵対する原素、水と火を混ぜ合わせることによって塩が生まれる。

さて、戦の結果はヘルムンドゥーレ族に運があり、カッテ族は不運だった。勝者は誓願どおりに捕えたすべての男たちと馬を生贄として捧げた。

原注1　ヴェンクの『ヘッセン史』によれば、ゲミュンデンでマイン川に注ぐフランケンのザーレ川。ツォイスの九五頁によればヴェラ川とのこと。

訳注　ヘルムンドゥーレ族とカッテ（ヒャッテ）族との戦いは紀元五八年頃。なお、古代部族の名称は一般化しているもののほかは、ドイツ語単数の読みで表記している。

アンズィヴァーレ族の移動(367)

フリース族は、ライン川からさほど離れてない無人の土地に突き進み、すでに集落をつくり畑地には種をまき終えていたが、ローマ人に力で追い払われてしまった。そのためこの土地にはまた住む人がいなくなった。そこにアンズィヴァーレ族が入り込んできた。この部族は頭数こそ多くなかったが、その勢力には侮れないものがあった。というのも、定住の地をヒャウケ族によって追われ漂泊の民になっていたので、近隣の部族が憐れんで援助の手を差し伸べていたからである。

アンズィヴァーレ族の長ボーヨカルは、もしこの無人の荒蕪の地に住み家畜を飼うことをローマ人が許してくれるなら、一族ともどもローマ人の庇護を受けようと思っていた。そこでローマ人のもとに赴きこう切り出した。「この土地はむかしはヒャマーヴェ族のものであり、後にトゥーバンテ族の手に渡り、さらにウズィーピア族の所有するところとなった。天は神々のものだが、大地は人間ものだ。空いた土地であればどの部族が所有しても構わないはずだ。」それに続けてボーヨカルは（ローマ人の反感を買うだろうと予想しつつ）目を太陽に向け月や星に呼びかけ、天空の答えを公然と聞こうとした。「あなたたちは人の住まない大地を照らしたいと思うか。そのようなことをするくらいなら、人から土地を奪う者たちの上に海の水を浴びせてくれないか。」

だが、ローマ人はボーヨカルの誓願をはねつけ、何を与え何を奪うかの裁きを自分たち以外には認めようとしなかった。ローマ人のアンズィヴァーレ族に対する公式の回答はそのようなものだったが、その裏でボーヨカル個人には友人として土地を提供しようと持ちかけた（この贈り物で族長の心をつなぎとめておこうとしたのだ）。部族を裏切らせようとするこの申し出をボーヨカルは一蹴して言った。「われらには生きる土地がないにしても、討ち死にする土地には事欠かぬわ。」この言葉を機にローマの敵となったアンズィヴァーレ族は引き上げていった。そして盟友であるブルクテラ族、テンクテラ族やその他の部族に戦に立ち上がるように呼びかけた。

だがローマ軍の指揮官はすばやくテンクテラ族を制圧した。そのためテンクテラ族は傍観しているしかなかった。そしてこの部族が同盟を離脱するに至ると、ブルクテラやほかの部族は怖気づいてしまった。

孤立無援となったアンズィヴァーレ族はウズィーピアやトゥーバンテ族の領土に退いたが、この両部族は受け入れようとはしなかった。そこを追われたアンズィヴァーレ族はカッテ族のもとへ、さらにヒェルスカ族のところへ向かった。異郷の地で客人として、あるいは貧者として、また敵対者として、長く定めなき放浪の日々を送るうちに、この部族の成年の男と婚期に達した女は数を減らして消え去り、成年に達しない者たちは獲物として異族の手に落ちていった。

訳注　アンズィヴァーレ族の居住地域はライン河右岸の下流域あたりである。ローマ人との交渉は紀元五八年。ラテン語での部族名はアンシバリ。ドイツ語では一般にアムズィヴァーリアと呼ばれている。

ゴート族の移動(369)

諸部族が次々と蜜蜂の群れのようにシャンツェ（スカンチア）島を後にして各地に進出していった。ゴート族は王のベーリヒに率いられて島を出ると、船から最初に降り立った地をゴーテンシャンツェと名づけた。そこから沿岸に住むウルムリューガ族のところへ向かいこれを制圧した。その後その隣に住むヴァンダル族を打ち負かした。

やがて部族の人数がおびただしく増えたので、ベーリヒから数えて五代目になるフィーリメル王のときに、遠方に広い土地を求めて移動する決定がなされた。定住にふさわしい地を探しながらスキチアに向かいオーヴィンの地に入ったとき、渡っていた橋が崩れ落ち移動する大群の一部が切り離されてしまった。無事に川の向こう岸にたどり着いた一群は、さらに先へと進みスキチアの果て、黒海の沿岸に至った。

当初ゴート族がベーリヒの下でスカンチアを出たとき、一団が乗り込んだ船はわずかに三艘だった。そのうちの一艘は他の二つよりも船足が遅かったので、ゲパンタ（口をぽかんと開けている者）[1]と呼ばれた。このことがもとになって、この船に乗っていた支族は「ゲピーデ」という有り難くない名を頂戴することになった。事実、この一族は身体は大きいが知的精神的には怠惰だった。ゲピーデ族はヴァイクセル川の中洲に住みついた。東ゴート族と西ゴート族は先へと進み、一時は定住地を決めてそこにしばらくとどまっていた。その後、東西のゴートはゲピーデと戦いこれを打ち負かした。だが、やがて自ら二つに分かれ、両族はそれぞれの道を求めて移動することとなった。

原注1　ゲパンタの語源を beiten（ゴート語では beidan）「待つ」に求める一般的な説明は許容できないが、ここに付されている gapan, gepan ドイツ語では gaffen「ぽかんと口を開ける」に由来するという解釈は自然である。この語は「口を大きく開ける」、「びっくりして言葉が出ない」、「欠伸をする」という意味で、ラテン語の hiare と同じく、「待つ」、「怠けものである」、「決断がつかない」という副次的な意味を持つ。しかしながら、このような名称の解釈はすべて伝説らしい俗解であり、こうした場合の通例として、けっして正しい説明ではない。

訳注　ゴート族は紀元前後にはバルト海沿岸からヴァイクセル川流域に居住していたが、やがて南東に向けて移動し始め、三世紀後半には東西のゴート族に分かれる。スキチアは黒海北岸のドニエプル川中下流域。今日のウクライナを中心とする一帯。ヴァイクセル川は、ポーランドを流れるヴィスワ川のこと。

フン族の侵入(379)

フン族は略奪と狩猟によって暮らしを立てていた。あるとき猟師たちがマエオーテイス湖の岸辺に至ると、思いがけず一頭の雌鹿が目の前に現れ、湖水の中へと歩んでいった。鹿は先へ進んでは立ち止まり、また先へ進んでは立ち止まり、猟師たちに道の案内をしてくれた。そのまま後について行くと、それまでは海のように向こう岸までたどり着けないと思いこんでいた湖を徒歩で渡り切ってしまった。

こうして一行ははじめてスキチアの地を目にしたのだが、そのときには雌鹿の姿は消えてしまっていた。この奇蹟に驚きながら猟師たちは居住地に帰り、仲間たちに美しい土地と雌鹿が教えてくれた道のことを話して聞かせた。そののち時を経ず、フン族は集結してスキチアに侵入し、その圧倒的な力で行く手を阻む勢力を打ち破っていった。

訳注　マエオーテイスは黒海の一部であるアゾフ海のこと。フン族は三七五年にヴォルガ川を越えて西に向かい、スキチアの黒海北岸地域に居住していたゴート族を駆逐する。五世紀に入るとオーダ川とヴィスワ（ヴァイクセル）川上流域からヴァンダル族やスヴェーベ族を西へと追いやり、南はローマ帝国にも侵入。フン族の侵入は四世紀末からのゲルマン諸族の移動のきっかけとなった。なお、『グリム ドイツ伝説集』の三七八番「フン族の起源」と題された伝説では、ゴート族の女予言者たちが王に疎まれ荒蕪の地に追放され、森に住む男たちと交わってフン族が生まれたとされている。

ゴート族の将師フリーディゲルン(372)

フリーディゲルンの偉業をゴート族は歌を作って称えたが、この勇士については次のような言い伝えが残されている。

西ゴート族にまだ定住の地がなかったとき、食料が底をついて誰もが飢えに苦しんだことがあった。部族の統率者フリーディゲルン、アラテウスそしてザフラハは苦境に迫られ、ローマ軍の指揮官ルピキヌスとマクシムスを頼り食料を得るために取引を行った。するとローマ人は恥ずべき貪欲さを発揮して羊や雄牛の肉を、それどころか犬や他の不浄な動物の腐肉を高い値で売り付けてきた。一塊のパンに対して下僕一人を、一塊の肉のかわりに十ポンドの金貨を要求してきた。要求通りにゴート族は所有しているものを与えた。下僕と財貨が底をつくと、残忍な取引相手は部族の息子たちを代価に求めてきた。ゴート族は熟慮のすえ、命を落とすよりは自由を失う方がましだろうし、手元において餓死させるよりも売り払ってでも生き延びさせる方が慈悲にかなうことだ、と思い定めた。

その間、ローマの指揮官ルピキヌスは背信の謀をめぐらしフリーディゲルンを饗宴に招いた。フリーディゲルンは何も疑わずにわずかの従者を連れて出かけた。部屋で食事をとっていると、死に瀕した者たちの叫び声が聞こえてきた。別の部屋で、食事中のアラテウスとザフラハにローマ人が襲いかかり殺害しようとしていたのである。すぐに裏切りに気づいたフリーディゲルンは、饗宴のさなかに剣を抜くと、命の危険を顧みず素早く仲間のもとに駆けつけ、首尾よく二人の命を救うことに成功した。

部族のもとに戻ったフリーディゲルンはローマ人の殲滅に立ち上がるようゴートの人々すべてに呼

びかけた。もとよりゴートの人々にとっては、飢えで死ぬより戦で仆れる方が望ましかった。この日を境に、ゴート族の飢餓とローマ人の安閑たる支配は終わりを告げることになった。ゴート族は占有していた土地に、新参者やよそ者としてではなく、主人として支配者として住むようになったのである。

訳注　フリーディゲルン（四世紀前半〜三八二以前）。（西）ゴート族は、三七五年に西進を始めたフン族により黒海の北、ドニエプル川一帯のスキチアから追いやられ、ドーナウ川以南に逃れた。いったんはローマ帝国に受け入れられたが、帝国との間に安定した関係は築かれず、戦争状態に陥った。

アーラリヒ王の墓（373）

西ゴート族はイタリアを抜けてアフリカへと渡ろうとしていた。その途上でみなが深く敬愛していた王アーラリヒが急逝する。すると西ゴート族は、山麓に源を発しコンセンティナの町の横を流れるバレント川の水路を変え始めた。そして干上がった河床の中央に捕虜の一群を使って墓穴を掘らせ、その穴のふところ深くに貴重な財宝を添えて王アーラリヒを埋葬した。それが終わると、川の水をまたもとの水路に戻し、その場所がほかに漏れないように、墓を掘った者すべての命を絶った。

訳注　アーラリヒ（一世、四一〇没）は西ゴート族の最初の王（三八二年頃から）とされる。西ゴート族はアーラリヒの時代、ローマ帝国との間で同盟を結ぶが、東西に分裂（三九五年）する前後の帝国の勢力争いの中で定住と安定はえられず、三九六年には東ローマ帝国の首都コンスタンティノープルを攻囲しギリシア各地を略奪。四一〇年には西ローマ帝国の首都ローマに侵攻・略奪したのちイタリア最南端に達しアフリカに渡ろうとしたが嵐で船を失う。アーラリヒは病死した。なおコンセンティナ（コンセンティア）は現在のコンセンツァ。

ランゴバルト族とアスィーピタ族（391）

ヴァンダル族に勝利した後間もなく、名をヴィーニラからランゴバルトと変えたこの部族は、食糧難に陥りショーリンゲンの地を去らねばならなくなった。モーリンゲンの地へと移動しようと思ったところ、アスィーピタ（ウズィーペタのことか）族が行く手に立ちはだかり領土を通過することを許そうとしなかった。

ランゴバルト族は、敵は多く自軍は少ないと見ると、策をめぐらし噂を広めた。それは、自陣に犬頭を連れている、これは首から上は犬の恐ろしい人間である。この犬頭は人間の血に飢えていて、敵と戦えない場合には互いの血を飲む、という作り話だった。この話に真実味を添えるために、ランゴバルト族は天幕の間隔を広く開けて陣を張り、陣中にたくさんの松明を灯した。そのためアスィーピタ族は恐怖にとらわれ、戦《いくさ》を予告し脅しておきながら戦意を喪失してしまった。

ところがアスィーピタには勇士がいた。その力には誰もが信頼を寄せていて、この者との一対一の闘いをランゴバルト側に持ちかけてきた。ランゴバルト族も望みの勇士を一人選んでくれないか。アスィーピタの者が勝てば、来た道を引き返してもらう。もし負ければ、ランゴバルト族は妨害を受けずに領土を通過することが許される。そういう内容の申し出だった。
ランゴバルトの人々が自軍の中から誰を選ぼうか迷っていると、隷属身分の者が自ら名乗りをあげ、もし敵を倒したならば自分と子孫を自由民の一員に加えると約束してもらいたいと願い出た。この願いは認められ、男は闘いを引き受けると敵を打ち負かした。希望通りに男は自由の身になった。そしてランゴバルト族はアスィーピタの領地を邪魔されずに通過することができ、モーリンゲンの地への侵入を無事に果たした。

訳注　ランゴバルト（ヴィーニラ）族のバルト海沿岸地域から南への移動については、「ランゴバルト族の出発」と「ガムバラと長鬚の伝説」（二〇四～二〇五頁）を参照。ウズィーペタはウズィーピア族と同じ。

【王と王族】

〈フン族、ゴート王国、ヴァンダル王国、ランゴバルト王国〉

コウノトリ（382）

アッティラのアキレイヤ攻囲は長期にわたっていた。町のローマ人が粘り強く抵抗を続けたからだ。そのためアッティラ軍の間では不平の声が高まり包囲を解いて引こうという気持ちが強くなっていた。そういうときのことである。王のアッティラは、陣を撤すべきか留まって攻め続けるべきか、迷いながら市壁のまわりをゆっくりと歩んでいた。すると目に入ったのが、白い鳥、すなわちコウノトリが普段は家の蛇腹に巣をつくっているのに、習性に反して雛をくわえて町から運び出し田園へと飛んでいく姿だった。アッティラは賢い男だった。部下にこう呼びかけた。「見よ、この鳥たちはこれから何が起こるかを知っている。間もなく滅びる町と倒壊する家屋を見捨てているのだ。」これを聞いた軍勢は勇気を奮い起こし城攻めの器具や破城鎚を建造した。アキレイヤは猛攻を受け陥落し炎に包まれて焼け落ちた。町は完全に破壊されつくされてしまい、その痕跡さえほとんど残らなかった。

訳注　アッティラ（王位四三四〜四五三）はフン族の王。アッティラのアキレイヤ攻囲と破壊は四五二年。アキレイヤ（アクイレイア）はイタリア北東部の町。

食卓の魚（383）

東ゴート族の王テオーデリヒは永年にわたって誉れ高く輝かしい統治を行ったが、残忍な行為で晩節を汚してしまった。忠実な家臣シマックスと知恵者のボエティウスを、妬み深い者たちの誹謗を信じて処刑し、二人の財産を没収したのである。

その後まだ日も経ない昼食のときに、調理された大きな魚の頭部が食卓に運ばれてきた。王が皿にのった魚の頭を見ると、それが首をはねたシマックスの頭部のように見えた。下唇を歯でかみ白目をむいて威嚇するように視線を向けている顔は、事切れた家臣の表情そのものだった。驚愕して悪寒に襲われた王は急いで床につき、自らの悪しき行いに涙を流した。そしてほどなくして王は世を去った。

いつもは事の次第を調べてから判断を下していたのだが、それをせずにシマックスとボエティウスに極刑を言い渡してしまったのだ。これがテオーデリヒ王の最初で最後の正義に悖る行いだった。

訳注　テオーデリヒ大王（四五六以前～五二六）。ボエティウス（四八〇と八五の間～五二四頃）は後期古代ローマの哲学者、著書に『哲学の慰め』。シマックス（五二五没）はローマの政治家、義理の息子ボエティウスの大逆罪に連座して処刑された。

ゴート族のなかには、三七五年にフン族が侵攻してくると、ローマ帝国内に逃れた支族のほかに（この中から西ゴート族が生まれる）、フン族に合流・服従する支族も存在した。この支族はアッティラの死後、東ローマ帝国と同盟を結びパノーニエン（ラテン語名はパンノニア）を拠点とした。テオーデリヒ大王は、四八八年に東ローマ帝国皇帝の要請でイタリアに侵攻。四九三年イタリア全土とパンノニア、イリリア（バルカン半島西北部）を領土とする東ゴート王国をたてた。

大王はフランク王国クロードヴィヒ一世（「教会の甕」二四六頁参照）と対抗関係にあり、西ゴート王国がクロードヴィヒ一世に敗れたのち、一時は西ゴートの王の地位にもついていた。大王の死後五三五年には、北アフリカのヴァンダル王国を滅ぼした東ローマ帝国の将軍ベリサリウス（「ヴァンダル国王ゲーリメルの伝説」二三〇頁参照）が、シチリアから北上して東ゴートの軍勢を破り五四〇年にはラヴェンナまで攻め上った。

聖者を試すトーティラ王（386）

ゴート族の王トーティラは、聖ベネディクトゥスには予言の霊力があると聞くと、聖者が住む修道院へと出立し、来訪の意を伝えさせた。神に仕えるこの男に本当に予言の能力があるのか、試してみたかったのである。そこで護衛の一人であるリゴに自分を装って聖者に近づくように命じ、王の靴を履かせ王の装束を身に着けさせた。お供のうちの三人の殿、ヴルデリヒ、ルーデリヒ、ブリンディン(1)には、リゴにつき従い武具を捧げ持ちリゴがあたかも本当の王であるかのように見せかける役目を言いつけた。

さてリゴは、華麗な装束に身を包みたくさんの人々が押しかけている中を大聖堂に歩み入った。聖者は聖堂の奥の彼方に座っていた。声が届くところまでリゴが近づくと、ベネディクトゥスは大声で言葉をかけた。「お脱ぎなされ、わが息子よ、お脱ぎなされ。そなたがまとっている装束はそなたご自身のものではない。」すぐに正体が暴かれたことに驚愕したリゴは床に沈むように跪いた。付き添いの者もみな膝を屈した。しばらくして身を起こしたものの誰も聖者に近づくことはできず、震えながら王のもとに戻って事の次第を報告した。

それを聞いたトーティラは、今度は自ら聖堂に出向き、遠くに座しているベネディクトゥスを見ると深く身を屈めた。聖者は歩み寄ってきて王を立たせると、残忍な遠征を非難して、短い言葉で将来を予言した。「たくさんの悪しきことをなさり、なさってきた。正義に悖ることはもうおやめなされ。そなたはローマに進軍し、海を渡り、九年間支配をつづけよう。そして十年目に命を終えよう。」トーティラはひどく驚き聖者のもとを辞した。それ以来、王はもうそれほど残忍ではなくなった。

原注1　マルケリヌスの七二頁によれば、トーティラの三人の将軍はルーデリット、フィーリアリト、ブレーダという名である。

訳注　トーティラ（東ゴート族の王、五五二没）は、弱体化していた東ゴート王国をたてなおすが、将軍ナルセスの率いる東ローマ帝国軍との戦いで戦死。なお、息子の東ゴート最後の王テーヤも同年ナルセスに敗れ戦死。東ゴート王国は滅びる。なお東ゴート族はキリスト教の一派アリウス主義の信者だった。（ヌルシアの）聖ベネディクトゥス（四八〇頃～五六〇頃）。マルケリヌスは四世紀ローマの史家。

ヴァンダル国王ゲーリメルの伝説（376）

ヴァンダル族がアフリカを占領していたときのこと、カルタゴの町では古い諺が人々の間で口にされていた。それはGがBを、その後でBがGを追うという諺である。これは、ゲンゼリヒがボニファティウスに、ベリサリウスがゲーリメルに打ち勝つという意味だと解されていた。

さてこのゲーリメル王だが、次のような事情がなければ、すぐに捕らえられていたであろう。ベリサリウスはヨハネスにゲーリメルを捕らえるように命じたが、ヨハネスの家来にはウリアレスという護衛がいた。このウリアレスは小鳥が木にとまっているのを見て弓を引いたところ、酒に酔っていたために狙いがうまく定まらず、矢は小鳥を外れて主人の首に刺さってしまった。この傷がもとでヨハネスは命を落とした。王は逃げる時間を稼ぐことができたので、その日のうちにマウルシア人のもとにたどり着いた。

だがベリサリウスは追撃し、ヌミディアの奥地の小さな山に逃れたゲーリメルを攻囲した。こうして王は冬のさなかに厳しい包囲陣を敷かれ、生きるに必要なものすべてが欠乏し苦境に陥った。マウルシア人はパンを作らず、葡萄酒もオリーブ油も知らず、知恵のない動物のように熟していない小麦や大麦を食べていたからである。そこでヴァンダル族の王ゲーリメルはギリシア軍の監督者ファラスに手紙を書き三つのものを請うた。それは、弦楽器ラウテとパンと海綿だった。ファラスは使いの者に「どうしてこの三つなのだ」と尋ねた。

使者はこう答えた。「パンは、山に籠ってからこのかたご覧になっておりませんので食べたいとお望みです。海綿は、この間ずっと洗っていない赤くなった眼を洗うためにご所望です。ラウテは、それを奏でてご自身の苦難を嘆き涙したいのだと仰っています。」これを聞いたファラスは、王を憐れに思い乞われたものを送り届けた。

訳注　ゲーリメルは、北アフリカにヴァンダル族が築いた王国の六代目にして最後の王。五三三、四年に東ローマ帝国に敗北し降伏。ベリサリウス（五〇〇頃〜五六五）は、ユスティニアヌス一世帝時代の東ローマ帝国の将軍。「ギリシア軍」とは東ローマ帝国軍のこと。ヴァンダル族は紀元前後にドイツ東部とポーランドあたりに居住していたが、やがて南下しローマ帝国と衝突。民族移動期に入るとフン族の圧力を受け西に向かい、スヴェーベ族およびイラン系騎馬民族アラーネ族とともに四〇六年にライン川を越えガリアに侵入、四〇九年にはイベリア半島に入る。初代の国王ガイゼリヒ（伝説では「ゲンゼリヒ」）は、ボニファティウス（東ローマ帝国のアフリカ太守）に請われ、四二九年にはアフリカに渡り、北アフリカそして四三九年にはカルタゴを支配した。

銀の鎖で縛られたゲーリメル王（377）

ゲーリメル（ヒルデメル）は戦に敗れ、わずか十二人のヴァンダル人の手勢とともに堅固な城に逃れたが、この城もベリサリウスによって包囲されてしまった。

もはや逃れるすべはないと見極めたゲーリメルは、皇帝の面前に出るときに縛めを受けずに自由な身でいられるのならば降伏しようと申し出た。ベリサリウスは条件を受け入れ縄や綱や鉄の鎖で縛るつもりはないと確約した。この言葉をゲーリメルは信頼したが、ベリサリウスは銀の鎖で王を縛らせると、意気揚々とコンスタンティノープルへと引き立てていった。

不運な王は廷臣たちにあざ笑われ罵倒された。するとゲーリメル王は皇帝に嘆願した。「以前に乗っていた馬を返していただけませんか。唾を吐きかけ平手打ちをくらわした者のうち十二名と一度に勝負してみたいのです。そうすればあの者たちの臆病とわが勇気が世に知れ渡りましょう。」皇帝は願いを聞き届けた。すると王は、闘いを挑んできた十二人の若者をすべて打ち倒した。

訳注　降伏したゲーリメルは、コンスタンティノープルに連行された後、東ローマ帝国によって厚遇された。

アウドイン王がアルボインに同席を許す(396)

ランゴバルト族の王アウドインの息子アルボインがゲピーデ族との戦から凱旋すると、ランゴバルトの人々はアルボインが父親と食卓をともにすることを望んだ。王はその要望を退けて言った。「部族の仕来りによれば、王の息子は、他部族の王から武器を持たされてはじめて、父親とともに食事をとることが許されるのだ。」この言葉を聞くとアルボインは、わずか四十人の若者を引き連れ騎馬でゲピーデの王トゥーリゼントのもとに向かった。

トゥーリゼント王は、戦で倒したばかりのトゥーリスモトの父親だったが、アルボインが来意を告げると、快く受け入れて客人として扱ってくれた。そして食事の際には、いつもは息子が座っていた右手の席に座らせた。さて食卓につき自分の横に座っている息子を殺した男を見たとき、王は苦しみに耐えかねて溜め息まじりにこう漏らした。「この席は私には好ましいが、今ここに座っている男を見るのはつらい。」

この言葉に王のもう一人の息子は怒りを抑えきれなくなり、ランゴバルト族をあざ笑い始めた。この部族がふくらはぎの下に白い帯を巻いているのを、足が下腿まで白い廃馬になぞらえ、「そいつはむかつくような老いぼれ馬だ。あなた方によく似ている」と侮辱したのである。それに対してランゴバルト族の一人が言い返した。「戦があった野に一緒に来るがよい。そうすれば、おまえが廃馬と呼んだ馬の蹄の蹴りがどれほど強いかが分かるだろう。あの野にはお前の兄弟が哀れな駄馬の亡骸のように、草原のさなかに横たわっているぞ。」ゲピーデ族は激怒して恨みを晴らそうとした。即座にランゴバルト勢はみな剣の柄を握った。

すると王が席を立ち両者の間に割って入った。そして最初に闘いの火ぶたを切ると思われる者を威嚇して言った。「自らの家で敵を倒すならば、そのような勝利を神は喜ばれんぞ。」このように争いを鎮め食事を済ませたのち、王は息子トゥーリスモトの武器を取ってアルボインに手渡した。アルボインは平和裡に部族のもとに戻り、父と食卓をともにする仲間になった。そしてゲピーデ族のもとで起こったことをすべて話して聞かせると、ランゴバルトの人々は、アルボインの大胆な行為とトゥーリゼントの並々ならない誠実さを驚嘆して称えた。

訳注　アルボイン（ランゴバルト国王位五六〇／六五〜七二／三）。トゥーリゼント（ゲピーデ族国王、五六〇頃没）。この伝説での両部族の会戦は五五〇年代前半と推測されている。

ゲピーデ族はゴート族の一支族（「ゴート族の移動」二二〇頁参照）。三世紀に南進してヴィスワ（ヴァイクセル）川を越えたが、四世紀にトランシルヴァニアあたりに進出して定住。フン族に服従するが、アッティラの死（四五三年）後に他のゲルマン諸族を率いてフン族を破り勢力を拡大した。西隣のパノーニエン（パンノニア）を拠点としていた東ゴート族（「食卓の魚」二二七頁訳注参照）がイタリアへと移動した後（四八八年）、パノーニエンやバルカン半島北西部を支配したが、ランゴバルト族が五世紀末から六世紀半ばにかけて北西から進出してきたために衝突。五五二年にトゥーリゼント王が敗れ、五六七年には息子クーニムント王もアルボイン王に打ち取られる（「アルボイン王と妃ローズィムント」二三五頁参照）。その後ゲピーデ族は他族に吸収され、七世紀には歴史から消える。

アルボイン王がティキヌム[1]を陥落させる（398）

アルボインによる三年と数か月におよぶ攻囲の後、ようやくティキヌムの町は降伏した。さて、王が東側にあるヨハネス門を抜けて町に入ろうとしたとき、乗っていた馬が門のちょうど中央で倒れ、いくら鞭を当てても立ち上がろうとはしなかった。そのとき一人のランゴバルト人が王にこう助言した。「王さま、お立てになった誓いを思い出してください。あれを破棄なさってください。そうなされば町に入ることができます。この町にはキリスト教徒も住んでおりますから。」

アルボインは、町がなかなか降伏しようとしなかったので、住民すべてを剣で殺すと誓いを立てていたのである。この忠言を聞いた王は厳しい誓願を取り消し、町の住民に寛大な措置を約束した。するとただちに馬は起き上がり、王は何事もなく町に入城したのである。

原注1　パヴィアのこと。
訳注　パヴィアの陥落は五七二年。ランゴバルト族は当時キリスト教の一派アリウス主義を信仰していた。

アルボイン王と妃ローズィムント（400）

ゲピーデ族の王トゥーリゼントの死後、息子で後継者のクーニムント王はまたしてもランゴバルト族との講和を破った。だがアルボインは敵を打ち負かし、自らの手でクーニムントを殺すとその頭蓋骨で酒器を作った。そして王の娘ローズィムントは、他の多くの者とともに捕虜として連れ帰ったのち、自らの妃にした。アルボイン王の戦功はあまねく響き渡り、その功績はランゴバルト族の間だけでなく、バイエル族やザクセン族そしてドイツ語を話す他の部族の間でも歌にうたわれ称えられた。また王の時代にはとても優れた武器が鍛造されたのだ、と語る人も多い。

さてある日アルボインがヴェローナで機嫌よく食事の席についていたおりに、王妃に向かって父親の頭蓋から作った酒器で葡萄酒を注ぐように命じて言った。「さあ父上とともに楽しく飲みなさい。」この言葉にローズィムントは深く傷ついたが気持ちを抑え、平静を装いながらも復讐を誓った。

王妃が頼ったのは王と同じ乳母の乳で育った護衛のヘルミキスだった。王を殺してほしいと頼んだところ、勇猛な戦士であるペレーデオを仲間に入れるようにと勧められた。ところがペレーデオはこのような凶行に手を貸そうとはしなかった。そこで王妃は、この勇者が親密な関係を結んでいる侍女のベッドにひそかに身を潜ませた。何も知らない勇者は侍女の部屋を訪れ王妃と床をともにすることになった。こうして罪が犯されてしまうと、王妃は相手に、自分を誰だと思っているのかと尋ねた。

ペレーデオが恋人の名を挙げたところ王妃は正体を明かしてこう迫った。「大きな間違いよ、私ローズィムントと、おまえは床をともにしたのよ。さあこのような罪を犯したからには、アルボインを殺害するかそれともアルボインに刺し貫かれて死ぬか、どちらかしかない。選ぶがよい。」いずれにしても災いは避けがたいと見たペレーデオは、やむなく王の殺害を引き受けた。

ある昼時に、アルボインが午睡を取り眠り込んでしまうと、ローズィムントは城中の者に静粛を保つように命じた。そして武器は全て片づけ、アルボインの剣は手に取ることも鞘から引き抜くこともできないように寝台にしっかりと縛りつけた。そうしてしまうと妃はヘルミキスの助言通りにペレーデオを招き入れた。ふと眠りから目覚めたアルボインは自分の身が危ういと見るや、剣をとろうと手を伸ばしたが、剣はびくとも動かなかった。とっさに足台をつかんで身を防ぎ、しばらくのあいだは果敢に応戦したものの、この数知れぬ敵を打ち負かした大胆で強大な男も、ついには妻の謀略によって武器を手にせぬまま打ち取られてしまった。

ランゴバルトの人々は涙を流し嘆きながら王の亡骸を城に近い階段の上り口の下に埋葬した。後にギーズィルベルト公が墓を開けて他の副葬品とともに王の剣を取り出した。公はまた王の遺骸を見たと自慢していた。

訳注　クーニムント王（五六〇頃からゲピーデ族の王）は五六九年にアルボインに敗れ戦死。娘ローズィムント（ローザムンデ）は五四〇年頃に生まれ七二／三年に没。なおアルボインはローズィムントの前に、フランク王国のクロータル一世（「鋏と剣」二四九頁参照）の娘（五六七年以前に死亡）を妻に迎えている。

アウタリ王の伝説（402）

ラムパルト族の王アウタリはバイエルンの王ガーリバルトに使者を送り、王女のテオデリント（ディートリント）を妃として迎えたい旨を伝えさせた。ガーリバルトは使者たちを温かくもてなし花嫁として与えることを約束した。この知らせを受けると、アウタリ王は自らの目で婚約者を見たいと思い、信頼のおける数少ない臣下を伴いバイエルンに向かった。一行を率いる役目は、一番忠実な家臣に最年長者として引き受けるように言い渡した。

遅滞なく到着した一行は、ガーリバルト王にごく普通の使節のように紹介された。最年長の家臣がお決まりの挨拶を述べ終えると、王だとは見抜かれなかったアウタリ自身が歩み出て自らの務めを申し述べた。「ご主人のアウタリ王が私を遣わされましたのは、私どものご主人におなりになる婚約者の方にお目にかかり、そのお姿を詳しく報告するためでございます。」これを聞いた王は娘を呼び出した。王女を無言のまま観察していたアウタリは、王女が美しく心にかなったので言葉を続けた。「王さま、お姿を拝見して王女さまが私どもの王妃にふさわしい方とお見受けしましたので、王女さまの手から杯を受けさせていただけないでしょうか。」王がそれを許すと、王女は立ち上がり杯を手に取り、まず使節の中で最年長と思われる客に渡した。その後でアウタリの杯に、自分の婚約者だとも知らずに葡萄酒を注いだ。アウタリは飲み干して杯を返す際に、誰にも気づかれないように指でそっとディートリントの手に触れた。そしてその右手で額から鼻へと自分の顔全体をなでるような仕草をした。

このことを王女は恥じらいで顔を赤らめながら乳母に話した。すると乳母はこう答えた。「姫さまにそのように触れたお方は、きっと婚約者の王さまに違いありません。そうでなければそのような大胆なことはなさらなかったでしょう。でも父上のお耳に届かないように、このことは黙っているのですよ。それにそのようなお姿でしたら、王さまとしても姫さまの夫君としてもふさわしい方のように思われます。」

アウタリは青春のさなかにあり美しかった。黄色い髪の、見るからに気持ちのいい若者だった。しばらくして使節団は王のもとを辞し、バイエルン人に伴われて帰途についた。一行が国境に近づきまだバイエルン人たちが同行していたときのこと、アウタリが馬上で思い切り高々と身を起こした。そして手に持った斧を近くの木めがけて力いっぱい投げつけた。斧が木に深く食い込むと、アウタリは言い放った。「このようにアウタリ王は斧を投げるのだ。」この言葉からお供のバイエルンの人たちは、この若者が王その人なのだと知らされたのである。

それからしばらくしてディートリンデがラムパルト族のもとに輿入れをして婚礼が厳かに執り行われた。そのときのことである。客人には身分の高いランゴバルト人アーギルルフも招かれていた。ところがこの日は嵐が起こり、稲妻が激しい雷鳴とともに王の庭の木立に落ちた。アーギルルフの従者の中には、稲妻を見て占う術を心得ていて、これから何が生じるかを魔法で言い当てることができる家来がいた。アーギルルフが小用を足すためにしかるべき所に向かっていると、この家来が歩み寄ってきて言った。「本日われらが王と結ばれた女性は、遠からぬうちにご主人さまの奥方になられるでしょう。」これを聞いたアーギルルフは厳しい言葉で家来を脅した。「そのようなことを一言でも口に出したら、お前の首は飛ぶぞ。」「私の命を奪うことはできるでしょうが、運命を変えることはできません。誓って申しますが、このご婦人はあなたと結ばれるためにこの国においでになったのです。」そう侍臣は答えた。時がたち、その予言は真になった。

訳注　ラムパルト族はランゴバルト族のこと。アウタリ（五四〇頃〜九〇）。ディートリンデ（ディートリント、テオデリントとも、五七〇頃〜六二九）。ランゴバルト王国はフランク王国への対抗上、バイエルン公国と緊密な関係を保とうとした。

アーギルルフとトイデリント（404）

アウタリ（ウェタリ）の死後、ランゴバルトの人々はみな寡婦となった王妃トイデリントに満足していたので、王妃の座にとどまらせた。そして王妃が部族の中から夫を選ぶ自由を与え、その人物をみなが王として戴くという方針を決めた。

トイデリントはタウリンの公爵である勇敢な武人アーギルルフの名を挙げると、自ら公爵が住むラウメルに向けて旅立った。最初の挨拶が終わると王妃は葡萄酒を注がせ、自らが口をつけたあとの残りをアーギルルフに差し出した。公が杯を受け取るときに王妃の手に恭しく接吻すると、王妃は顔を赤らめ微笑みながら口を開いた。「私の口に接吻なさるはずのお方は、私の手に口づけするには及びません。」そのように言うと公に口づけを許し、心に固めていた意思を伝えた。国中に喜びの声が湧く中を婚礼が執り行われ、アーギルルフは集まった部族の人々すべてによって王として迎えられた。

アーギルルフの賢明で力強い統治のもとで、ランゴバルト族の王国には平和と幸せの時が流れていた。王妃のトイデリントは美しく貞潔だった。ところが王の廷臣のなかに王妃に抑え難い恋慕の情を募らせる若者が出てきてしまった。この者は、低い身分の出のため思いを叶える望みがないと分かると、ついには命の危険を犯しても無謀な試みを実行に移そうとした。そして王の夜の様子を調べ始めた。王は夜ごと妃の部屋を訪れるのではなく、訪れるときには長いマントに身を包み片手に蠟燭を、もう一方の手には小さな杖を持ち、妃の寝間の前に歩むと杖で一度あるいは二度戸をたたく、するとただちに戸が開かれ蠟燭が受け取られる。このことを突き止めると、同じようなマントを手に入れた。若者の体格は王と同じだった。

ある夜、若者はこのマントに身を包み蠟燭と杖を手に持ち王妃の寝室に向かうと、扉を二度たたいた。すぐに侍女が戸を開け蠟燭を受け取った。こうして王妃の床に入り込んだが、王妃は自分の夫以外の男が入ってきたとは思いもしなかった。ところが家来はこのような僥倖の後にはすぐに禍が訪れるのではないかと恐れ、ほどなく王妃の腕から身を解き放つと、来たときと同じように、誰にも気づかれないまま自分の寝床に戻った。

家来が立ち去った後すぐに、王は今夜は妃のもとで過ごそうと思い立った。妃は喜んで迎えたが不思議に思って、「いつもと違いますわ、今しがた去っていかれたというのに、どうしてお戻りになったのでしょうか」と尋ねた。アーギルルフは驚愕した。だが即座に頭を働かせ、姿形と身にまとった衣装が似ていたため誰かに騙されたのではないかと思い至った。妃の潔白が明白であると見た王は、分別を備えた男にふさわしく何も明かさずにこう答えた。「一度そなたのもとで過ごした後に、もう一度過ごしに来ることはない、と思っているのか。」それに対して妃は「いいえ、ただお身体に障らないようになさっていただきたいのです」と答えた。アーギルルフは「そのように気を遣って忠告してくれるなら、そなたの言うとおりにしてこれ以上の無理はするまい」とその場を納めた。そしてマントに身を包むと、このような恥辱を加えたのは誰なのかと、心中は激しい怒りに燃えながら妃の寝間を後にした。

王は、犯人は廷臣の誰かに間違いなく、まだ宮廷から外に出られていないと判断したので、ただちに追跡しようと決意し、明かりを手に厩の上にある長く延びた広間に入っていった。そこには王の近習みながベッドを並べで休んでいた。王は、あのような不埒を働いた者の胸は激しく鼓動しているに違いないと考え、次々に眠っている者に歩み寄り胸に手を当てて調べていった。みな熟睡していて血の鼓動は静かで緩やかだった。最後に悪事を働いた若者の寝床に近づいていった。犯人はまだ眠り込んでいなかった。王が広間に入ってくるのを見たとき恐れおののき殺されると確信したが、丸腰のままなのに気づき気持ちを落ち着かせ、いよいよ王が近づいてくると目をしっかりと閉じ眠っているふりをした。

さて王がこの者の胸に手を置いたところ激しい鼓動を感じた。それでこいつが犯人だと分かったが、処罰は明日に延ばしたいと思ったので、鋏を手に取ると長く伸びた髪の毛から耳の上の巻き毛を切り取った。そして王は去っていった。犯人は策に長け明敏だった。すぐに起き上がり、同室の寝ている同輩みなから、同じ所の巻き毛を鋏で切り取ってしまうと、すっかり安心して床に入り眠りについた。

翌朝早く、城門がまだ開く前に、王は近習すべてを面前に呼び出した。そして昨夜髪を切った者を探し出そうと、一人一人をじっくりと観察し始めた。ところが驚いたことに、ほとんどの者に耳の上の巻き毛がなかった。王は心の中で思った。「探している男は身分は低いが、間違いなく利口だ。」そしてただちに、みなが不愉快な思いをせずには犯人を見つけ出せないと悟ると、集まった者たちに向かって大声で言い渡した。「あのことを為した者は、決して口外せず、もう二度と過ちを犯すな。」この王の言葉を聞いて、何のことか分からず誰もが不思議そうに目を見合わせた。もちろん、あの愚行を犯した一人を除いてである。この若者は賢く、生涯この件については何も漏らさず、身に与った幸せに満足して後の日々を過ごした。

訳注　アーギルルフ（六一五没　王位五九〇～六一五）はアウタリの義兄弟でテューリンガ族の出身。五三一年にテューリンゲン王国はフランク王国に滅ぼされている（「イルミンフリート、イーリング、ディーテリヒの伝説」二五一頁参照）。タウリンはイタリア北西部ピエモント地域、今日ではトリノ（トゥリーン）として名をとどめている。トイデリントはディートリンデ（テオデリント）のこと。

窓に止まった蠅（408）

ロムバルト族の王クーニベルトがマルパヒス（主馬頭《しゅめのかみ》）とともに、アルドとグラウゾを殺害しようと策をめぐらしていたときのことである。二人が立っているすぐ前の窓に大きな蒼蠅がとまっていた。これに気づいた王が小刀を抜き切りつけたところ、刃はわずかに外れ足を一本切り落としただけだった。蠅は飛んで逃げた。

アルドとグラウゾは、謀略がめぐらされているとは何も知らずにちょうど王の居城に向かっていた。ロマヌス教会の近くにさしかかったとき、片足を失った男が不自由な足取りで近づいてきてこう忠告した。「クーニベルト王のところには行きなさんな。殺されますよ。」驚いた二人は教会に逃げ込み祭壇のうしろに身を隠した。

しばらくして二人が教会に逃れたと知らせを受けた王は、主馬頭が陰謀をもらしたのではないかと疑いを向けた。「王さま、計略をたててからずっとご一緒している私にそんなことはできません。」その返答に納得すると、王は教会の二人のもとに使いを遣り、どういうわけで聖なる場所に逃れたのかを尋ねさせた。「王さまが私たちを殺すという話を聞きましたので」との返事だった。王は改めて使いを送り、それを話したのは誰か、裏切り者の名を明かさないならば恩赦はないものと思え、と伝えさせた。すると二人は事の次第を語った。「片足が膝までしかなく木の義足をつけた男に出会ったところ、災いが差し迫っていると予告されたのです。」

それを聞いて王は、足を切り取った蝿が悪しき霊であり、逃れたあと襲撃の秘密をもらしたのだと悟った。教会の二人には、教会を出てきても身に危険はおよばない、罪は許すと約束した。そしてこの時以来、二人を忠実な家来と見なしたのだった。

訳注　ロンバルトはランゴバルトのこと。クーニベルト（クーニンクペルトとも、王位六八八～七〇〇）。「マルパヒス（主馬頭）」は宮廷での要職。厩の世話を取り仕切る職位だが、やがて騎兵の指揮官の位にもなる。

〈フランク王国、テューリンゲン王国、ザクセン族、フリース族〉

ヒルデリヒ王とバズィーナ（425）

メロヴィヒの息子ヒルデリヒ王は、統治が道を外れ貴族の娘たちに手を出し始めたので、フランク族によって王座から追い落とされた。ヒルデリヒは国を逃げ出しテューリンガ族の王ビスィヌスを頼ったところ、庇護されて手厚いもてなしを受け、その地に長きにわたって滞在することになった。

ヒルデリヒにはフランク族の貴族の中に親友がいた。ヴィノマドゥスという名で、統治していた当時は何かにつけ忠言し補佐してくれていた人物である。王が国外に追放されたときにも、こう考えていた。王は、何としてもいったん国を離れねばならない、不在の間に徐々に悪い評判が消えていくのを待つ必要がある。自分としては、フランク族の気持ちを絶えず注意深く窺っていて王の方に向くように努めよう。そのような意中を王に伝えると、ヴィーノマトははめていた指輪を外し、それを二つに切り片方を王に手渡して言った。「指輪のもう半分を私がお送りして、お手元の分とぴったりと合わさりましたら、フランク族があなたを許した印とお考え下さい。そうなればためらわずにすぐさまお国にお戻りください。」

フランク族は新たな王にローマ人のエギディウスを選んだ。ヴィノマドゥスは本心を隠してエギディウスに接近し、やがて王の腹心となると、民に重い税を課すよう進言しただけでなく、国の有力者の何人かを処刑するように言葉巧みに勧めた。ヴィーノマトが抜け目なく名を挙げた有力者とはヒルデリヒに敵対する者たちだった。このような残忍な行いに、フランク族の心はエギディウスから離れていき、ついには自分たちの部族の出である王を追放したことを後悔するようになった。

そこでヴィーノマトは金の指輪の片割れを持たせた使者をテューリンゲンに向けて派遣した。ヒルデリヒはすぐさま帰国すると、至る所で兵を集めてエギディウスを打ち負かした。

こうしてヒルデリヒが国を平穏に治めていたところ、テューリンガ族の王ビスィヌスの妃バズィーナが夫を捨てて国を発ち、ヒルデリヒのもとに身を寄せてきた。ヒルデリヒが客人として世話になっていた当時、二人は深い仲になっていたのである。バズィーナは、「あらゆる困難苦難をものともせずにあなたのもとを訪れました。世界中を探してもふさわしい相手はあなたしかいないのですから」と心のうちを語った。ヒルデリヒは異教徒だったので、ビスィヌスから受けた恩義を忘れて存命中の夫がいるバズィーナを妻に迎えた。

婚礼を挙げた日の夜のことである。バズィーナは、腕で抱き寄せようとする王を退け、王宮の外に出て目にしたことを他に漏らさずそっと知らせるよう命じた。ヒルデリヒは妃の言葉に従い城門を出た。すると、そこには大きな獣、豹や一角獣や獅子が悠然と歩いていた。驚愕した王は妃のもとに戻り見たことすべてを報告したところ、妃は、不安に駆られずにもう一度城外に出てみるようにと勧めた。すると今度は熊と狼がうろついていた。それを伝えると王妃はさらにもう一度、王に外を見に行かせた。この三度目に王が見たのは、犬のほかに互いに争い肉を食み合う小動物だった。びっくりして新床に戻ってそのことを話すと、この不思議が何を意味しているのか説明してほしいと妻に求めた。予言の霊力を持つバズィーナは、王に今夜は慎み深く過ごすように言い渡し、夜が明けたらすべてを教えてあげようと告げた。

日が昇ると妃は王に説明した。「昨夜の獣たちは私たちの子孫と将来を表しているのです。最初の息子は、獅子や一角獣のように権勢と力を備えています、その子供たちは狼や熊のように略奪を好み不遜です、さらにその子たちは、これは我々一族の最後にあたる者たちですが、犬のように意気地がない。ご覧になった肉を食み合っている小動物は部族の民を意味しています。もはや王を恐れずに互いに憎しみ合って愚かにも迫害し合うのです。これが昨夜目になさった幻の謎解きです。」ヒルデリヒはといえば、自分をもとに広がっていく子孫を思い描いて嬉しく思ったのだった。

訳注　ヒルデリヒ（一世、四八二没）。ビスィヌスというテューリンガ族の国王は実在し、バズィーナは王家の一員と推定されている。ヒルデリヒの息子でフランク王国を統一するクロードヴィヒ一世（次の伝説参照）の母の名はバズィーナである。テューリンガ族の国は五三一年にフランク王国によって滅ぼされる（「イルミンフリート、イーリング、ディーテリヒの伝説」二五一頁参照）。なおヴィノマドゥス、ヴィーノマト両様の表記がなされている。

教会の甕（426）

クロードヴィヒ王がフランク族とともにまだ異教を信じ、キリスト教徒の財貨を狙っていたころのことである。

フランク族がランスの教会からきれいに飾られた大きく重い甕を奪った。聖レーミヒは王に使いを送り、そのほかの不正は償ってくれとは言わないが、少なくとも甕は返してほしい、と訴えた。王は使者にスエッシオン[1]までついて来るように命じて言った。「その地で、奪った品すべてをくじで分けることになっているのでな。もしくじでその器が私に当たれば、そなたが持ち帰るにまかせよう。」使者は王の言葉に従い、決められた場所までついていった。

到着するとすぐに、王の命を受けて、奪った家財すべてがくじ引きのために運ばれてきた。クロードヴィヒは甕が自分以外の誰かのものになるのではないかと心配だったので、家来と同志を呼び集めると、くじで自分に当たる品とは別にあの甕を特別にもらえまいかと頼んだ。フランク族の面々は命を捧げているお方に拒むものなど何もないと同意した。ところが、ただひとり不満を懐く者があり、立ち上がると剣を抜いて甕を打ち砕いて異議を唱えた。「王さま、正当なくじで与えられたもの以上を、あなたが手に入れるのには反対です。」誰もがこの男の大胆さにびっくりしたが、王は怒りを隠し壊された甕を司教の使いに渡した。

その一年後、王は全軍を三月集結のために招集し、敵と戦うことができる備えを整え参じるように命じた。戦士みなが光り輝く甲冑で身を固め武器を帯びて集合した。王は閲兵を始めた。そして剣で甕を打ち砕いた者の前まで来ると、じっと見据えて口を開いた。「全軍の中でお前のような意気地なしはいない。お前の槍と兜、楯と剣は粗悪で役に立たぬぞ。」そう言うなりこの戦士の剣に手を伸ばしてつかみ地面にたたきつけた。剣を拾おうと戦士が身を屈めたところを王はさっと剣を抜き、力を込めて首筋に突き立てて言った。「おまえはスエッシオンでわしの甕をこうしてくれたのだ。」戦士は事切れて動かなくなった。王は他の戦士には家に帰るように命じた。この時以来、フランク族の誰もが以前とは比べものにならないほど王を恐れるようになり、逆らおうとする者は一人もいなくなった。

原注1　スワソンのこと。『パルツィファル』では七七八五行にセッスンとある。
訳注　クロードヴィヒ一世（四六六〜五一一、在位四八一／二〜五一一）はヒルデリヒとバズィーナ（「ヒルデリヒ王とバズィーナ」二四三頁参照）の息子。フランク族を統一し、ローマ人勢力からの独立を成し遂げた初代フランク王国国王。キリスト教徒となる。「三月集結」は軍事的理由から三月に実施されていた全軍の招集。聖レーミヒは聖レミギウス（四三六頃〜五三三）のこと。

鋏と剣（431）

高齢に達した王妃クロティルトは、息子のクロードメアの遺児を引き取り情愛を込めて育てていた。これを知って、王妃のもう一人の息子であるヒルデベルト王が妬みと恐れを懐き、甥にあたる遺児たちが母の寵愛を受けてやがて王位を狙うのではないかと危惧し、その芽を摘もうとした。

そこでヒルデベルトはひそかに兄弟のクロータル王に使いを出してこのように誘った。「母はクロードメアの遺児を手元で育てている、王国を与えるつもりだ。急いでパリに来るのだ。遺児たちの髪を切り普通の民人の姿にしてしまうか、それとも殺してしまい兄の残した国を我々で分けるか、どちらが得策かを話し合おう。」

クロータルはこの知らせ聞いて喜びパリに出かけて兄と策を練った。二人は共謀して母に使いを差し向けて、二人の甥をふさわしい地位につけたいと思っているので、自分たちのところへ送ってほしいと伝えさせた。ヒルデベルトは公の席でも、甥を王国のしかるべき地位につけるためにクロータルと会って話し合うのだと自慢気に吹聴していた。

クロティルトは企みがあるとは何も知らずに嬉しく思って孫たちに食事と飲み物を与え、こう話しかけた。「あなたたちが息子の地位に就く姿を見る日が来るのであれば、もう息子の死を悲しむのはやめにしましょう。」二人の男の子は叔父たちのところへ向かったが、すぐに捕らえられ、教育係や遊戯係から引き離されて幽閉されてしまった。

その後ヒルデベルトとクロータルは、使いの者に鋏と抜身の剣を持たせ老妃のもとに送った。使者は到着すると御前に出て鋏と剣を見せてこう言った。「女王陛下、私の主人である二人のご子息さまが陛下のお考えを知りたいとのことです。お二人のお孫さんをどうすべきなのか、髪を切って生きていかせるか、それとも命を絶つか、どのようにお考えでしょうか。」

これを聞いた祖母は驚愕するとともに怒りを表し、抜身の剣と鋏をじっと見つめながら言った。「国が孫たちのものにならないとならば、髪を刈りこまれた姿よりも死んだ姿を見る方がましです。」

そのあと時を経ず二人の男児は殺害された。

訳注　クロードメア（王位五一一～五二四）。ヒルデベルト（一世、王位五一一～五五八）。クロータル（一世、王位五一一～五六一）。この三人はいずれもクロードヴィヒ一世と妃のクロティルトの息子。クロードヴィヒ一世の死後、フランク族の王国は四人の息子で分割される。それぞれに王が立ち、その一人クロードメアの死後、その領土を兄弟のヒルデベルトとクロータルとが狙った。なおクロードヴィヒのもう一人の母違いの息子はトイデリヒ（一世、王位五一一～五三三、「イルミンフリート、イーリング、ディーテリヒの伝説」二五一頁訳注参照）である。

森が動き鈴が鳴る（434）

ヒルデベルトが大軍を率いてグントラム王と妃のフレデグントの国に攻め入ったときのことである。王妃は配下のフランク族に勇敢に戦うように諭し、王グントラムの遺児を揺籃に乗せ全軍の前に運んでこさせた。こうして母の胸に抱かれた乳飲み子の後に、武装した軍勢がつき従ったのである。王妃はあらかじめ策を練っていた。暗闇につつまれた真夜中に、乳飲み子クロータルの後見人ランデリヒに率いられた軍が戦《いくさ》の準備を整え森に入っていった。ランデリヒは斧をつかむと木の枝を切り取った。それに続いて鈴を手に取り、乗っている馬の首にかけた。そして部下の戦士たちに同じことをするように命じた。誰もが手に木の枝を持ち馬に鳴り響く鈴をつけ、軍勢は早朝に敵陣に向かって進んでいった。幼児クロータルを腕に抱きながら王妃が先頭に立った。敗北すれば虜となる幼児を憐れむ気持ちが戦意をかきたてると考えたからである。

さて敵陣では、明け初める暗がりに目を凝らしていた見張りが別の見張りに呼びかけた。「あそこに見える森は何だ。あそこには昨晩は藪一つなかったぞ。」「お前はまだ酔いが覚めていないので昨日のことを忘れてしまったのだ。わが軍が近くの森に馬のための草地を見つけたのだ。草を食んでいる馬の首の鈴が鳴っているのが聞こえないのか」と相手は答えた。（昔からフランク族、とくに東部のフランク族では、放牧した馬が迷子になった場合に、鈴の音で居場所が分かるように首に鈴をつける習わしがあった。）

見張りたちがこのような言葉を交わしている間に、寄せてきた軍勢が木の枝を手放すと、森には木の葉がなくなり、ほのかに光る槍の幹がびっしりと並び立っていた。これを見た敵陣は混乱と恐怖に襲われた。眠りから目覚めると、そこは血なまぐさい戦闘の場だった。逃げることができなかった兵は打ち倒された。足の速い馬に乗った指揮官たちもほとんどが死を逃れることはできなかった。

訳注　フレデグント（五九七没）。このクロータルはクロータル二世。これも分裂したフランク王国内の争いがもとになっている伝説。ヒルデベルトはヒルデベルト二世（五七一〜九五）か。

テューリンゲンのアマラベルガ妃（550）

テューリンゲンの国はバーデリヒ、ヘルメンフリート、ベルタールの三兄弟が治めていたが、その中のヘルメンフリートは、フランク国王テオードリヒの娘である妻のアマラベルガに唆されて弟を殺害した。ところがアマラベルガはそれに満足せず、兄も始末してしまうよう夫を煽りたてた。次のような悪賢い手を用いて兄弟の間に戦争の火種を蒔いたという。

ある日、夫が食事の席についたところ、食卓の半分にしか料理が並べられていなかった。これはどういうことかと尋ねると、奥方は「王国の半分しか領有していない者は、食卓の半分の料理で満足しなければなりません」と答えたのである。

訳注　テューリンゲン王国は六世紀前半に三兄弟が支配していた。その一人イルミンフリート（ヘルミナフリート　四八五以前〜五三四）は、史実では東ゴート国王テオーデリヒ（「卓上の魚」二二七頁参照）の姪アマラベルガを妻に迎えている。

イルミンフリート、イーリング、ディーテリヒの伝説（551）

フランク国王フーゴ（クロードヴィヒ）は、テューリンゲン国王イルミンフリートに嫁いだ娘アーメルベルクのほかには、法にかなった後継者を残さないまま世を去った。ところがフランク族は庶出の息子ディーテリヒを新フランク国王に選んだのだった。

新国王は平和と友好を求めてイルミンフリート王のもとに使者を送った。王もしかるべき敬意を払って使者を迎え、しばらく宮廷にとどまるように命じた。ところが王妃は、フランク王国は当然自分のものでありディーテリヒは家来にすぎないと考えていたので、王の顧問官イーリングを呼び寄せ、家来からの使者を相手にしないように夫を説き伏せてほしいと頼んだ。

イーリングという男は勇敢でとても強いうえに助言はいつも巧妙で策に富んでいた。このときも王を動かして、ほかの顧問官たちが進言していたディーテリヒとの和平を思いとどまらせてしまった。

こうしてイルミンフリートはフランク王国からの使者に「国を手に入れようとするよりも、自由の身でいられるように努めるがよい」との返事を託した。これに使者はこう答えた。「そのようなお言葉を頂戴するぐらいならば、私の首を差し上げた方がましでございます。このお言葉のためにフランク族とテューリンガ族双方の大量の血が流されることは分かりきっております。」

ディーテリヒはこの知らせを聞くと激怒し、強力な軍勢を率いてテューリンゲンに向けて進軍した。義兄弟イルミンフリートはルーニベルグンで待ち構えていた。一日目と二日目の戦いでは勝敗は決まらなかった。だが三日目の会戦でイルミンフリートは敗北を喫し、生き残った家来とともにウンシュトルート河畔にある自国の町シディングに落ちのびた。

それを知ったディーテリヒは将帥を呼び集めた。その一人ヴァルトリヒは、死者を埋葬して負傷者の手当てをしたのち、残りの手勢を従え国に引き上げるよう進言した。この兵力ではこれ以上戦いを続けられないという意見だった。ところが王には忠実な歴戦の家来がいた。この者の提言は違っていた。それは、毅然とした態度こそが先祖代々、最も気高く天晴な振る舞いであり、征服した国より兵を引いて敗者に立ち直る暇を与えてはならず、もしここで国もとに引くならば、今は取り囲まれて孤立無援の敵も、新たな勢力と手を結び危険な存在となるだろう、という判断だった。王はこの家来の助言をよしとし、使者をザクセン族に送り、もしそなたたちの旧来の敵テューリンガ族を征服する手助けをしてくれるならば、その国を未来永劫にわたり授けるつもりである、との申し出を行った。

ザクセン族はただちに九人の指揮官にそれぞれ千の兵をつけて援軍を差し向けてきた。その兵《つわもの》どもの逞しい体軀、異なる風習、武器、装いにフランク族は驚嘆の目を見張った。ザクセン族は町の南側、川辺の草地に陣を構え、翌朝町に攻め寄せた。テューリンゲン側は祖国を守るために、ザクセン側は領土獲得のために、両軍の戦いぶりは勇猛果敢だった。

この苦境を切り抜けようとイルミンフリートは、フランク国王のもとにイーリングを送り、和平を結ぶなら財宝と服従を約束しようと申し出た。ディーテリヒの助言者たちは、金で懐柔されてもいたが、ザクセン人がテューリンゲンを手に入れたならば危険極まりない隣人になるだろうと恐れたので、いっそう強く和平を受け入れるように勧めた。そのため国王は、義兄弟を明日再び盟友として迎えザクセンとは手を切ると約束した。イーリングはフランク族の陣営にとどまり、主君に使いを送って町にいる者たちを安心させるように伝えさせた。自らは敵の気持ちが夜のうちに変わらないように手を尽くそうと思っていたのである。

さて平和が戻ってくると分かると、シディングの町人の一人が飼っているハイタカに餌を探してやろうと河岸に出た。ところが鳥は自由の身になると向こう岸に飛んでいき、ザクセンの兵に捕えられてしまった。テューリンゲンの町人は返してくれるように求めたが、ザクセン兵は断った。そこで町人はこう持ちかけた。「鳥を返してくれるならば、お前さんと仲間たちにとてもためになることを教えてやろう。」――「では言って見ろ。お望みのものが欲しいならばな。」――「よいか、両国王は和平を結んだ。明日、陣営にいるお前たちを捕らえて打ち殺すつもりだぞ」と町人は打ち明けた。町人が真顔でもう一度真実だと断言して、ザクセン軍に逃げるように勧めると、兵士はすぐにハイタカを放し、仲間のところへ戻ってこの話を伝えた。

これを聞いたザクセン軍は呆然自失、みな去就に迷っていたところ、ハートゥガストという名の誰からも敬われていた老人が、獅子と竜とその上を飛翔する鷹の図をあしらった自軍の聖なる記章をつかんで口を開いた。「わしは今までザクセン人とともに生きてきたが、同胞が逃げるのを一度として目にしたことがない。このたびも、わしは習い覚えてもいないことをするつもりは毛頭ない。もはやこれまでとならば、友とともに仆れることほど嬉しいことはない。打ち殺されてここに倒れている仲間たちはわしには父祖伝来の美徳の鑑じゃ。敵に背を向けるよりも、みな死をよしとしたのじゃからな。さればみなの衆、今宵、油断している町を攻め落とそうではないか。」

夜が訪れると、ザクセン軍は見張りを立てていない市壁を乗り越え町に侵入した。そして成年に達した者すべてを殺し、助かったのは子供たちだけだった。イルミンフリートは妻子とわずかの手勢を連れて落ちのびた。この戦いがあったのは十月一日のことだった。ザクセン軍はフランク軍に勝利を称えられ、友として迎えられたのち、テューーリンゲンの地を未来永劫にわたって与えられた。

ディーテリヒは逃れた王イルミンフリートを欺いて呼び戻したうえ、ついには偽りの約束をしてイーリングに主君を殺すように言い含めた。イルミンフリートが逃れた先から戻って来てディーテリヒの前に平伏したときのこと、かたわらに立っていたイーリングが自らの主君を打ち殺した。すると国王は、このような人の道に反する振る舞いに及んだ者はこの世のすべての人の憎しみを買わずには済むまいと言い放ち、イーリングに二度と姿を見せないように命じ国外追放を言い渡した。これに対してイーリングは「立ち去る前に主君の仇を打ち申そう」と言うなり、剣を抜き国王ディーテリヒを刺し殺した。そして生前は打ち負かされた主君が死後は打ち勝つように、その屍をディーテリヒの上に乗せると、剣を揮って道を開き逃げのびた。

イーリングの名声たるや天下に轟き、天の川もその名にちなんでイーリングの道と呼ばれているほどである。(1)

原注1　ゴルトアストの記述はこれと異なり、その『シュヴァーベン国史』一～三頁ではこの話のザクセン人がシュヴァーベン人になっている。

訳注　ウンシュトルート河畔の会戦は五三一年。テューーリンゲンに侵攻したトイデリヒ（伝説では「ディーテリヒ」）王（四八四〜五三三、在位五一一より）率いるフランク族がこの会戦で勝利をおさめ、テューリンガ族の王国は滅びる。国王イルミンフリート（ヘルミナフリート）は逃れてなお抵抗するが、三三年にトイデリヒにおびき寄せられ殺害された。なおクロードヴィヒ一世の四人の息子たちについては「鋏と剣」（二四七頁）訳注参照。

聖者たちの墓（436）

ダーゴベルトがまだ少年のころ、ある日、馬で狩に出て雄鹿を追っていた。鹿は山や谷を越えて逃げたが、ついには追い詰められてとある小さな建物に入っていった。そこは聖ディオニシウスと同輩の遺骸が葬られている祠《ほこら》だった。犬たちは跡を嗅ぎつけたが、建物の扉が開いているというのに中に入り込めず、外で吠え立てているだけだった。そこに駆けつけたダーゴベルトは、驚嘆してこの奇蹟をじっと眺めていた。このときからダーゴベルトは聖者たちに心を捧げるようになったのだった。

あるときダーゴベルトはザドレギーゼル公爵の尊大な態度に傷つけられた。そのため公爵を家来に殴打させ鬚を剃り上げさせて恥辱を与えた。この向こう見ずな行為ゆえにダーゴベルトは父親の怒りを恐れて森に逃げ、鹿が逃げ込んだあの隠れ処に身を隠した。

クロータル王は家臣が受けた屈辱を耳にすると、すぐに息子を探し出し罰するように命じた。この間、ダーゴベルトは聖者たちの遺骸の前にへりくだって身を投げ出し、やがて眠りに落ちてしまった。すると夢のなかで畏敬を覚えずにはいられない老人が穏やかな表情を浮かべて現れ、恐れずにいるように、もし聖者たちにつねづね敬意を払うと約束すれば、今回の窮境からだけではなく、今後もすべての苦境から救い出され、やがて王冠を授けられることになろう、と言い渡した。さて、聖なる建物からダーゴベルトを引き立ててくるよう言いつかった使者たちは、そこから一時間の距離のところまでしか近づくことができなかった。狼狽した使者たちは王宮に戻り、このことを告げた。王は叱りつけるとほかの者たちを派遣した。だが結果は同じだった。そこでクロータル王自身が腰を上げた。ところが王が聖なる場所に近づこうとすると、不思議なことに、心身の力が萎え衰えてしまった。ここに至り、王は神の力が働いていることを悟り、息子を許して和解した。この祠はダーゴベルトにとっては他のどこにもまして好ましくまた心地よい場所だった。

訳注　ダーゴベルト一世（六〇八頃～三九）は、フランク王国メロヴィング朝最後の重要な国王。「名君」として名高い。父のクロータル王（二世、五八四～六二九／三〇）は「森が動き鈴が鳴る」（二四九頁）を参照。

洗礼を断るラートボト（451）

聖ヴォルフラムがフリース族にキリストの教えを広めていたときのことである。ついにフリース族のラートボト公が洗礼を受ける気を起こすところまでこぎつけた。

ラートボトは片足をもう聖水盤の中に置いていたが、そのときふと先祖たちは今どこにいるのかと疑問に思って尋ねてみた。「ご先祖さまは幸せな人たちとともにおいでなのか、それとも地獄にいるのかな。」

聖ヴォルフラムの答えはこうだった。「ご先祖は異教徒でした。異教徒の魂は救いようがありません。」それを聞いたラートボトはさっと足を引き上げて言った。「あなた方のお仲間のところには行きたくない。ご先祖さまと地獄でみじめに暮らしたい。みなから切り離されて天国で栄光に包まれて過ごすのは御免じゃ。」という具合に悪魔はラートボトが洗礼を受けるのを妨げたのである。ラートボトはその三日後に死去し、血族のいるところへと旅立っていった。

別の話ではこうなっている。ラートボトは、ご先祖は地獄にいるとのヴォルフラムの返事に対して、「ほとんどの人たちは地獄にいるのか」と重ねて尋ねたという。ヴォルフラムが「憂慮すべきことですがほとんどの人が地獄にいます」と答えたところ、異教徒は洗礼盤から足を引き上げるとこう言って洗礼を辞退した。「わしは多くの人がいるところで暮らしたい。」

訳注　ラートボトは、フリース族の王あるいは公爵、七一九年没。フランク王国がフリースランドに侵攻し征服しようとした時期は、フリース族に対して盛んにキリスト教の布教が行われていたが、ラートボトは断固として受け入れなかった。フリースラントは最終的に七八五年にカール王によって征服される。

ロンバルトの楽師（446）

カール王がランゴバルト国王デズィデーリウスに戦《いくさ》をしかけ攻め滅ぼそうと目論んでいたときに、一人のロンバルトの楽師がフランク族のもとにやって来て次のような内容の歌をうたった。「カール王をイタリアの地に導く者はどんな報酬をいただけるのだろう。歯向かう槍はなく、楯も突き返されず、ご家来衆の一人も傷つかない、そんな道をお連れしますが。」これが王の耳に伝わると、王は楽師を自らのもとに呼び寄せ、戦いに勝った暁には要求するものは何でも与えようと約束した。

大軍が呼び集められ、楽師が先導を命じられた。すると楽師は街道や知られている道をすべて避け、とある山の裾を伝って王を導いていった。この間道は今でもフランク族の道と呼ばれているが、軍勢はこの山を下りガーヴェンの平野に達すると、素早く集結してランゴバルト勢の不意をついて背後から襲いかかった。デズィデーリウスはパヴィアに逃れ、フランク族の軍勢は全土を席巻した。

楽師はカール王の御前に出て約束を果たすように求めた。王が望みのものを言うように促すと、楽師はこう答えた。「この山々のうちの一つに登り、角笛を力いっぱい吹き鳴らそうと思います。その音が聞こえた範囲の土地を、そこに住む男女ともども、わが手柄への報酬として与えてください。」カールはその希望を叶えてやった。楽師は一礼して辞した後、すぐに山に登り角笛を吹くと、山から下り村々と畑をくまなく歩き、目に入った者には「角笛の音が聞こえたか」と尋ねてまわった。そして「ええ聞こえましたよ」と答えた相手には平手打ちを食らわせて「お前は私の下僕だ」と告げた。

このような経緯でカールは角笛の音が聞こえた範囲の土地を楽師に与えたのである。その土地を楽師とその子孫は誰憚ることなく所有し続け、今日に至るまで、そこの住民は角笛で呼び集められた者（トランスコルナーティ）と呼ばれている。

訳注　カール王のランゴバルト遠征は七七三年から七四年。ガーヴェンはジャヴェーノ、トリノの西方。ランゴバルト王国は七七四年に滅び、デズィデーリウス（王位七五七～七四）はフランク王国に連行され修道院に幽閉されて七八六年以降に没。

アーデルギス（449）

デズィデーリウス王の息子アーデルギス（アルギス、アーデルガ）は若いころから闘いに強く豪胆だった。戦の折には鉄の棒を手に馬に跨り多くの敵を打ち殺していた。フランク族がロンバルトに侵入してきたときにも、アーデルギスは数多くの敵を倒したが、圧倒的な数の相手を前にして退かざるをえなかった。そしてフランク族の王カール自らがティキヌムを征服することとなった。

　大胆な若者は占領されたこの町に潜入してカールの動静を探ろうとした。町へは船で向かった。王の息子には見えないように、ごくわずかの家来しか連れず相応の身分の出で立ちだった。町にあふれる戦士たちは誰一人としてアーデルギスだとは気づかなかった。だがかつての父親の忠臣の一人には正体を隠すことはできなかった。アーデルギスはこの者に身分を明かさないように懇願した。「忠義にかけて、隠し通せる限りはあなたのことを誰にも明かしません」と答える相手にアーデルギスは今一つ頼みごとをした。「今日、王のもとで昼食をとるとき、私を食卓のどれでもよいが一番端の席に座らせてくれ。そして食べ残しの骨を下げる際には、すべての骨が私の前に置かれるように手配してくれ。」相手はその通りにすると約束した。というのも王の食事を運ぶのがこの男の役目だったからである。

　さて食事が始まると、約束通りの席が与えられ、骨が運ばれてきた。アーデルギスは骨を裂くと飢えた獅子のように髄を取り出して食べた。骨の欠片は食卓の下に次々に投げ捨てたので、かなりの大きさの骨の山ができあがった。食べ終えるとアーデルギスは他の者より先に席を立ち姿を消した。

　食事を終えた王は、大量の骨が食卓の下にあるのを見ると、これほどたくさんの骨を割ったのはどういう客人かと尋ねた。誰もが知りませんと答えたが、一人の家臣が「ここには強そうな勇士が座っていて、鹿や熊、雄牛の骨をことごとく麻の茎のようにたやすく割って裂いていました」と付け加えた。王は食事を運ぶ召使を呼びに行かせた。王が「この席でこれほどたくさんの骨を割ったのは誰で、どこから来た者か」と尋ねると、「陛下、何も存じません」と召使は答えたが、「この王冠にかけて言うが、お前には分かっているはずだ」と問い詰められた。召使は自分の狼狽を意識すると、怖くなって黙ってしまった。

　王はすぐにアーデルギスだと気づいた。何の懲らしめも与えずに立ち去らせるのは何とも悔やまれるので、「どの方向に立ち去ったか」と訊いたところ、家来の一人が「あの男は舟でやって来ました。おそらくまた舟で去っていくでしょう」と知らせた。「後をつけてやつを殺しましょうか」と別の家来が意向を尋ねた。「どのようにして」と王が問うと、このように方策を打ち明けた。「私に王さまの黄金の腕輪を下さいますか。それでやつをだましてやります。」

　王から腕輪を受け取った家来は河岸を走って後を追った。追いつくと、遠くから舟に乗っているアーデルギスに声をかけた。「止まられよ。王さまが黄金の腕輪をそなたにお贈りくださった。どうしてこっそりと立ち去られたのか。」アーデルギスは舟を岸に向けた。岸に近づき贈り物が槍の先にかけられてこちらに渡されるのを見ると、策略に気づき、胸甲を肩にかけてこう言った。「そなたが槍で渡してくれるものを、私も槍で受け取ろう[1]。ご主君が私の殺害をもくろんで欺くために贈り物を下さるのであれば、私も負けずにご主君に贈り物を進呈しよう。」そう言うと自らの腕輪を外し、槍の先にかけて王の家来に渡した。

　思惑が外れてしまった家来は、王宮に戻るとカール王にアーデルギスの腕輪を渡した。王がすぐに腕輪に腕を通してみたところ、肩のところまですっぽりと入ってしまったので、王は思わず声を上げた。「この男が百人力なのは驚くにはあたらぬわ。」
カール王は終生アーデルギスを恐れた。この親子の国を奪ったからである。アーデルギスは母の王妃アンサを頼ってブリクセンに逃れた。王妃はその地に大聖堂を寄進していたのである。

原注1 『ヒルデブラントの歌』三十六行目参照。
訳注 アーデルギス（アーデルキス、七八八以後没）は、東ローマ帝国に逃れたのち、七八八年にイタリア半島南端から帝国の遠征軍とともに北上するが、カール王の支援を受けたベネヴェント公国（半島南部に広大な領地を持つ。当初はランゴバルト王国内の一公国だったが独立性が強く、当時はフランク王国に忠誠を誓っていた）軍に敗れた。ティキヌムはパヴィアのこと。

フランクフルトの建設（455）

フランク族の王カールはザクセン族に打ち負かされて敗走しマイン川までたどりついた。だが、川を渡って敵から逃れることができる浅瀬《フルト》を見つけることができなかった。すると突然、雌鹿が現れてフランク族の前に立って河を横切って歩み始め道案内をしてくれたという。こうしてフランク族は川を渡り対岸にたどり着いた。このとき以来、この地はフランクフルトと呼ばれている。

訳注 カール王のザクセン族との戦いは七七二年から八〇四年頃まで断続的に続いた。完全な征服までに、ザクセン族のフランク王国内への強制移住も行われた。

書記エーギンハルトとカールの娘エマ[1]（457）

エーギンハルトは、カール大帝の宮廷で大礼拝堂長としてまた書記として見事な働きぶりだった。[2]そのため誰からも高く評価されていた。このエーギンハルトに、皇帝の娘のイマが熱い思いを寄せるようになった。イマはギリシアの王と婚約中の身だったが、時とともにエーギンハルトとイマの間にひそかな恋が育っていった。二人は、恋心が見破られれば王の怒りを買うと恐れたので、お互いに心の内を秘めたままにしていた。

だがついにエーギンハルトが隠しきれなくなった。乙女への告白は使いを通したくなかったので、覚悟を決めてあたりが寝静まった夜に自ら乙女の住まいに向かった。王の命令で遣わされた者のように軽く部屋の扉をたたくと入室を許された。二人は互いの思いを打ち明け待ち焦がれていた抱擁の歓びにひたった。夜が明け初めるころ若者が来た道をたどって帰ろうとしたところ、夜の間に雪が深く降り積もっていたので、戸口から外に出るのがためらわれた。男の足跡がついてしまえばやがて誰なのか分かってしまうからだ。苦境に立たされた二人が不安を覚えながらどうしたらよいか考えていると、乙女が大胆な策を思いついた。それは、明るくなる前にエーギンハルトを背負って寝室の近くまで運び、そこで下ろすと、自分は慎重に来たときの足跡の上を踏みながら戻るという案だった。

さて皇帝はこの夜、神の摂理によって一睡もせず、まだほの暗い早朝に床を出て、遠くから城の中庭を眺めていた。すると娘の姿が目に入った。目を凝らして見ていると、娘は重い荷を担いでよろめきながら通り過ぎて、荷を下ろすと急いで跳ねるように戻っていった。帝は驚嘆しながらも同時に苦悩を感じたが、この朝見たことはすべて胸に秘めておいた。ところが、エーギンハルトは、この行為はいずれ明るみに出ると思ったので、思案を重ねたすえに主人の前に歩み出て跪き、忠実にお仕えして参りましたが報われないのでお暇をいただきたいと願い出た。王は長い間黙ったままで心の内を隠していたが、ようやく口を開くと、しばらくしたら答えようと約束した。

その間に帝は裁きの日取りを決め、一番信頼のおける高位の顧問官たちを招集して、王家の名望が娘のイマと家臣の書記との間の色恋沙汰で傷つけられてしまった、と打ち明けた。誰もが最近起こった大きな犯罪行為を知らされてびっくりしていると、帝は言葉を続け、この罪の内容を説明し自らの目で見たありのままを話して聞かせ、顧問官の助言と判決を求めた。顧問官たちのほとんどが賢明ゆえに寛大な心の持ち主で、この件は王自身が決定すべきだという意見だった。カールは事のすべての点を吟味し神意が何かを悟ると、法よりも慈悲を優先させ愛し合う二人を結婚させることに決めた。この王の優しさをみなが歓び褒め称えた。王は書記を呼び出すとこう話しかけた。「お前が不満をもっと早く打ち明けてくれていたら、ずっと以前にお前の働きに十分報いていただろう。さあそれでは、お前に報いるために私の娘のイマを妻として与えよう。自ら進んで帯を高く結んでお前を背負って運んでいたイマをな。」そう言い終えると王はただちに娘を呼ぶように命じた。こうしてイマは顔を赤く染めて宮廷の人々の前で愛する者と結ばれたのである。

王は娘に持参金として土地や金銀財宝をたくさん与えた。皇帝の死後にはルートヴィヒ敬虔王が特別の証書を作成してマインガウにあるミヒリンシュタットとミューレンハイムを二人に贈与した。ミューレンハイムは今はゼーリゲンシュタットと呼ばれているが、この町の教会に愛し合う二人は死後、埋葬された。町では二人についてのさまざまな思い出が言い伝えられている。近くの森も、イマがあるとき「おお《オー》、おまえ《ドゥ》森《ヴァルト》よ」と呼びかけたので「オーデンヴァルト」という名前がついたのだという。

ある伝えによれば、ゼーリゲンシュタットという名の由来も次のようなエマにまつわる出来事がもとになっているのだという。カールはエマを追放したのだが、あるとき狩りの途中で迷ってしまい、偶然この町で再会することになった。カールが町のとある漁夫の小屋に入り食事を頼むと好物の料理が出てきた。それを見たカールは娘が調理したのだと気づき叫んだという。
「至福《ゼーリヒ》という名を与えよう
エマと再会したこの町《シュタット》に。」

原注1　ヴィンケンティウス・ベロヴァケンシスでは皇帝はカールではなくハインリヒ三世となっていて、帝の妹がある聖職者を背負うことになっている。
2　アーヘンという説とインゲルハイムという説がある。
訳注　伝説中で娘の名エマはイマとも書かれている。「ギリシアの王」の「ギリシア」とは東ローマ（ビザンチン）帝国のこと。フランク王国は当時、ランゴバルト王国やアヴァール王国との対抗という同じ目的を有する東ローマ帝国との外交上の関係を重視していた。最後の段落は自家用本への追記から追加。

ルートヴィヒ帝のヒルデスハイム建設（462）

ルートヴィヒ帝はいつもマリアの像を首から下げていた。
帝が森で馬を走らせていたときのことである。馬を降りて足の備えを整えようとして、マリアの像をかたわらの石（あるいは切り株）の上に置いた。さて首にかけるために像を手に取ろうとしたところ、置いた場所に張り付いてしまって動かすことができなかった。そこで王は跪いて神に祈り、自分はマリア像が石から離れようとしないほどの悪行を犯したのか教えてほしいと頼んだ。

するとこう呼びかける声が聞こえてきた。「やがて雪が降るだろう。その雪が降る広い範囲の土地にマリアさまを称えるために聖堂を建てなさい。」すぐに空から雪が舞い始めた。それを見たルートヴィヒはこう言った。「これは激しい雪《ヒルデシュネー》だ（これはことのほか激しい雪だ）。聖堂はヒルデシュネーという名にしよう。」王は雪が降った土地を寄進して聖母マリアを記念して聖堂を建て、最初の司教としてギュンターを認可した。

こうして聖堂と町は、「突如激しく」降った雪にちなんで、「ヒルデシュネー」そして後には「ヒルデスハイム」と名づけられたのである。

訳注　ルートヴィヒ敬虔王（七七八～八四〇、王位八一四～四〇、帝位八一三～四〇）はカール大帝の息子で後継者。

ヒルデスハイムの薔薇の茂み(463)

ルートヴィヒ敬虔王は、冬のある日のことヒルデスハイムの一帯で狩をしていた最中に十字架をなくしてしまった。それは聖遺物が中に入っている何よりも大切にしていた十字架だった。王は家来を探しに行かせ、見つかったらその場所に礼拝堂を建てると誓った。

家来たちが雪の上に残された昨日の狩の跡をたどっていたところ、しばらくして森のさ中の遠くに緑の草地が垣間見え、そこには野薔薇が青々と茂っていた。近づいてみると薔薇の茂みに探していた十字架が掛かっていた。枝から外して持ち帰り皇帝に見つけた場所を報告すると、ただちにルートヴィヒ帝は、その場所に礼拝堂を建て薔薇の幹が生えているところに祭壇を設けるように命じた。その通りに事は進められ、今に至るまで薔薇の茂みは緑の葉を繁らせ花を咲かせている。世話をするために特別に任じられた役目の者が置かれ、薔薇の木は枝葉をのばして聖堂の壁を伝い丸天井全体を覆うまでになっている。(1)

原注1　手元にある自家用本には、この箇所に白い紙が張り付けてあり、そこに乾いた薔薇の枝が糸で留められている。余白には（ヤーコプの手で）「ここに添えた薔薇の小枝はそこのものである」と書かれている。

訳注　原注は『ドイツ伝説集』の第三版編者でヴィルヘルムの息子ヘルマン・グリムによる注記。

〈東フランク王国とドイツ王国〉

アーダルベルト・フォン・バーベンベルク伯爵（468）

これは九〇五年ルートヴィヒ子供王の治世に起こった出来事である。この話は楽人が十字路や人の集まる場所で歌って聞かせたので民衆の間では代々知られていたが、諸王の事績を記した書物にも必ず取り上げられてきた。

フランケンの高貴な伯爵アーダルベルトはルートヴィヒ王の兄弟のコンラートを殺害した。そのために居城のバーベンベルクに籠った伯爵は包囲攻撃されたが、王の軍は、バーベンベルクの勇士たちを力で制圧できなかった。そこで若い王の助言者マインツの大司教ハトーが謀略をめぐらした。大司教は好意を装って話し合いのために城に出かけ、伯爵に王の慈悲を請うように説得した。敬虔で謙虚な伯爵は喜んで受け入れたが、条件として、命を危険にさらすことなく無事に城に連れて帰るという約束を司教に結ばせた。司教がそれを確約したので二人は城を出た。

トイアーシュタット[1]というすぐ近くの村まで来たとき、司教は「王さまのところに着くまで何も食べずにいるのは難しいでしょう。よろしければ朝食をとってからにしませんか」と持ちかけた。そう言われると、素直で信じやすい昔気質の伯爵は何の疑念も懐かずに、すぐに司教を城での食事に招いた。こうしてつい先ほど後にしたばかりの城に戻った二人は、食事をとった後で王の陣営に向かった。

王のもとに着くと伯爵の一件の裁判が開かれ、大逆罪の訴えが認められ斬首の刑が言い渡された。刑の執行がなされようとしたとき、伯爵は司教に先ほどの誓約を思い起こさせた。すると司教はぬけぬけと言い放った。「そなたとの約束はたしかに守ったぞ。安全に城まで朝食を取りに連れて帰っただろう。」アーダルベルト・フォン・バーベンベルクは斬首され領地は没収された。

部分的に異なる話も伝わっている。それによると、伯爵はまだ城にいるうちに司教に食事を勧めたが、司教はそれを断り王のもとへの道の途中で「本当のことですな、人はよく断ったばかりのことを欲するようになるものですな。道に疲れて腹が減りました」と切り出した。それを聞いた伯爵は跪いてお辞儀をすると、城に戻って少し食事をとりましょうと誘った。だが大司教は伯爵を城に連れて帰った時点で、誓いは果たしたのだと主張した。アーダルベルト伯への死刑宣告がなされたのはトリーブアだった。

原注1　ディトマルスの書ではテレーティ、レギーノの書ではテラッサ。今日ではデーテスという名で、

ヴュルツブルク地方のベネディクト派修道院があるところ。

訳注　アーダルベルト・フォン・バーベンベルク（八五四〜九〇六）伯爵は、マイン川中流域フランケンの覇権をめぐる争いで、コンラートを殺害。このコンラート（九〇一没）はコンラート一世（王位九一一〜九一八）の父。ハトー一世（八五〇頃〜九一三、八九一年からマインツ大司教）は、アルヌルフ王（「ルートヴィヒ子供王」の父親）の信任厚く、「ルートヴィヒ子供王」（八九三〜九一一、九〇〇年から東フランク国王）の後見人として、またコンラート一世の国王擁立に際しても力を揮った。

髭のオットー(1)(472)

オットー大帝は国中いたるところで恐れられていた。帝は厳格で寛大さは微塵も持ち合わせていなかった。美しい赤い髭を蓄えていて、この髭にかけて誓ったことは必ず実行に移した。

さて帝はバーベンベルク（バンベルク）で宮廷の人々を一堂に集めて華やかな宴を開いたことがあった。この宴には帝国内の聖俗の領主も馳せ参じねばならなかった。復活祭の朝、帝は呼び寄せたすべての殿たちとともに厳かなミサを拝聴するために大聖堂に向かった。その間に城では饗宴のために準備が進められ、食卓にはパンと見事な杯が並べられた。

当時帝の宮廷には高貴な生まれの快活な少年が仕えていた。シュヴァーベンの公爵の息子でただ一人の跡継ぎだった。この容姿端麗な少年がたまたま食卓のところに来合せ、焼き立てのパンにやわらかな白い手を伸ばして取って食べようとした。心そそられる美味しそうなものがあれば口に入れるのは子供の常である。少年が白パンを少しちぎっていると、食卓の監督を仰せつかっていた帝の内膳正《ないぜんのしょう》が杖をもって歩み寄ってきた。内膳正は怒りにまかせて少年の頭を杖でたたいた。強く荒々しい打ち方だったので、髪と顔が血まみれになって少年は倒れ、熱い涙を流して、内膳正が打ちすえたと訴えた。それを選りすぐりの勇士、ハインリヒ・フォン・ケンプテンが目にとめた。ハインリヒはシュヴァーベンから少年について来ていた教育係だった。いたいけない子供にこれほど情け容赦なく折檻をくわえたことに腹に据えかねて、程度をわきまえぬ内膳正をきつい言葉で怒鳴りつけた。それに対して内膳正は、自分は職権で行儀の悪いいたずら者を杖でしつける許しを得ているのだとやり返した。これを聞いたハインリヒは太い棍棒を手に取ると、相手の頭めがけて力いっぱい振り下ろした。頭蓋骨が卵のように砕けて内膳正は床にくずおれ事切れた。

この間、殿たちは大聖堂で神に身を捧げ詠唱して城に戻ってきた。帝は血だらけの床を見ると何の跡かと尋ねた。事の次第を聞き取ると、ただちにハインリヒが呼び出された。オットー帝は激怒して叫んだ。「内膳正がたたき殺されてここに横たわっている。誓って言うが、お前にこの復讐をするぞ。わしのこの鬚にかけてな。」

ハインリヒは帝の厳粛な誓いを聞いて命はないものと知り、意を決すると素早く皇帝に跳びかかり長く伸びた赤鬚をつかみ帝の身体を机の上に引っ張り上げた。帝冠が広間の床に落ちた。領主たちが帝を荒れ狂う男から引き離そうと跳びかかってくると、ハインリヒは短刀を抜き大声で警告した。「誰も私に触れるな。さもないと皇帝の命はないぞ。」みな後ずさりし、オットー帝は苦しい姿勢で何とか領主たちに下がっているようにと合図した。勇猛果敢なハインリヒは「陛下、お命が大事ならば、私が助かるという確証をお与えてください」と求めた。短刀がのど元に突き付けられているのを見ながら、帝はすぐに指を上げて「命は助けてやる」と気高い騎士に皇帝の名誉にかけて誓った。

この確約を得るとただちにハインリヒは手から赤い鬚を放して帝を立たせた。帝は躊躇せずに王座につくと鬚をなでて言った。「騎士殿、そなたの命は保証した。ここを去るがよい。この目がそなたを二度と見ないように注意してくれ。この宮廷と国を避けるようにな。そなたはわが廷臣としては難しすぎる。それにわしの鬚にそなたの鬚剃りナイフが二度と当たらぬようにしたいのでな。」この言葉を聞くとハインリヒは騎士たちと顔見知りに暇乞いをしたのちシュヴァーベンに向かった。そしてケンプテンの修道院から封土として与えられている領地に引きこもり名誉を重んじ日々を過ごしていた。

それから十年以上の時が過ぎた。オットー帝はアルプスの彼方で激しい戦いを繰り広げていた。堅い守りの町を落とそうとしていたとき、手勢が足りなくなり、ドイツの国々に使いを遣わし、王国から封土を受けている者は、封土と身分を失いたくなければ、ただちに助けに馳せ参じるように命じた。この使者は、ケンプテンの大修道院長のもとにも送られてきた。加勢に出るように督促された院長も家人に使いを出し、一番頼りになるハインリヒの殿を呼び出し参加するよう促した。「院長さま、何をお考えですか。ご存知のように、皇帝から疎まれている身です。私の二人の息子を出して、あなたとともに進軍させましょう」とハインリヒは答えたが、院長は引き下がらず、「だが私にはご子息二人よりもそなたが必要なのだ。そなたにこの従軍を免除することは私にはできぬ。お断りになるのなら、そなたの領地をもっとよく仕えてくれる他の者に与えることにしますぞ」と迫った。「いいでしょう。土地と名誉がかかっているのなら、何が起ころうとも、ご命令通りにしましょう。皇帝から威嚇されようとも構いませぬ。」

こうしてハインリヒは戦《いくさ》の準備をして遠征軍に加わり、やがてイタリアの地に入りドイツの軍勢が囲んでいる町の近くに着いたが、皇帝からは身を隠し避けるようにしていた。天幕も自軍から少し離れたところに張らせた。

ある日そこで風呂桶に浸かりながらあたりを見渡していたところ、一群の市民が攻囲された町から出てくるのに合わせて、そちらの方へ馬で進む皇帝の姿が目に入った。双方の申し合わせにより、話し合いが行われることになっていたのである。だが、信用のおけない市民たちは謀略を練っていた。皇帝が相手を信頼して武器を携えずに馬で近づいて行くと、市民たちはひそかに忍ばせていた武装兵と一緒に破廉恥にも帝に襲いかかり捕らえて殴りつけた。ハインリヒはこの裏切り行為と流血の惨事を見ると、入浴中であるにもかかわらず、風呂桶から跳びだし片手に楯をもう一方の手に剣をもって裸のまま乱闘の場に駆けつけ、果敢に打ってかかり、多数の敵を殺し傷を負わせ敵方を退散させた。そして縛られていた皇帝を解放してしまうと、急いで宿営場所にもどり風呂桶に身を沈め、何事もなかったかのように入浴を続けた。

オットー帝は自軍のもとに戻ると、救ってくれた見知らぬ男は誰かを知りたがった。天幕の中の玉座に座り帝は怒りをあらわにしてこう言った。「やつらに欺かれた。もしあの騎士がわしを救ってくれなかったら、どうなっていたことか。それはそれとして、あの裸の男を知っている者がいたらわしの前に連れて来てくれ。褒美をたっぷり与えて引き立ててやろう。あれ以上に勇敢な武人はほかにはいないぞ。」

その場に控えていた者たちのなかには、ハインリヒ・フォン・ケンプテンだと分かっていた殿もいたが、帝が殺すと誓った男の名前を口に出すのは憚られたので、こう答えた。「この騎士につきましては、陛下から大変な不興を買っております。もしこの者が陛下の恩顧にまた与れるのでしたら、御前に連れて参りましょう。」それを聞いた帝が、たとえ父親を殺した男でも許すと請け合ったので、ためらっていた殿たちはハインリヒ・フォン・ケンプテンの名を挙げた。するとオットー帝はすぐに連れてくるように命じたが、冷たい応対をして驚かしてやろうと思った。

ハインリヒが案内されてくると帝は怒った素振りでまくしたてた。「よくもぬけぬけとわしの目の前に現れおったな。わしがそなたの敵であることはよく知っておろう。鬚を引きむしり専用の器具もつかわずに剃りおったので、まだ巻き毛にならんままだ。何を思い上がってこの場に出て参った。」

「お許しください、陛下。私は強いられてここに参ったのです。ここにいらっしゃるご領主さまのご命令でして、従わねば恩顧を失うとのことでした。この遠征には参加したくなかったのです。それは神が証人となってくださいましょう。とはいえご奉公の誓いは守らねばならなかったのです。これを悪く取る者がいましたら、その者には、それ以上口が利けぬように報いてやりましょう。」

これを聞いたオットー帝は声を上げて笑った。「本当によくぞ来てくれたな、選りすぐりの勇者殿。わしの命をそなたは救ってくれた。そなたの助けがなければこの命はなかったはずだからな、有り難い限りだ。」そう言い終えるとさっと玉座から立ち上がり、ハインリヒの目と頬に口づけをした。二人の間の不和は消え去り真の和解が成った。皇帝閣下はハインリヒにたくさんの富を与え貸与するとともに、今なお人々の記憶に残っている数々の栄誉に浴させた。

原注1　オットー赤鬚王はおそらくオットー二世であって、一世ではなかろう。『ローエングリーン』七四一節参照。またライプニッツ『歴史余話』第一巻一八四頁参照。しかしながら、そもそも同じ名前の王侯が続いた場合には伝説には揺れが見られるものだ。

訳注　オットー一世（大帝、九一二〜七三）は九三六年からドイツ国王、九六二年から皇帝。オットー二世（赤鬚王、九五六〜八三）は、オットー一世の息子で九七三年からドイツ国王、皇帝。

寡婦と孤児の訴えを裁くオットー帝（480）

オットー三世の妃は気が多く、ある伯爵に言い寄り情を交わそうと誘った。伯爵はそのようなことは望まず、主人と自らの名誉を汚すつもりもなかった。すると妃は王に伯爵の名を挙げてこう言った。「あの者は私の操を奪おうとしたのです。」それを聞くと王は激怒して伯爵の処刑を命じた。刑場へと引かれていく道筋で伯爵は妻の姿を認めたので、王妃の悪意によって信心深く誠実な人柄を否定され命まで奪われる羽目になったと打ち明け、自分の死後に灼熱の鉄を手に持って無実を証してくれるように頼んだ。

こうして伯爵は斬首の刑を受けたが、その後しばらくして皇帝はお布令を出し、寡婦と孤児を呼び集めて法廷を開き、訴えを聞いたうえ法に従って判決を下す旨を伝えた。

さてその日、王が裁きの席につくと伯爵の奥方が歩み出た。衣服の下にひそかに夫の首をかかえて跪き救済と判決を求めた。そしてこう問いかけた。「無実の者の首を刎ねさせた者は、どのような死罪に値しましょうか。」皇帝は答えた。「今度はその者の首を刎ねて罰するべきだろう。」これを聞いた奥方は伯爵の首を取り出して「陛下、何の罪もないこの私の夫を殺すようお命じになったのは、あなたご自身です」と言うと、皇妃の虚偽を暴いた。皇帝はびっくりして証拠を求めた。奥方は神の裁きを選び、灼熱する鉄を手に持ったところ、傷一つ負うことはなかった。

これを見た皇帝は、裁きに従って自分を死刑に処することができることを認め、伯爵の奥方に命を委ねた。ところが臨席していた諸侯が間に入り、奥方を説得して皇帝のために判決の言い渡しを十日間猶予してもらうことになった。

この猶予期間は、最初の十日間が過ぎると、さらに八日間延期され、その次には七日間、六日間と延ばされていった。皇帝は延期するごとに伯爵の奥方に立派な城砦を一つ与えた。それぞれの城は十日城、八日城、七日城、六日城と名づけられ、いずれもリュームの司教区内にある。

いよいよ期日が終わる前に、帝の首を求め続けていた奥方が、妃の命と引き替えにすることが唯一助かる道だと譲歩したので、帝は妃を捕らえさせ生き埋めの刑に処した。四つの城で帝は自らの命を購ったのである。

訳注　オットー三世（九八〇〜一〇〇二）はオットー二世の息子。「灼熱した鉄を持つ」のは「神の裁き」の一つ。「神の裁き」は、『法故事』によれば、キリスト教やその後の法によって徐々に禁じられていくが、それでも長く裁きに取り入れられ続け、命の危険を冒して身の潔白を明かさねばならないため、立場の弱い者がこの「裁き」の犠牲者になった、という。決闘もこの裁きの一つである（ここには収録していないが『グリム ドイツ伝説集』五四四番「白鳥の騎士」訳注参照）。また、殺された者の身体またはその一部は証拠として裁きの場に持参されたという。

妃を試すハインリヒ帝（491）

国王は父親（皇帝ハインリヒ四世）の遺体をどうすればよいか、重臣たちに助言を求めた。亡骸はルーデケ（リュッティヒ）の聖ランプレヒト聖堂に葬られていた。重臣たちは、掘り起こした後、ローマに使いを遣って許しが出るまでは、まだ聖別されていない教会に安置しておくようにと勧めた。そのように事は進んだ。それがこの皇帝ハインリヒ悪漢王の末路だった。

このハインリヒ帝は、国中を探して見つけ出してきた最良の馬を縛りつけライン川に投げ入れ溺死させせた。また、家来の一人に命じて妃に言い寄らせた。妃は不快だったが、騎士が執拗に求めてきたので、妃は帝が勧めるのでしたらそういたしましょうと答えた。これを聞いた帝は馬で遠出をするようなふりをして、言い寄った男の衣服を身に着けて夜になると妃のところへ出かけた。

ところが妃は、女装した屈強の男たちを控えさせていた。棍棒を持っていた男たちは皇帝を捕らえて押さえ込むと散々に殴りつけた。帝は大声で「私だ」と叫んだ。その声に驚いた妃は言った。「陛下、私に何てひどいことをなさいますの。」

訳注　ハインリヒ四世（一〇五〇～一一〇六、一〇五三年からドイツ国王、一〇八四年から皇帝）は一〇七六年、司教の叙任をめぐって法王から破門を受けた（いわゆる叙任権闘争）。一一〇五年には息子のハインリヒ五世に背かれ退位を強いられ翌年には病死したが、浄められた場には葬られず、五世が法王に破門（この破門は一一〇〇年）を解いてもらった後にようやく一一一一年にシュパイアの大聖堂に埋葬された。ハインリヒ五世（一〇八六～一一二五）は、一一〇六年から国王、一一一一年から皇帝。

行方知れずのフリードリヒ帝[1]（494）

フリードリヒ帝は法王から破門された。教会の扉は帝の前に閉ざされ、司祭の誰も帝のためにミサを執り行おうとはしなかった。そのため帝は復活祭の直前、キリスト教世界が聖なる祝祭の準備にいそしんでいるさなかに、邪魔をしたくないと思い馬に乗って狩に出かけた。

家臣たちの誰も帝の心の内を知る者はいなかった。帝はインドから送られてきた高貴なガウンをまとい香水の入った小さな瓶を携えると由緒正しい血筋の馬にまたがった。つき従って深い森の中まで馬を進めた家来はわずかだった。突然帝は不思議な指輪を手に取った。その瞬間に帝の姿は家来たちの前から消えてしまった。このとき以来、帝を見たという人は誰もいない。

こうして高貴な皇帝は行方不明になってしまったのである。どこへ行ったのか、森で命を失ったのか、野獣に引き裂かれたのか、それともまだ生きているのか、誰にも分からない。だが高齢の農夫たちによれば、フリードリヒはまだ生きていて、巡礼者として姿を見せ、つつみ隠さず思うところを話してくれたという。帝はこのようなことを語ったということだ。自分はこれからローマの地で権勢を得て司祭どもの邪魔をしてやりたい。聖地を再びキリスト教徒の手に奪還するまでは退かないつもりだ。それを果たせば、「重い楯を枯れ枝にかける」ことになろう。

原注1　この伝説はフリードリヒ一世と二世とを混ぜ合わせている。

訳注　フリードリヒ一世（バルバロッサ／赤髭帝、一一二二頃～九〇）は十字軍遠征途上トルコで死去。フリードリヒ二世（一一九四～一二五〇）は一世の孫。イタリアで生まれ、幼少期にシチリア国王となり、一二一二年よりドイツ国王、一二二〇年より皇帝。一二二五年婚姻によりエルサレム国王の称号を得る。シチリア島とイタリア半島の南半分を領土として強固な王国を築き上げた。これは法王領にとっては脅威となり、十字軍遠征の遅延などを理由に法王から再三破門を受けたが、屈することなく聖地に向かい戦わずしてエジプトのサルタンから聖地をキリスト教徒のために確保した。一二四五年には法王は公会議でフリードリヒの退位を決め、ドイツの法王派は対立国王を擁立したが、フリードリヒは意に介さなかった。その性格と多方面への関心と才能ゆえ、フリードリヒ二世は生前から驚嘆の目で見られ恐れられてもいた。「キュフホイザ山の羊飼い」訳注（九三頁）参照。なお楯を枯れ枝にかける行為は、枝が緑の芽を吹きよりよい時代になることを意味している（「キュフホイザ山のフリードリヒ赤鬚帝」九一頁参照）。

【ドイツ王国の領主たち】

エーバシュタイン伯爵兄弟（476）

オットー帝は、敵を打ち破りシュトラースブルクの町を制圧し終えると、敵方についたエーバシュタイン伯爵たちの城の前に陣を張った。だが（シュヴァーベンのバーデンから遠くない）山裾の高い岩山の上に築かれた城は、天然の要害であるうえに伯爵たちも果敢に応戦したので、皇帝軍は二年半かけても攻め落とすことができなかった。ついに賢い家来が帝に次のような策略を進言した。

「シュパイアで宮中式を行う旨を公示なさって、この日には誰でも身の安全を保障され馬上での槍の試合に参加できると謳うのです。エーバシュタインの伯爵たちは勇敢さを証明したいでしょうからためらわずに来るでしょう。その間に大胆で熟達の家来を遣わして城を制圧させるのです。」

こうしてシュパイアでの祝祭日が布告された。当日は国王と多くの領主と殿たちが集い、そのなかにはエーバシュタインの三人の伯爵兄弟の姿もあった。激しい試合が続き、幾多の槍が折れたが、晩には輪舞が催され、末弟の伯爵が、巻き毛で姿美しく気品をそなえた武人ゆえ、輪舞を先導する名誉に浴することになった。

さて踊りが終わりに近づいたときに、見目麗しい乙女が三人の伯爵にそっと近づいてきてささやいた。「お気をつけなさいませ。皇帝はみなさんの留守を狙ってお城に攻め入らせるつもりです。今夜のうちに急いでお戻りになりますように。」三兄弟は相談のうえ警告に従う決心をした。そして輪舞の場に戻ると、高貴な武人や騎士たちに明日の試合を申し込み、違約の担保として百グルデンの金貨をご婦人方の手に託した。真夜中に伯爵兄弟は舟でラインの流れを渡り無事に城に帰り着いた。

翌日、皇帝と騎士たちは試合の場で伯爵たちを待ったが、一向に姿を現さなかったので、皇帝の周囲は誰かから警告を受けたのではないかと感づいた。オットーは城を至急襲撃するように命じたが、すでに戻っていた伯爵たちは攻め寄せてくる皇帝軍を勇敢に迎え撃ち撃退してしまった。

力をもってしては何の成果も得られないと分かると、皇帝は伯爵たちと交渉するために三人の騎士を城に送った。入城を許された騎士は酒蔵と穀物倉庫に案内された。白と赤の葡萄酒が汲んで出された。穀粒と穀粉は山をなしていた。使者たちはこの蓄えの豊かさにびっくりした。だが、葡萄酒の樽は二重底か、あるいは水で満たされ、穀物の山の下には籾殻や塵や古着が積まれていたのである。

使者は皇帝に報告した。「城をこれ以上長く攻囲しても無駄でしょう。葡萄酒や穀物の備えは城内の連中にとってまだ二年半は持つでしょう。」これを聞いた皇帝は家臣の助言を受け、帝の娘を末弟の伯爵エーバハルト・フォン・エーバシュタインと結婚させることによって勇敢な一族を味方に引き入れるという方針で臨むことになった。

婚礼はザクセンの地で祝われた。伝えるところによれば、あの晩に伯爵兄弟に警告したのは花嫁自身だったという。その後オットー帝は義理の息子に仕事を託し法王のところへ派遣した。法王は謁見の日がちょうど薔薇の日曜日だったので、白い籠に入れた一輪の薔薇を伯爵に贈った。この薔薇をエーバハルトはブラウンシュヴァイクに持ち帰った。皇帝は、これ以後エーバシュタイン家の紋章は白地に薔薇とするように命じた。

訳注　「薔薇の日曜日」は四旬節（復活祭前の四十日の斎戒期間）の第四日曜日。

他人の森で狩をする(552)

ザクセンの宮中伯フリードリヒの居城ヴァイセンブルクはテューリンゲンに近いオスタ－ラントにあった。ウンシュトルート河畔の美しい城だった。奥方はシュターデとザルツヴェーデルの辺境伯の娘でアーデルハイトという名だった。若く美しい奥方は夫との間に子をもうけることはなく、ひそかにテューリンゲンとヘンセンの伯爵ルートヴィヒと情を交わしていた。そしてルートヴィヒ伯を慕うあまり、どのようにすれば年老いた夫と手を切り若い伯爵と一緒になれるかあれこれ考えを巡らせたすえに、伯爵と示し合わせて夫フリードリヒを殺害することにした。

その手筈はこうだった。あらかじめ日を決めたうえでルートヴィヒは宮中伯の領地内に入り、ミュンヒロートの野に続く（別の伝えによればシプリッツのそばの）ディ・ライセンと呼ばれる森で誰にも断らずに狩をする。その後で奥方が夫を挑発して狩を禁ずるように動かす。そう事が運んだところで伯爵は好機を窺う。伯爵は奥方の美しさと悪魔に惑わされ、この計画に同意してしまったのだ。

さて申し合わせた日が来ると、奥方は風呂の支度をして夫が不自由しないように十分に世話をさせた。その間に伯爵が領地内に侵入し、角笛を響かせ犬をかり立て宮中伯の居城のすぐ近くまで狩の一行を進めてきた。すると奥方は怒り狂って風呂場に駆けつけて言った。「けしからぬことに、よそ者があなたの土地で狩をしています。そのようなことは絶対に許してはなりません。あなたの支配権を犯す者には断固とした態度で臨まねばなりません。」

フリードリヒ宮中伯は立腹して風呂場から跳び出すと、急いで浴衣の上に外套を羽織り、鎧兜も着けず剣も持たず馬に跳び乗った。つき従って森へと急いだのはごくわずかの家来と犬だけだった。宮中伯はルートヴィヒ伯を見つけると厳しい言葉で叱りつけた。すると伯爵は振り返りざま狩猟用の槍で宮中伯の身体を刺し貫いた。宮中伯は落馬して事切れ、ルートヴィヒはそのまま立ち去った。家来たちは主君の遺骸を運んで帰り、その死を大いに悼み悲しんだ。夫人は自分の身に嫌疑がかからないように、手をもみ合わせ髪をかきむしり見るに忍びないほどの悲しみを表した。

フリードリヒは埋葬され、殺害の場所には石の十字架が立てられた。この十字架は今でもそこにあり、その表には狩猟用の槍が彫られ、裏には次のようなラテン語の碑銘が刻まれている。「主の年一〇六五年、槍を振るいしルートヴィヒ伯の手にかかり、宮中伯フリードリヒここにて死せり。」その年が暮れる前に、ルートヴィヒ伯は寡婦となったアーデルハイトを自らの城シャウエンブルクに連れていき正式の妻として迎えた。

訳注　テューリンゲンのルートヴィヒ伯爵（一跳びのルートヴィヒ、一一二三没）はザクセン宮中伯の寡婦アーデルハイトとの婚姻で領地を拡大したと言われる。

ルートヴィヒがヴァルトブルクを手に入れた次第(1)（553）

マインツの司教は、一跳びと呼ばれたルートヴィヒに洗礼を施した際に、ヘルゼル川からヴェラ川までの司教区の全領地をルートヴィヒに授けた。ルートヴィヒは長じてアイゼナハの近くにヴァルトブルクの城を築いたが、これはその築城をめぐっての言い伝えである。

あるときルートヴィヒは山に狩にでかけ一頭の野獣を追っていたところ、ニーダーアイゼナハのそばのヘルゼル川のほとり、今日ヴァルトブルク城が立っている山の上まで来てしまった。この山でルートヴィヒは家来たちが追いつくのを待っていたが、そうしている間に、この山がとても気に入ってしまった。というのは険しく堅固であるうえ頂上には城を建てるに十分な余地があったからである。ところがこの山は領土内にはなく、フランケンシュタインの殿たちが領有するミッテルシュタイン(2)の岩山の一部だった。そのためルートヴィヒは、どうしたら山を手に入れることができるかと昼夜思いを巡らし、とうとうこういう策略を考え出した。領民を集めると領内の土を籠に入れて運ばせ、その土で一夜のうちに山を覆ってしまったのだ。それからシェーンブルクに戻り、城の平和区域を定めさせると強引にも山に城を築き始めた。

これを知ったフランケンシュタインの殿らは、ルートヴィヒが法を無視して力ずくで領土を奪おうとしていると帝国に訴え出た。これに対してルートヴィヒは、自らの領地に建てているのであり、城は領土内にある、法によって決着をつけ我が物としたい、と答えた。

法に従い判決が下された。それは、十二人の信頼できる人々によって証明できるならば領有してもよい、という裁きだった。ルートヴィヒは騎士を十二人集めて山に登った。騎士たちは剣を抜き（山の上に盛られた）地面に突き刺すと誓ってこう言った。「伯爵は自分の土地に築城している。大地の一番上の層は、間違いなく昔より伯爵が支配する国の一部だ。」こうして山はルートヴィヒの領土と認められた。この新しい城を伯爵は、その場所で家来たちを待ったことがあるので、ヴァルトブルク《待ち山城》と名づけた。

原注1　類似の伝説はコンスタンティヌス帝とビザンチンの町についても伝えられている。ハイデルベルク大学図書館所蔵古写本（Cod. Pal.）361、フォリオ63b。
2　この一帯の岩山がこう呼ばれるのは、ヘッセン、テューリンゲン、フランケン、ブーヘンそしてアイヒスフェルトの五つの国の境にあるからである。
訳注　ヴァルトブルク城が記録に登場するのは一〇八〇年。ルートヴィヒ伯爵によって築かれたという。その後ルートヴィヒ一族にとっての勢力拡大の拠点になる。

一跳びのルートヴィヒ（554）

辺境伯フリードリヒの兄弟と朋友たちは、テューリンゲンとヘンセンの方伯ルートヴィヒを皇帝に告訴した。それは、方伯が美しい妻を娶らんがために凶行に及んだからである。訴えて出た殿たちは、帝の御前で罪状を強い調子で申し立てたので、帝は方伯を取り押さえることができるならば捕えるよう命じた。こうして方伯ルートヴィヒはマクデブルクの司教座教会にいるところを見つかり、ザーレ河畔のハレに近いギービヒェンシュタインの砦に連行され、鎖につながれはしなかったが、砦内の石造りの部屋に二年以上も囚われの身になっていた。

方伯は生きてこの城から逃れられないと聞きくと、神に救いを求め、もしこの苦境から救い出してもらえるなら、先ごろ買い取ったザンガーハウゼンの町に聖ウルリヒを称え教会を建立すると誓った。心痛のあまり何も喉を通らず衰弱しきってしまった方伯は、帝がこの国に来駕して死刑の執行を命ずる前に遺言をしたためさせてほしいと願い出た。願いが聞き届けられると、ひそかに紛れ込ませておいた家来の一人に遺言を書きとらせ、その際に家来と策を練り、遺言をここから持って出たら、明日の正午に二頭の足の速い馬とともにザーレ河畔の砦の下で待っているように示し合わせておいた。

囚われている部屋には六人の信頼のおける見張りがつけられていたが、予定していた時刻が近づくと、方伯は凍えるように寒気がすると訴え、たくさん着込むことを許してもらって静かに部屋の中を行ったり来たりしていた。見張りは退屈を紛らわすためにチェスに興じていて、歩きまわる囚人には特に注意を払っていなかった。方伯は、砦の下に馬に乗った家来が空の馬を連れてきているのに気づくと、窓辺に走り高い岩山の上からザーレ川めがけて跳び下りた。

方伯ルートヴィヒはうまく風に運ばれてふわりと水中に落下した。するとそこをめざして家来が空き馬を引いて川に乗り入れてきた。方伯は馬に跳び乗ると濡れた服を一部脱ぎ棄て、白鳥と名づけていた白馬を駆ってザンガーハウゼンへと走った。この一跳びのために、方伯は一跳びのルートヴィヒと呼ばれている。

ルートヴィヒは神に感謝して約束通りに見事な教会を建立した。神がルートヴィヒと奥方に慈悲を垂れ給うたので、二人は犯した罪を悔いつつ心に痛みを感じたのだった。

訳注　ルートヴィヒが勢力を拡大したのは、ザクセンの貴族たちがハインリヒ四世に対して反乱を起こした時期である（「妃を試すハインリヒ帝」二七四頁参照）。ハインリヒ五世の治世でもザクセンの貴族は反乱を起こし、敗れたルートヴィヒは数年間拘禁されていた。聖ウルリヒ教会は一一〇〇年にルートヴィヒがベネディクト修道院に寄進したと伝えられる。テューリンゲン伯爵家の人々が埋葬されている。

固く鍛えられた方伯（556）

テューリンゲンの森の中のルーラにはたいそう古い鍛冶場がある。人々はむかしから断固とした不屈の男を、あいつはルーラで固く鍛えられたのだと諺で言い習わしてきた。

テューリンゲンとヘッセンの方伯ルートヴィヒは、もとはといえばごく温和で軟弱な殿で、誰に対しても謙虚な態度で臨んでいた。そのため配下の貴族は横柄になり、方伯を軽んじて命令を無視するようになった。そして自らの領民に圧政を布き、搾り取れる限りの税を搾り取った。

あるとき方伯は森に狩に出かけた。一頭の獣が出てきたので、その跡をいつまでも追いかけていたところ道に迷い、とうとう日が暮れてしまった。途方に暮れていると、木々を通して向こうの方に火がちらちら燃えているのが見えた。そちらに向かって馬を進めていくとルーラの鍛冶場にたどり着いた。

方伯は粗末な身なりで肩に角笛をかけていた。鍛冶屋は誰かと尋ねた。「方伯の狩人だ」と答えると、それを聞いた鍛冶屋は「何だって、あの伯爵のか。あいつの名を口に出すと、口が汚れちまう。あの慈悲深いお殿さまの狩人か」と伯爵を罵った。ルートヴィヒが黙っていると鍛冶屋は最後にこう言った。「お前さんには今夜の宿を貸してやろう。納屋に干し草がある。そこで馬と一緒に何とかしなされ。でもお前さんのご主人のために泊めてあげるのではないよ。」

方伯は納屋に向かったが、眠ることができなかった。鍛冶屋は一晩中仕事をしていた。大きな鎚で鉄を打ち固めるときには、一打ごとに「伯爵よ、固くなれ、この鉄のように固くなれ」と声を上げ、伯爵を叱りつけた。「ろくでなしの忌々しい殿め、貧しい領民の暮らしにお前は何か役に立っているのか。顧問官どもが民を苦しめ、お前に嘘を言っているのが分からぬのか。」こういうふうに鍛冶屋は一晩中、役人が貧しい民人にどれほどけしからぬ振る舞いをしているかを話して聞かせた。「領民が訴えても救いの手を差し伸べてくれる者は一人もおらぬ。殿は訴えに耳を貸さぬし、騎士どもは陰で殿を嘲り軟弱伯と呼んで歯牙にもかけぬ。われらが殿と狩人は狼を罠に追いやり、役人どもは赤い狐（金貨）を財布に追い立てる。」

鍛冶屋はこのほかにもさまざまな話を夜通し徒弟に聞かせていた。そして鉄を打つ段になると、主君を叱りつけ鉄のように固くなるように命じた。それは朝まで続いたが方伯はすべてを肝に銘じて聞いていた。そしてこの時以来、厳格で峻烈な気性の持ち主となり、反抗する者は屈服服従させるようになった。これに我慢がならなかった幾人かは互いに手を結び主君に対して抵抗を試みた。

訳注　鉄のルートヴィヒ（二世、テューリンゲン方伯、一一二八頃〜七二）は一跳びのルートヴィヒの孫。

ルートヴィヒ貴族を犂に繋ぐ（557）

さて鉄のルートヴィヒが命令に逆らった騎士の一人を襲撃したところ、他の騎士たちが集結してこれを黙視しようとはしなかった。そこでルートヴィヒはザール河畔のナウムブルクの近くでこの騎士らを相手に一戦を交えて制圧すると、捕らえて城に連れて帰った。そして自分のとった行動がやむをえない措置であったことを話して聞かせたのち、騎士たちを厳しく叱りつけた。

「おぬしたちはわしにたてた誓いを破った。さあ、これからこの不忠義にたっぷりと報いたいところだが、それをするならば自分の家臣を平気で殺すと言われるであろう。またおぬしたちに税を課せばそれも悪く言われるだろう。かといってこのまま釈放すれば、おぬしらは以後わしの怒りを無視するだろう。」

そう言うとルートヴィヒは捕虜を立たせ畑に連れていき、犂を見つけると、恭順を拒んだ貴族たちを四人ずつに分け、まず最初の四人をその犂に繋いで畑を犂きにかかった。家来が犂の柄を持ちルートヴィヒが貴族たちを鞭で打って駆り立てた。そのため貴族たちは身を屈しいく度も地面に倒れた。畑の端まで来ると、別の四人を新たにつなぎ、こうして畑全体を馬の力を借りたときと同じように耕してしまった。

その後で永遠に記憶に残るようにと、畑のまわりに大きな石を置いて目印とした。そしてこの畑を法の保護下から外し、どれほどの大罪人でもこの中に入りここに留まる限りは自由の身になり、この自由を侵した者は命を失うことになるとのお布令を出し、この畑を貴族の畑と名づけた。それから捕虜をナウムブルクに連れて帰った。貴族らは新たにルートヴィヒに忠誠を誓わなければならなかった。このことがあって以来、方伯は国中で恐れられ、犂を引いた者たちはその名を耳にすると、溜め息をつき恥じ入った。

この事件はドイツの国の隅々まで鳴り響いた。このような処罰を行った伯を非難し嫌う人もいた。家来の不忠義を非難する向きもあった。自分なら犂に繋がれるよりも殺される方を選んだだろうという声も聞かれた。ルートヴィヒは恭順の意を表す家臣は引き立て大切にした。だがこの屈辱を恨みに思う者もあり、伯爵はひそかにまた公然と命をつけ狙われた。伯は、それが誰か真相を突き止めると、吊るし首、打ち首、溺死の刑に処するか、あるいは獄中で死に至らしめた。そのため伯はその子供や友人たちの多くからひそかに憎まれ、どこへ行くにもいつも家来を連れ鉄の鎧を身に着けていた。このことからルートヴィヒは鉄の方伯と呼ばれたのである。

ルートヴィヒ城壁を築く(558)

あるとき鉄の方伯は義兄弟に当たるフリードリヒ赤髭帝をナウムブルクの城に招いた。帝は妹から親しみのこもった出迎えを受け、しばらく二人のもとに滞在した。

ある朝、帝が散歩をしながら城の造りと位置を調べているうちに、城の前に広がる山の上に出てしまった。すると帝はこう言った。「そなたの城はとても気に入ったが、ここの暖炉の部屋の前に城壁がない。ここにも強固な壁があった方がよかろう。」方伯が「城壁のことは心配しておりません。必要になれば、すぐにでも仕上げることができますから」と答えると、帝は尋ねた。「この周りにどれくらいでしっかりした壁を築くことができる。」――「三日以内につくり上げます。」ルートヴィヒのこの返答に帝は笑って言った。「そのようなことができれば、それは奇蹟というものだ。ドイツの国中の石工をすべてここに集めても、それはまず無理であろう。」

さて、帝が食事をとりに行く時間になった。すると方伯はひそかに書記や家来たちと図り、ただちにテューリンゲンのすべての伯爵および殿たちに馬で使いを派遣した。そして最上の甲冑武具に身を固め思い切り飾り立てて、家来は少しだけ連れて夜のうちに城に来るように、との指示を伝えさせた。事はその通りに進み、翌朝、夜明けとともに、方伯は集まった家臣みなが堀の縁に立って城をぐるりと取り囲むように配置した。

誰もが出陣の時のように戦の準備を整え、金とビロードと絹で身を飾り、紋章の入った上衣をまとい見事な出で立ちだった。伯爵や貴族はみな、楯を担った従者を前に一人、兜をかかえた従者を後ろに一人従えていたので、それぞれの楯の紋章と兜の飾りを見ることができた。そのようにすべての家臣が城のまわりにぐるりと並び、みな抜身の剣と斧を手にしていた。そして城壁に塔があるべきところには、男爵か伯爵が軍旗を持って立っていた。

無言のまますべての配置を終えたルートヴィヒは義兄のところへ行き、「築き上げると昨日自慢いたしました城壁はもうできあがっております」と告げた。フリードリヒ帝は「私を騙すつもりか」と言うと、もしや魔法を用いて成し遂げたのではと思い十字を切った。だが堀のところに出て、数えきれないほどの華麗な装いを目にすると驚きと謝意を表した。「義弟殿、神とそなたに打ち明けるが、これまでの生涯で、これほど見事で立派な城壁は見たことがない。このような城壁を見せてくれたことに、いつまでも感謝いたすぞ。」

訳注　フリードリヒ一世（赤髭帝、バルバロッサ、一一二二頃〜九〇）は一一五二年からドイツ国王、五五年から皇帝。鉄のルートヴィヒは皇帝の妹ユタを妻に迎えていた。赤髭帝については「行方知れずのフリードリヒ帝」（二七五頁）参照。

ルートヴィヒ死後の魂（560）

鉄のルートヴィヒが世を去ったあと、息子の温和なルートヴィヒは、父の魂が安らかにしているか、それとも苦しんでいるのか知りたいと思った。これを伯爵の御殿に仕える貧しい騎士が聞き知った。

この騎士には司祭の兄があり、この兄は魔法を心得ていた。騎士が兄に「兄さん、鉄の方伯の魂がどうなっているか悪魔から聞いてもらいたいのだが」と頼んだところ、兄の司祭は「よかろう、新しい殿さまがお前をいっそう取り立ててくださるように、喜んでそうしよう」と引き受けてくれた。

司祭は悪魔を呼び出すと、方伯の魂のことを尋ねた。すると「おれと一緒にそこへ行くなら見せてやろう」と応じてきた。司祭が、身に何の危害も及ばないならば、という条件でこれを呑むと、悪魔は無事に連れて帰ると誓った。こうして話がまとまると、悪魔は司祭を肩に乗せ、あっという間に地獄に運んでいった。

司祭はいろいろな方法で加えられるさまざまな責苦を目の当たりにすると、恐怖にとらわれ全身震えが止まらなかった。この様子を見ていた別の悪魔が声をかけてきた。「お前さんが肩に乗せているのは誰だ。そいつをこちらにも連れてきてくれよ。」――「こいつは友達だよ。危害を加えずに方伯の魂を見せてやると約束したのだ」と連れの悪魔が断ってくれた。悪魔はそう答えるとすぐさま自分が座っていた真っ赤に燃える鉄の蓋をひっくり返し、携えていた真鍮の喇叭を穴の中に突っ込み力いっぱい吹いた。司祭には世界中が鳴り響き揺れ動くように思われた。すると穴から炎と火の粉が噴き出し、硫黄の臭いが立ちのぼり、しばらくするとその中に方伯の姿が見えてきた。

方伯は司祭の前に現れるとこう言った。「さあ、わしはここにいるぞ。わしは哀れな方伯、お前の今は亡き主君だ。主君などにならねばよかったのだ。そのためにこのような不断の責苦を受ける羽目になったのだからな。」司祭が「殿さま、私はご子息から遣わされ、殿さまがどのようなご様子か、何かしらお助けする手立てがあるものか、見てきて報告するように仰せつかっております」と話しかけると、こう答えた。「わしがどういう状態か、もう十分に分かったであろう。だが、このことは言っておこう。わしが不当にも力ずくで奪い取った土地を、わが子たちが教会や修道院やその他の者たちに返してやるならば、わしの魂にとって大きな救いとなろう。」――「そのようにお伝えしてもご子息さまたちは信じてくださいません。」そこで方伯は証拠にと子供たち以外は誰も知らない秘密の話をしてくれた。それが終わると伯はふたたび穴の中に沈められてしまった。

司祭は悪魔に連れられて地獄を後にした。司祭は死にはしなかったが、ほとんど本人とは分からないほど肌は黄ばみ生気を失っていた。方伯が語ったことと秘密の話を子供たちに伝えたが、方伯の魂の救いには何の役にも立たなかった。というのも、子供たちは奪った土地をもとの持ち主に返そうとはしなかったからだ。司祭はといえば、封土をすべて手放してフォルケローデで修道士になった。

訳注　温和なルートヴィヒ（三世、一一五一／二～九〇）は敬虔なルートヴィヒとも呼ばれる。

頬に噛み傷のあるフリードリヒ（566）

テューリンゲンの方伯、無礼者アルブレヒトは夫婦愛と操を忘れてグンダ・フォン・アイゼンベルクという名の女に現を抜かしていた。そのため邪魔になった奥方に毒を盛り殺してしまおうと考えていたが、なかなか実行は思い切れないでいた。そこでいつも料理用の薪をヴァルトブルクの城に運んでいた驢馬追いに金銭を約束して、悪魔の仕業と見せかけ夜中に奥方の首をへし折るように命じた。さてあらかじめ決められていた時が来ると、驢馬追いは不安になりこう思案した。「わしはなるほど貧しいが、父も母も信心深い人間だった。ここで息子のわしが悪党になり、ご領主の奥方さまを殺してもよいものだろうか。」しかしながら、ついには事に取りかからねばならず、ひそかに案内されて奥方の部屋に入った。ところが奥方の寝台の前まで来ると、足もとにひれ伏して言った。「ご慈悲を、奥方さま。」「お前は何者か」と問われると名を名乗った。「何ということをしてくれた。酔っているのか、それとも気でも触れているのか。」そう叱責されると驢馬追いはこう打ち明けた。「大きな声をお出しにならず、お知恵をお貸しください。ご主人さまが奥方さまを殺すようにわしに命じなさったのです。奥方さまもわしも助かるには、どうしたらよろしいものでしょう。」すると奥方は「では、私の執事のところへ行って、ここに来るように言いなさい」と指示した。

執事は子供たちと別れてただちに城を出るように勧めた。奥方は幼い息子たちの寝台に身を寄せるとむせび泣いた。執事と侍女たちに急かされたうえ、子供たちを置いて逃げるよりほかに助かる道はなかったので、奥方はみなに祝福を与え、一番上の息子フリードリヒを抱くと接吻の雨を降らせた。そして抑えがたい母親の愛情からフリードリヒの片方の頬に嚙みついた。そのため生涯その傷跡が残り、この子は頬に嚙み傷のあるフリードリヒと呼ばれるようになった。奥方はもう一人の息子にも嚙みつこうとしたが、執事がこれを止めて「お子たちをお殺しになるおつもりか」と詰問すると、奥方は心中をこう語った。「大きくなった暁に、わが悲嘆とこの別れを思い出すように嚙んだのです。」

それから奥方は宝石を取り出して携えると、他の者たちと城内の騎士の館へと走った。館で執事は奥方のほかに侍女と女中を一人ずつ、それと驢馬追いを窓から綱で城外に下ろした。その夜のうちに奥方一行は当時ヘルスフェルトの修道院長の所領であったクラインベルクに逃れ、そこで所領管理官に護衛をつけてもらいフルダに向かった。フルダの修道院長は礼をつくして奥方を迎え、フランクフルトまで危険のないようにお供をつけた。フランクフルトで奥方は聖母修道院に身を寄せたが、翌年には悲しみのあまり世を去った。その遺骸はフランクフルトに埋葬されている。

訳注　「無礼者（自堕落な）アルブレヒト」（一二四〇～一三一四）と息子の「頬に嚙み傷のある（恐れを知らぬ）フリードリヒ」（一二五七～一三二三）はマイセン辺境伯、テューリンゲン方伯。

辺境伯フリードリヒ逃走中の授乳(567)

この頬に嚙み傷のあるフリードリヒは後に、自らの父親とローマ国王とを相手に戦争を始めたが、ヴァルトブルクの城に追い詰められ包囲された。敵が近くのアイゼナハの町を完全に占領してしまったからである。この苦境のさなか、奥方が娘を出産した。その八日後に、もうこれ以上城を持ちこたえることができないと分かると、フリードリヒは乳母と娘と廷臣を連れて総勢十二名で夜陰に乗じて馬で城を抜け出し森の中に逃れた。

だがこの逃避行も、アイゼナハに陣を張る敵の見張りの目を盗むことはできなかった。敵の追撃は速やかだった。その最中に赤子が激しく泣き叫び始めた。フリードリヒは馬で前を行かせていた乳母に、子供がどうかしたのか、と声をかけ黙らせるように命じた。乳母は「殿さま、乳を与えねば泣きやみません」と答えた。するとフリードリヒは一行を止めて言った。「追われている身とはいえ娘に不自由はさせたくない。たとえそのためにテューリンゲン全土を失うことになってもな。」そして娘が十分乳を飲み終えるまでその場にとどまり、家来とともに追手を防いだ。こうして敵を寄せつけず無事に敵の追撃から逃れたのだった。

訳注　フリードリヒは、父アルブレヒトが国王アドルフ・フォン・ナッサウ（王位一二九二～八）に売り払ったテューリンゲンを奪還するために一二九四年国王と戦い敗北。一時は夫人の縁を頼ってチロルに亡命。その後、アドルフ王が死去すると帰国、次の国王との戦闘に勝利してテューリンゲンを取り戻した。

方伯フィリップスと農婦(569)

方伯フィリップスはお忍びで領内をまわるのが好きで、よく領民の暮らしぶりを調べて歩いていた。あるとき方伯が狩に出たところ亜麻糸の束を頭に担いでいる農婦に出会った。「何を担いでおいでかな。それを持ってどこへ行くおつもりじゃ」と方伯は尋ねた。農婦は、粗末な身なりをしていたので方伯だとは気づかず、「一束の亜麻糸ですよ。町へ行ってこれを売って方伯がお課しになった税を支払うのです。私の方は亜麻糸にひどく不自由して過ごさねばなりません」と答え、見るも憐れな様子で悪い時代だと嘆いた。

「どれだけの税を払っておいでなのじゃ」と方伯が訊くと「一グルデンです」という返事だった。すると方伯は銭袋を取り出し、亜麻糸を売らずに済むだけの額の銭をつかんで農婦に渡した。「ああ、旦那さま、神さまがお報い下さいますように」と農婦は感謝して、「あの方伯など、このお金を真っ赤に熱して胸に当てればいいのさ」と大声で罵った。

気さくな方伯は農婦をそのまま帰し、お付きの者たちの方を振り向くと笑いながらこう言った。

「見たか、この奇妙な取引を。わしは金を払って呪いを受け取ったのだ。」

訳注　方伯フィリップスとはヘッセン方伯「寛大なフィリップ」のこと。フィリップ(一世、一五〇四〜六七）は宗教改革に際してはプロテスタント側に立つ。農民の蜂起を鎮圧したが、領内の農民の窮状を聞き取らせ改善に尽くした。

鎖で吊るし首（570）

ヘッセンの方伯フィリップは一時、皇帝のもとで囚われの身となっていた。そのあいだに領土は、他国の軍隊によって踏みにじられ、城砦もツィーゲンハインを除いてことごとく取り壊されてしまった。このツィーゲンハインには、主君への忠誠を守ってハインツ・フォン・リューダが立てこもり、決して明け渡すまいと勇敢に抵抗を続けていたのである。

さて方伯がようやく自由の身になったときのことである。皇帝は方伯に、ヘッセンに戻り次第、この頑強なハインツ・フォン・リューダをツィーゲンハインの城門に鎖で吊るし首にするように命じた。刑の執行を確認するために、帝の代理人が証人としてつけられた。

フィリップはツィーゲンハインに到着すると、廷臣と騎士そして帝の使者を一堂に集めた。みなの面前で、方伯は金の鎖を取り出し、それで苦痛を与えぬように連隊長ハインツを壁に吊り下げさせ、すぐに自由の身にしてやった。そしてハインツの勇敢さを大いに褒め称え金の鎖を褒美として与えた。帝の代理人は異議を唱えたが、方伯は、ハインツを吊るすという約束は確と守ったし、そもそも最初からこうするつもりで応諾したのだ、と毅然とした調子で答えた。

この貴重な宝物は、リューダ家で大切に保管されていたが、男系の血筋が途絶えたあと今はヴィルマローデの貴族シェンク家のものとなっている。

訳注　方伯フィリップは、皇帝カール五世の宗教政策に対抗するためにプロテスタントの領主や都市が結んだシュマールカルデン同盟（一五三一）の立役者の一人だった。皇帝との戦争（一五四六～七）に敗れ、五年間捕虜になっていた。ハインツ・フォン・リューダ（一四九〇～一五五九）はフィリップの家臣、ツィーゲンハインの城塞の指揮を任され、上記戦争とフィリップ不在の間も城を守り続けた。

ヘッセンの方伯モーリッツ(571)

方伯モーリッツに仕える兵卒の中に、とても良い身なりをして、いつも銭袋にお金を入れている者がいた。ところがその給金は自らと妻子をこのように立派に養えるほどの額ではなかった。他の兵士たちは、この仲間がどうしてこれほど裕福なのか分からなかったので、このことを方伯の耳に入れた。それを聞いた方伯は言った。「そのわけを知りたいものだな。」

方伯は晩になると、老いた乞食と見まがうばかりの古い亜麻の上っ張りを着てごわごわした背嚢を背負い、この兵卒のところへ出かけた。兵卒は何が欲しいのかと尋ねた。―「一晩泊めてもらえまいか。」―清潔で毒虫などついていないならばよかろう、と兵卒は宿を貸してくれた。それから乞食に食べ物と飲み物を与え食事が終わるとこう言った。「誰にも漏らさないと約束できるなら、今夜おれについて来い。一生もう物乞いなどせずに済むように、ちょっとしたものをお前さんにやるからな。」方伯は「そりゃあ黙っていられる。わしの口からは一言も漏れんよ」と請け合った。就寝のときになると、兵卒はまず清潔な下着を乞食に渡し、「寝床に毒虫が入り込まないように、着ているのを脱いでこれに着替えろ」と命じた。そうして二人は床についた。

真夜中になると兵卒は貧しい客人を起こし、「さあ起きろ、服を着て一緒に来い」と促した。方伯はその言葉に従い、兵卒と一緒にカッセルの町をうろつきまわった。兵卒はよろず開きの根を持っていて、商店の錠の前にその根を持って行くと、錠ははじけるように開くのだった。二人は中に入っていったが、兵卒は、商人たちの儲けのうち、量目をごまかして稼ぎ出した分だけを失敬し、元手には一切手をつけなかった。そして盗んだうちのいくばくかを乞食の背嚢に入れてやった。こういうふうにカッセルの町の商店を一通り荒らしまわってしまうと、乞食がこう言った。「方伯の金庫に押し入ることができたらなあ。」すると兵卒はこう答えた。「そいつもお前さんに拝ませてやるつもりだよ。あそこには商人のところよりもちょっとばかりたんまり貯め込んであるからな。」

二人は城に向かった。兵卒がよろず開きの根を前に近づけるだけで、たくさんの鉄の扉が自然に開いた。二人はどんどん奥まで入っていき、ついに金貨の山がいくつも積まれた金蔵に到達した。すると方伯は山積みされた金貨に手を突っ込み、一つかみ着服するようなふりをした。それを見た兵卒は、方伯に三発強烈な平手打ちを食らわせて叱った。「お殿さまからは盗んじゃならん。お殿さまには忠義をつくさねばならんのだ。」――「そう怒らんでくれ。わしはまだ何も取ってはおらんではないか。」

それから二人は一緒に家に帰り、寝床に潜り込んだ。夜が明けると兵士はまず食べ物と飲み物を貧しい客人に与え、お金も少し持たせてやって言った。「それがなくなってまた必要になったら、気兼ねせずにおれのところへ来いよ。乞食などしては駄目だぞ。」

方伯は城に帰り亜麻の上っ張りを脱ぐと、いつもの通りの領主の身づくろいをした。そうし終えると当直の大尉を呼び、かくかくしかじかの兵卒を――そして昨夜一緒にうろつきまわった男の名を挙げ――自分の部屋の扉の見張りを命じるように言い渡した。兵卒は「驚いたなあ、一体どうなっているのだ。一度も見張りなどしたことがないというのに。でもお殿さまのご命令とあらばいいだろうと思った。さて兵卒が見張りに立っていると、方伯が中に入るように命じ、どうしてそのように良い身なりをしているのか、誰からそのお金をもらったのか、と尋ねた。兵卒は「私と女房は二人して働いて金を稼がねばならない身でございます」と答えるだけで、それ以上は何も打ち明けようとはしなかった。「それだけではそのように良い暮らしはできまい。ほかに何か金づるがあるに違いない」と方伯が追及しても、それを認めなかった。そこでとうとう方伯は、「おまえはわしの金蔵に入り込んでいるのだろう。もしわしがその場に居合わせたら、平手打ちを食らわせるのじゃろう」と切り出した。これを聞いた兵卒はびっくりして床に倒れてしまった。方伯は家来たちに起こさせ、我に返った兵卒が寛大な処置を求めると、「お前は自由にしてよいもののほかには何一つ手をつけなかったので、すべて許そう。忠義をつくしてくれる家来だと分かったので、一つお前を取り立ててやろう」と言い、この兵卒でも務まるよい役目につけてやった。

訳注　モーリッツ（一五七二〜一六三二）はヘッセン＝カッセル方伯、またの名を「学者」。芸術学問に幅広く関心を持ち、自らも劇作を試みドイツで最初の劇場をつくった。「よろず開きの根」については一七三頁を参照。

【聖人聖女】

盲目のサビヌス司教 (387)

サビヌス司教は高齢を前に目の光を失いまったく何も見えなくなってしまっていた。このサビヌスに予言する能力があると聞くと、トーティラ王は信じようとはせず真実かどうかを自ら試してみようと思った。

トーティラ王が近くに到着したと知ると、司教は王を饗宴に招いた。王は食事をとろうとはせず、老人の右手に座った。召使が司教に葡萄酒の杯を手渡そうとしたところ、王が何も言わずにそっと手を伸ばして杯をとり、自らの手で司教に渡した。司教はこれを受け取ると「この手に幸いあれ」と祝福した。見抜かれてしまったトーティラは顔を赤らめたが、求めていたものが見つかったので嬉しく思った。

このサビヌスはとても長生きだった。そのためついには、副司教が早く司教の地位につきたいという欲望に負けてしまい、この信仰の念篤い人を毒殺しようと企てるまでになった。副司教は酒蔵番を味方に引き入れ、毒を杯に入れさせた。そしてサビヌスの昼食時にいつも飲み物を出している召使を金で丸め込んだ。

さて召使が杯を持って司教に手渡そうとしたところ、即座に司教からこう言い渡された。「その飲み物を自分で飲みなさい。」震え上がった召使は、このようにして人を殺めた者が受ける苦痛に苦しむよりも、葡萄酒を飲んで死のうと思った。杯を口に当てたそのとき、サビヌスが引き止めた。

「飲むのではない。渡しなさい。私が飲もう。そのかわりにここを退いて、私に飲ませようとした男に伝えるのだ、私は飲むが、そなたが司教になることはないとな。」そう言い終えると司教は十字を切り葡萄酒を飲んだ。ところが身に何の異変も起こらなかった。だが、ちょうどその時刻に、別の場所にいた副司教が床にくずおれて事切れた。司教の口を通って毒が副司教の内臓に達したかのようだった。

訳注　トーティラは東ゴート族の王、五五二年に没。弱体化していた東ゴート王国をたてなおした。「聖者を試すトーティラ王」（二二八頁）参照。

レーミヒが火炎を追い払う(428)

ランスの町が激しい火災に見舞われ、すでに家屋の三分の一が灰燼に帰してしまったときのことである。ニカシア教会にいた聖者は、知らせを受けると身を床に投げ出して神に助けを請うた。そうし終えると急いで町に向かったが、教会から走り出る際に、入り口の階段が柔らかい粘土でできているかのように、硬い石の上に足の跡が残された。その足跡は神の奇蹟の証拠として今でも見ることができる。

さて町に入るとレーミヒは炎に立ち向かって歩み、右手で十字を切ったところ、たちまち聖者を恐れるように火の手は退き始めた。聖者は逃げる炎を追いかけ、まだ焼失を免れている家々から追い払い、最後には市門から外へと追いやった。そして門の扉を閉めると、この門は二度と開けないようにと、町民の前で強く威嚇しながら命じた。

数年後に門の横に住んでいたフェルキンクトゥスという町人が、門を塞いでいた壁を打ち破ったところ、疫病がこの者の家に入り込み、家中の人と家畜はすべて死に絶えてしまった。

訳注　聖レーミヒは聖レミギウス（四三六頃～五三三）のこと。「教会の甕」二四六頁参照。

聖アルボガスト（437）

シュトラースブルクの司教、聖アルボガストは、フランスの国王ダーゴベルトの並々ならぬ愛顧を受けるとともに、何事も隠し立てなく話し合う仲になっていた。王にとっては、聖者と頻繁に言葉を交わし賢明な忠言を得ることほど望ましいことはなかった。

ある日、王の狩人と王子のズィーゲベルトがイル河畔の森や茂みに狩りに出かけた。後にエーバースハイムの大聖堂が聳えるあたりである。一行が獲物を探していたところ大きな猪を見つけ、犬とともに追いかけているうちに幾手かに分かれてしまい、王子は一人きりで馬を進めることになった。すると突然行く手に大猪が現れたものだから、馬が驚き王子は落馬した。ところが足が鐙から抜けず、馬に踏まれ、死んだように動かなくなってしまった。王の家来たちが踏みつけられた王子を見つけ、深い悲しみを懐きながら抱え上げて王宮に連れて帰った。

その翌日に王子は息を引き取ったが、王は助言を受けて、聖アルボガストを呼びに遣らせた。聖者はすぐに駆けつけてきた。哀悼の言葉を尽くしたのち、亡骸の前に跪いて聖母に助けを求めた。「この世のすべての命を産んでくださったのですから、この少年に命を戻してやってください。」すると、少年は命を取り戻し、経帷子を着たまま身を起こし立ち上がったのである。死の装束を脱がせて王家の装いに着替えさせたあと、王と王妃そして廷臣はみな聖者の足もとにひれ伏して聖者の慈愛に謝意を捧げた。アルボガストは金銀を受け取ろうとはしなかったが、王に提言して、ルーファハの地を畑や森、草地ともどもシュトラースブルクの聖母大聖堂に寄進してもらった。

月日が経ち、アルボガストが高齢に達し病に臥したとき、臣下を前に望みを語った。「主イエスさまはエルサレム市外の罪人が処刑される場所に葬られたが、私も救世主と同じように埋葬してほしい。だから、私が死んだらシュトラースブルク市外の罪人を処刑する絞首台の近くの場所に埋めてくれ。」臣下はその通りにすると約束せざるをえなかった。それゆえアルボガストは死後、聖ミヒェルの丘に埋葬された。そこは絞首刑の丘で当時は絞首台が立っていた所である。墓の上には聖ミヒァエルを祀る礼拝堂が建てられ、遺骸は長くそこに安置されていた。

訳注　聖アルボガスト（六一八没）。ダーゴベルト王については「聖者たちの墓」（二五五頁）参照。

マインツ大司教の紋章の車（474）

一〇〇九年、敬虔で学識豊かなヴィレギスがマインツの司教に選任された。ヴィレギスは市井の貧しい家の出で父親は車大工だった。そのため高貴な生まれの聖堂参事会員や司祭たちは新司教を憎み、腹いせにチョークを手に取って司教の城の壁や戸に車の絵をかき侮辱しようとした。

敬虔な司教は周囲の嘲りを耳にすると、絵師を呼び寄せて、居城のすべての部屋に上質の絵の具で赤の地に白い車を描くように命じた。そして絵に添えて「ヴィレギス、ヴィレギス、お前の生まれを忘れるな」との文言を書き込ませた。
これがもとになって、以後マインツの司教はみな赤い楯に白い車を描いた紋章を用いている。これに付け加えて、別伝では、ヴィレギスは謙虚さゆえに寝台にいつも木製の犂車をたて掛けていたと言われている。

訳注　ヴィレギス（ヴィリギス、九四〇頃～一〇一一）は貴族以外の出身とも言われている。九七五年からマインツの大司教、聖人。オットー大帝とオットー二世のもとで王国運営上の要職に就き、オットー三世の治世では実質的な摂政役を務める。

八人のブルーノ（577）

むかしザクセンの国のクヴェルンフルトの館に、ゲープハルト伯爵とその奥方が住んでいた。奥方は、伯爵が留守の間に一度に九人の子を産んだ。これには侍女たちともどもひどく驚き、みなどうしたらよいものか困ってしまった。というのも大変気がかりなことがあったからだ。夫の伯爵はとても変わった人だったので、何のやましいこともなく一人の男と契って九人の子が生まれるものだと信じてもらえる見込みはまずなかろうと思われた。伯爵は双子や三つ子を産んだ女房についてよくひどいことを思い描き、またそれを口に出して言っていたが、そういうときに誰も伯爵を説得して女房たちの身の潔白を納得させることができなかったのだ。

そのためわが身に禍がおよぶことを恐れた奥方は、侍女たちと図り赤子のうち八人をひそかに始末して、一番丈夫な一人だけを育てることにした。（この一人はブルクハルトと名づけられ、その孫は後のロータル帝である。）そして侍女の一人に八人の赤子を鍋に入れて連れ出し、城下の水車小屋の向こうの池に鍋ごと重石を添えて沈め、溺死させるように命じた。

命を受けた侍女は翌朝早く、赤子を城から連れ出した。ところがちょうどその日、伯爵の弟の聖者ブルーノが祈りを捧げるために夜明けとともに野に出ていた。ブルーノが山の麓の美しい泉（この後ブルンの泉と呼ばれている）のあたりをぶらぶら歩いていたところ、侍女にばったり出くわした。侍女は何かを恐れているかのように脇目もふらずに道を急いでいた。すれちがいざまにブルーノは外套の下に隠されていた鍋の中の赤子の鳴き声を耳にした。不思議に思ったブルーノは何を運んでいるのかと尋ねた。「犬の子です」と侍女は答えたが、犬の子の声には聞こえなかったので、何だろうと思って侍女の外套を押し上げて覗いたところ、八人の赤子だった。びっくりしたブルーノは、恐ろしさのあまり立ちすくんでいる侍女に、どこから子供たちを連れてきたのか、誰の子でどうするつもりだったのか、すぐに言うように迫った。身を震わせながら侍女はすべてを包み隠さず打ち明けた。

それを聞いたブルーノの殿は、この件については母親を含めて誰にも、仰せ通りにしたと以外には何も言うな、と強い調子で命令した。八人の赤子はブルーノが引き受け、泉のかたわらで洗礼を施し、みなにブルーノという名を与えた。それから哀れな孤児を引き取って育ててくれる先を探し、一人あるいは二人を城下の水車小屋に、他の子供たちは近くの何軒かの家に預けた。その際、赤子を育て上げるように命じて金銭を与えるとともに、この件については他言しないように言い渡した。また自らもこのことについては長いあいだ誰にも話さなかった。

ところがブルーノの殿はクヴェルンフルトを離れてこれを最後にプロイセンに行かねばならなくなった。もう二度と故郷の地を踏むことはあるまいと思えたので、兄のゲープハルトに面談を求めた。そして、あらかじめ兄に、奥方に対して邪険な仕返しはせずに神の奇蹟と慈悲の御業を認めるように約束させたうえで、子供たちが生まれたときのこと、ほかの八人もまだ生きており、どこへ行けば子供たちに会えるか、事の次第を冷静に道理をつくして打ち明けた。その後で聖者ブルーノは奥方のところにも足を運びすべてを話すと、その罪深い猜疑心を厳しく咎め立てた。大きな喜びと耐え難い苦しみが夫人の心中で入り混じった。八人の子供たちが連れてこられ、みな同じ服を身に着けて両親の前に通された。子供たちの姿を目にすると父も母も胸が高鳴った。子供たちの姿形しぐさから、八人とも九番目の子と兄弟であることが見てとれたからである。

侍女が八匹の犬を入れて運んだという鍋は、今でもクヴェルンフルトに行けば見ることができる。その地の城付き教会内に、この出来事の記念にと、内陣の前の石のアーチに鉄の鎖をつけて掛けられている。池は今でも子犬池《ヴェルファタイヒ》、一般にはヴェラータイヒと呼ばれている。

訳注　クヴェルンフルトはクヴェーアフルトのこと。ブルーノ（ブルン）・フォン・クヴェーアフルト（九四七頃〜一〇〇九、大司教、殉教者）はプルーセ族（プロイセン、リトアニアあたりに居住）に布教中死去。

驢馬の草地（578）

復活祭の前の木曜日、聖者ブルーノは十字を切って祈ったあと、兄ゲープハルトのもとを発ち、異教徒を改宗させようとプロイセンに向かった。

さて、ブルーノがクヴェルンフルトのすぐ前に広がる草地にさしかかったとき、乗っていた驢馬あるいは騾馬が立ち止まり、打っても鞭を与えても拍車をくれても前にも後にも進まなくなってしまった。そのためゲープハルトをはじめとしてブルーノを見送っていた人たちは、この遠征は神の御意志ではないと判断し、ブルーノを説得してとうとうクヴェルンフルトの城に引き返させてしまった。その夜、聖者はもう一度この件についてよく考え深い悲しみに沈んだ。そして居ても立ってもいられず、とうとう再度遠征の軍を進め、プロイセンで異教徒に捕えられ拷問を受けたすえ殺されてしまった（一〇〇八あるいは一〇〇九年）。

ブルーノを乗せた驢馬が動かなくなった場所に、ブルーノの死後教会が建てられ、今日でも驢馬の地の礼拝堂と呼ばれている。この礼拝堂では聖木曜日にはいつも特別の贖宥を与えていた。そのためクヴェルンフルトの驢馬の草地には国中からたくさんの巡礼が訪れた。後にはそれが歳の市となり、毎年その日には日の出から日没まで、土地の人たちが大層な数押し寄せて大変な賑わいようである。

聖女ノートブルガ（351）から

今日でもネッカー川のほとりには古城ホルンベルクの塔と城壁が聳えている。むかしこの城には強大な権勢を誇る国王が住んでいた。国王には美しく敬虔な娘があり、名をノートブルガといった。娘には愛する騎士がいた。将来を言い交わした仲だった。ところが騎士は異国へ出征したまま帰らぬ人となってしまった。王女は昼となく夜となく恋人の死を嘆いて涙し、新たな求婚者を拒み続けた。だが父親は無情にも娘の悲しみを顧みることはなかった。あるとき娘に「婚礼の飾りの準備をするのだ。三日後にお前のために選んだ花婿が来る」と言い渡した。これを聞いたノートブルガは「誓いを破るくらいなら、青い空が続く限りどこまでも逃げていこう」と心に決めた。

その夜月が昇ると、王女は忠実な家来を呼びこう言った。「森の頂を越えて聖ミヒァエルの礼拝堂まで連れていっておくれ。そこで父から隠れて神に仕え残る命を全うしようと思う。」さて二人が森の頂まで来ると、木の葉がさわぎ雪のように白い鹿が一頭姿を現し、ノートブルガのかたわらに静かに佇んだ。王女がその背に乗り角につかまると、鹿は素早く駆けだした。家来が見ていると、鹿は王女を乗せて軽々と危うげもなくネッカーの流れを泳ぎ渡り、向こう岸へ消えていった。

あくる朝、娘がいなくなったことを知った王はいたるところ隈なく探すように命じ、ありとあらゆる地方に使者を送った。だが使者たちはみな何の手掛かりも得られないまま城に戻ってきた。忠実な家来には王女を裏切る気など毛頭なかった。その日の昼のこと、あの白い鹿がホルンベルクにいる家来のところに姿を現した。パンを与えようとすると、角に刺すようにと頭を下げた。そうしてやると鹿は跳んで走り、荒野にいる王女のもとへパンを運んでいった。このように鹿は毎日やって来て王女ノートブルガのための食事を受け取っていた。多くの者がそれを見ていたが、家来以外の誰にもそれが何を意味しているのか分からないままだった。

ところがとうとう国王が白い鹿に気づき、年老いた家来から強引に秘密を聞き出してしまった。翌日の昼、王は馬に乗って待ち構えていた。そして鹿が食事をとりにやって来て、受け取って急いで立ち去ると、その後を追い、川を越えて鹿が飛び込んだ岩の洞窟のところまでつけていった。王は馬を降り中に入っていった。洞窟の中には娘が手を合わせ十字架の前に跪いていて、そのかたわらには白い鹿が身を休めていた。ノートブルガは日の光にまったく触れていなかったので死者のように青ざめていた。王はその姿に驚きを禁じえなかったが、しばらくして娘に声をかけた。「私と一緒にホルンベルクに帰りなさい。」だが娘は「私は神に命を約束した身です。もはやこの世に求めるものはありません」と言うだけだった。王がそのほかに何を言ってもノートブルガは動ぜず同じ答えを繰り返した。すると王は怒りだして娘を連れ出そうとした。ノートブルガは十字架にしがみついた。王が力ずくで腕をつかんで引っ張ると、腕が抜けて王の手に残った。王は恐怖にとらわれその場を逃げ去り、二度と洞窟に近づこうとはしなかった。

人々は事の次第を話に聞くとノートブルガを聖女として崇めた。聖ミヒァエル礼拝堂の隠者は悔悛した罪人が救いを求めに来ると、ノートブルガのもとに行くように勧めた。聖女は罪人とともに祈り、心から重荷を取り除いてやった。秋になり木の葉も落ちるころ、天使が降り立ちノートブルガの魂を天国へ運んでいった。

人々は亡骸を経帷子にくるみ、花はすべてもう枯れてしまっていたというのに、咲き誇る薔薇の花で飾ってやった。二頭の軛をかけられたことのない真白な雄牛が蹄を少しも濡らさずに亡骸を向こう岸に運んだ。近くの教会の鐘はみなひとりでに鳴り始めた。そのようにしてノートブルガの遺体は聖ミヒァエル礼拝堂に運ばれ、そこに埋葬された。ネッカー河畔の村ホーホハウゼンの教会には今でも聖ノートブルガの石像が安置されている。ノートブルガが隠れた洞窟は、人々の間では乙女の洞窟と呼ばれていて今でも見ることができ、土地の子供ならば誰もが知っている。

もう一つ別の伝えによると、ノートブルガはモースバッハに宮廷を構えていた国王ダーゴベルトの娘で、王が異教のヴェンド族の男に嫁がせようとしたため、宮廷から逃げ出し姿をくらました。王女は死ぬまで一匹の蛇から薬草と草の根をもらって岩の洞窟で命をつないでいたが、やがて亡くなった。さまよい出た鬼火がひそかな死を告げ知らせ、亡骸は王女だと確認された。王女の亡骸を乗せた車を二頭の雄牛が牽き、立ち止まったところに王女は埋葬された。その墓は今でもその場所にあり、教会の建物の内部になっている。ここでは今でもたくさんの奇蹟が起こる。蛇の像も石に刻まれて同じようにホーホハウゼンにある。当地の教会の祭壇の絵には美しい髪のノートブルガが描かれているが、それは復讐心に燃えた父親が首を切らせている場面である。

【隷属身分と老人】

馬丁アタルスと料理人レーオ（432）

二人のフランク族の王テオーデリヒとヒルデベルトが不和と反目を繰り返している時代には、高貴な筋の子弟が人質に出されたり下僕に身を落としたりすることがよくあった。次の話もそういうなかで起きた出来事である。

アタルスは名門の出で聖グレーゴルと近い血縁関係にあったが、トリーアの近くに住むフランク人に下僕として仕える身となり馬丁の仕事を与えられていた。グレーゴル司教は、アタルスの運命を気遣い使者を遣って探し求めさせた。使者たちがとうとう見つけ出して自由の身にしてもらおうと思って主人に心づけを渡そうとしたところ、この男はそれをはねつけて言った。「これほどの生まれの者を買い戻すには、十ポンドの金が必要だ。」そのため使者たちは目的を果たせず司教のもとに帰ってきた。それを聞いた司教の料理人の一人レーオが「そのお方を尋ねてもよいとのお許しをいただけますならば、捕らわれの身から自由にして差し上げることができるかもしれません」と申し出た。司教は喜び許可を与えた。

レーオはかの地に到着すると、まだ少年のアタルスをひそかに連れ去ろうと試みたが、うまくいかなかった。そこでとある男とこう申し合わせた。「一緒に来てあのフランク人の家に私を売ってくれ。受け取った代金はお前さんのものでいいから。」男はその通りにしてレーオを十二グルデンで売り払った。買い主は今や下僕となったレーオに仕事は何かできるかと尋ねた。「ご主人さま方が食卓でお食べになるものなら何でも上手に調理できます。私に勝る腕の持ち主がいるとは思えません。王さまのために宴を張るおつもりがあるなら、それにふさわしい料理をおつくりできます。」そうレーオが答えると主人はこう応じた。「今度の日曜日に隣人と友人を招待することにしよう。王家でもこれ以上の料理は味わえないとみなが言うような食事を作るのだぞ。」「ご主人さま、若い雄鶏をたくさん調達してください。そうすればご指示の通りにいたしましょう。」

それが認められレーオは日曜日にとても美味しい料理を作って出したので、客人たちはいくら褒めても褒めきれないといった様子で食事を楽しみ、みな満足して帰宅していった。主人はこの新しい料理人に目をかけるようになり、貯蔵食料のすべてを監督し管理する役目につかせた。こうして一年が過ぎ、主人のレーオに対する好意はますます強くなり、心の底から信頼を寄せるようになっていた。

そんなある日のこと、レーオはアタルスが馬の世話をしている屋敷の近くの草地に出かけて言葉を交わした。だが二人とも距離を取って地面に横になり背を向け合い、話し合っているとは誰からも気づかれないように注意を払っていた。レーオは言った。「祖国に思いをはせるときが来た。いいか、今夜馬を厩舎に入れたあとで、睡魔に負けずに目覚めているのだよ。お前を呼んだら、すぐに逃げ出すことができるようにな。」

この日もたくさんの親戚と友人が客として招かれていたが、そのなかには主人の娘婿がいた。真夜中になって客人たちが宴の席を立ち眠りに行こうとしているときに、この娘婿にレーオは杯を手渡した。すると娘婿が冗談交じりに話しかけた。「どうだいレーオ、ご主人の馬に乗って逃げ出し故郷に帰りたいかね。」レーオも冗談めかして本当のことを答えた。「ええ今夜にでも、それが神さまの思し召しであればですがね。」「それではお前が私の持ち物を一緒に持っていかないように、召使どもにはよく見張っていてもらいたいものだな。」こう言って笑いながら二人は別れた。

屋敷中が寝静まってしまうと、レーオは横になっていたアタルスを呼び起こした。「剣は持っているか。」「いいえ、短い槍だけです。」そこでレーオは主人の部屋に入り楯と槍を手に入れた。主人は夢うつつで尋ねてきた。「誰だ、何の用だ。」「お仕えしているレーオです。早く起きて馬を牧場に連れていくようにアタルスを起こします。まだ酒が抜けずに寝坊していますので。」「好きなようにしろ。」そう言うと主人はまた寝入ってしまった。

レーオは家の外に出て、若者を武装させた。厩の入り口は、馬が逃げないように晩に釘を打ち付けて閉めておいたのだが、神の采配によってだろうかこの時には開いていた。神の助力に感謝するとともに二人は厩から連れ出した馬に乗って逃走した。毛布と別の馬一頭も持ち去ったが、モーゼル川を渡るさいに馬たちと毛布は置き去りにせざるをえなかった。楯に身を乗せて流れを横切って向こう岸まで泳ぎつき、夜が訪れ暗くなると、森に入って身を隠した。

三日目の夜になったが、まだ何も口にしないまま先へ先へと歩き続けていたところ、神の合図で実をたわわにつけた木を見つけた。スモモと呼ばれているこの果実を食べて二人は元気を回復して先へと進んだ。カンパニエン（シャンパーニュ）に達してしばらくすると背後に馬の足音が聞こえた。「馬で男たちが来るぞ。察知されないように地面に身を伏せよう。」そう言って注意し合っていると、何という幸運、大きな茨の藪がすぐ横にあったので、その後ろに回った。見つかったらすぐに身を守れるように、鞘から剣を抜いて地面に身を伏せた。騎馬の者たちは近づいてきてちょうど藪の前で馬を止めた。馬が排尿をしている間にその中の一人が言った。「二人の逃亡者を見つけ出せないとは、困ったことになった。だが、誓って言っておくが、連中をつかまえたら一人は吊るし首だ。もう一人は剣で細切れにしてやるぞ。」こう言い放ったのはフランク人の主人である。二人を捜してランスから回って追ってきていたのだ。もしこのとき夜になっていなければ、二人を間違いなく見つけることができただろうが、気づかぬまま追手は先へと馬を走らせていった。

二人はその夜に無事にランスの町につくと、町人を探して、パウルルスという名の司祭の家はどこかと尋ねた。教えてもらって横町を歩いていたところ早朝ミサのための鐘が鳴った。日曜日だった。司祭の住まいの戸をたたいて中に入れてもらうと、若者はフランク人の主人のことを話し始めた。それを聞いた司祭はこう話してくれた。「それでは夢は正夢だったのか。今夜の夢に二羽の鳩が現れたのだ。こちらに飛んできて私の手にとまった。一羽は白い色で、もう一羽は黒だった。」二人の若者は司祭に頼んだ。「今日は聖なる日なので、少しばかり食べ物をいただけないでしょうか。今朝でパンもムースも食べてない日が四日になります。」司祭は若者たちを自宅にかくまい葡萄酒をかけたパンを与えてミサに出かけた。実はフランク人も若者たちを捜してここを訪れてきていた。だが司祭が偽りの話をして聞かせたので、トリーアの方向へ戻っていったのである。司祭は聖グレーゴルとは昔からの友人だった。

若者たちは食事をとって体力を回復し二日間司祭の家に滞在したのちに、暇乞いをして旅立ち無事にグレゴリウス司教のもとに帰り着いた。司教は二人の姿を見ると歓喜し、甥（孫）のアタルスの首に縋りついて涙を流した。そしてレーオはその一族とともに従属民の地位から解放してやった。自分の土地をもらったレーオは、妻と子を得て自由民として暮し一生を終えたのである。

訳注　テオーデリヒ（トイデリヒ）王とヒルデベルト王は、クロードヴィヒ一世の死後に分割されたフランク王国の王（「鋏と剣」二四七頁参照）。司教についてはグレーゴルとグレゴリウスの両様の表記が行われている。なお、『グリム ドイツ伝説集』で隷属身分の境遇に触れている伝説はごくわずかで、「ランゴバルト族とアスィーピタ族」（二二五頁）にも自由民の地位を得る隷属民が登場する。

ヴィテキントの敗走(454)から

土地の人なら今でも誰もが知っているが、ヴィテキントはエングターでフランク族に打ち負かされ（七八三年）、ヴィッテンフェルトの野には多くの死者が置き去りにされた。このときヴィテキントは女や子供をともなってエラーブルハ方面へと敗走した。

その途中、逃れてゆく一群が川を渡ろうと浅瀬に到着して岸でひしめき合っているときのことである。衰弱してこれ以上先へは進めなくなった老女がいた。ザクセン人は老女を敵の手に委ねたくはなかったので、ベルマンの草地に近い砂丘に生きたまま埋葬することにした。砂をかけながらザクセン人は声を合わせてこう言った。「身を屈めろ、屈めるのだよ。この世でお前は嫌われ者だ(1)。この喧噪にはついてはいけぬ。」

原注1　ホルシュタイン地方の伝説によれば、ジプシーはとても年を取っていて一緒に連れていくことができない者を、生きたまま水に沈めて溺死させ、その際に「深く潜れ、深く潜れ、この世でお前は嫌わ

れ者だ」と唱えるという。S．シュッツェ『ホルシュタイン方言辞典』第一巻二六七頁。同書の第二巻三五七頁には、上の唱え文句が諺として挙がっている。この表現がハールツ山麓でも普通に用いられることは、オトマルの『伝説集』四十四頁からも分かる。この文自体は「もう誰もお前のことを構ってくれない。お前はこの世を捨てたのだ」という意味である。

訳注　ヴィテキントはザクセン族の指導者。七七七年から七八五年にかけてフランク王国カールと交戦。七八五年にキリスト教徒となる。高齢者の境遇を語る話は『グリム ドイツ伝説集』では他にはない。なおエングターはオスナブリュック近くの村。

【スイス建国の伝説など】

メルヒタールの畑の雄牛（515）

ザルネンに帝国直轄地の代官を務めるランデンベルクの殿が住んでいた。この殿はメルヒタールの農夫が犂を引く見事な一組の雄牛を所有していると聞くと、すぐさまこの話に飛びつき、雄牛を連れてくるように兵士に命じて農夫のもとに遣わした。「犂は農夫らに引かせればよい。わしはその雄牛が欲しいのだ。」それが代官の言い分だった。

兵士は命令を実行に移したが、不運にも目をつけられた信仰心の篤い農夫には息子がいた。この息子が、兵士が雄牛の軛を解こうとしたとき、棒で打ちすえ兵士の指の骨を砕いてしまった。兵士は取り乱して泣きわめき代官のもとに帰るとこの不埒を訴えた。善良な若者は逃げなければひどい目に遭

う と分かっていたので行方をくらました。ランデンベルクの殿は怒って何人もの兵を差し向けたが若者の姿はすでになかった。そこで兵士らは老父を捕らえた。殿は老父の両目をえぐり取らせたうえ財産を没収したのだった。

訳注　以下四つはスイスの建国にまつわる伝説である。スイス建国はウーリィとシュヴィーツ、ウンターヴァルデンの住民が一二九一年に結んだ「永遠の同盟」にさかのぼるとされる。ザルネンはウンターヴァルデンにある村。十三世紀前半にウーリィとシュヴィーツは国王から帝国直属の地位を約束されたが、以前の領主ハープスブルク家の支配を排除できなかった。「永遠の同盟」以後、ウンターヴァルデンも帝国直属の地位を認められ、一三二四年にはハープスブルク家は完全に手を引く。その後、帝国（の代官）の権限も薄れ、統治は三地域および後から加わった地区の自治組織が担うようになる。

風呂に入る代官（516）

その当時、森の中のアルツェレンにも篤実な男が住んでいた。男には美しい女房がいた。代官はこの女房が好きになり自分の思い通りにしたいものだと考えていた。ところが女房にまったくその気がないと分かり、しかも「どうかそっとしておいてくださいな。神さまに背きたくはございませんので」と頼まれたので、無理強いしようと目論んだ。

ある日のこと代官が馬でやって来た。亭主がたまたま森に出かけて留守だったので、代官は女房に風呂の準備をさせた。女房はいやいやその言葉に従ったが、代官は用意が整うと風呂に入り、女房にも一緒に入るように求めた。だがそれは善良な女房の欲するところではなく、できる限り事を先に延ばすと、どうか操を守ってくださるようにと神に請い願った。はたして主なる神は苦境に陥った女房を見捨て給うことはなかった。いよいよ口実も尽きたとき、折よく夫が森から帰ってきたのである。もし戻ってこなかったら、女房は代官の意のままになってしまっていただろう。

帰宅した夫は女房が悲し気に立っているのを見ると、どうしたのか、なぜ顔を輝かせて出迎えてくれないのだ、と尋ねた。「ああ、あなた、いま殿さまが中にいるの。風呂を用意させ私にも一緒に入ってよくない事をしろと要求したのです。私は断りました」と女房は答えた。「それならば声を立てずに静かにしていなさい。お前が操を守り通したことを神さまに感謝しよう。代官がもうそんな真似はしないように、痛い目に遭わせてやる。」夫はそう言うと風呂に入ったまま女房を待っていた代官のところへ行き、斧で打ち殺してしまった。すべては神が望み給うたことである。

ヴィルヘルム・テル(518)

グリスラー(1)という名の皇帝の代官がウーリィの地に来ることになった。この代官が滞在を始めてしばらく経ってからのことである。ウーリィには土地の者なら誰もがかたわらを通ることになる菩提樹があった。その樹の下に代官は棒を立てさせその上に帽子を乗せると、横に兵士を一人見張りとして置いた。そのうえで「ここを通り過ぎる者は帽子に対して、主人である私自身がそこにいるのと同じように頭を下げねばならない。これを無視してお辞儀をしなかった者には十分な償いをしてもらう」とのお布令を出した。

さてウーリィにはヴィルヘルム・テルという名の信仰心の篤い男がいた。テルは帽子の前を通り過ぎても一度もお辞儀をしなかった。そのため帽子の番をしていた兵士がこのことを代官に訴えた。代官はテルを連れてこさせて尋ねた。「どうして命ぜられている通りに、帽子と棒にお辞儀をしないのだ。」「殿さま、これには深いわけはございません。殿さまがこのことをそれほど重く見ておいでとは考えてもみませんでした。私が利口でしたらテルなどという名を授かってはおりません。」

テルはこの国では他に並ぶ者のない優れた弩《いしゆみ》の使い手だった。父親でもあり可愛らしい子供たちを大切に育てていた。そこで代官は人を遣わし子供たちを連れてこさせた。子供たちが姿を見せるとどの子が一番可愛いかとテルに尋ねた。「みな同じように可愛いくございます。」テルがそう答えると代官は言った。「ヴィルヘルムよ、お前は弩の名手だ。お前ほどの腕のものはほかにはいないというが、それをいま私の前で見せてくれ。子供のうちの誰か一人の頭に林檎を載せてそれを射るのだ。それができたらお前を弩の名手とみなしてやろう。」善良なテルはびっくりして、それぱかりはどうかお許しくださいと慈悲を請うた。「これは真っ当なことではございません。そのほかのことならば何なりとご命令の通りにいたします。」だが代官は兵士を使ってテルを押さえつけ、自ら子供の頭の上に林檎を乗せた。

もはや逃れられないと見てとったテルは、矢を一本つかみ上衣の背に差し込んだ。もう一本矢を手に取り弩を張ると神の加護を祈った。そして射た。矢は子供にかすり傷一つ負わさずに林檎を射落とした。それを見た代官は尋ねた。「名人技だ。だが一つ教えてくれぬか。最初の矢を上衣の背にさしたのはどういうことだ。」「射手の習わしでございます。」だが代官は引き下がろうとはせず、本当のことを聞こうとした。真実を言えばどうなるかと恐れていたテルもとうとう譲歩した。「命を保証してくださるならば申しましょう。」代官がそれを約束するとテルは打ち明けた。「よろしいでしょう。命を保証して下さったからには本当のことを申し上げましょう。もし矢が林檎を外れて子供に当たったならば、もう一つの矢であなたを殺すつもりだったのです。」それを聞いた代官は「命は助けてやると言ったが、お前を日も月も照ることのない所へたたき込んでやる」と言うと、テルを捕らえ縄をかけさせた。そして自らが乗ってシュヴィーツに戻るつもりだった小舟に放り込んだ。

さて一行が湖に乗り出してアクセンのところまで来たとき、激しい強風に襲われて舟が揺れ、みなここでみじめな最期を迎えるかと思うほどだった。逆巻く波に対して船をどう操ったらよいのか誰にも分からなかったからだ。そのとき兵士の一人が代官に進言した。「殿、テルの縄を解くようにお命じ下さい。こやつは剛の者でございますから、嵐のことも十分に心得ておるでしょう。こやつに舟を任せればこの苦境を脱することができましょう。」代官はテルに呼びかけた。「この苦境から逃れられるよう努力を惜しまず、最善を尽くしてくれるならば、お前の縄を解くように命じてやるぞ。」「はい、殿さま、喜んでそういたします。思い切ってやってみましょう。」

縛めを解かれたテルは舵をとると力を振り絞って舟を進めた。だがそうしている間にも、注意深く機を窺い、かたわらの船底に転がっている弩に目を注いでいた。そして、大きな平らな岩にさしかかったとき――この岩はこの時以来「テルの岩」と呼ばれ今日に至っている――、今こそ逃れる好機と思い、快活な声で舟中の者たちに呼びかけた。「岩の上にたどり着くまでしっかり漕いでくだされ。あの前まで行けば危機を乗り越えたも同じです。」そして舟が岩に近づくと、さすがに剛の者、力強く舟を揺らすと弩をつかみ一跳びで岩の上に立ち、舟を沖へ押し返した。舟は岸を離れ湖上をゆらゆらと漂った。

テルは昼なお暗い山地を駆けてシュヴィーツを通り抜けキュスナハトのそばのホーレ・ガッセまで走り、そこに代官よりも一足先に到着すると、一行が通りかかるのを待っていた。代官が兵士を連れ馬に乗ってやって来たとき、テルは茂みの背後に身を潜ませていた。聞いているとテルを陥れるさまざまな陰謀がめぐらされていた。テルは弩を張り代官めがけて矢を放った。矢は命中し代官は倒れて事切れた。テルは背後の山々を越えてウーリィへと走って戻り、仲間たちを見つけ出すと一部始終を話して聞かせた。

原注1　ゲスラーとも呼ばれている。民衆劇と民謡は代官の名をまったく挙げていない。
訳注　テルは「愚直者」の意。

少年が竈に語った話（519）

ルツェルンも永遠の同盟に加わったときのこと、町にはまだオーストリアに与しようとする人々もいた。この人々は赤い袖をつけてお互いの目印としていた。この赤袖たちがある夜、通り抜けのアーチの下に集結して同盟者を襲おうとしていた。

このような遅い時間にこの場所を通る者はいつもはいないのだが、このときは神の思し召により、一人の少年がたまたまアーチの下を通りかかった。騒がしい物音や武器がカチャカチャなる音が聞こえたので、少年はびっくりして逃げようとしたが捕らえられてしまった。赤袖たちは「声を出したら殺すぞ」と強い調子で脅し、このことを誰にも口外しないよう誓わせた。

だが企てすべてを聞いていた少年は、どさくさにまぎれて誰からも気づかれずにその場を逃れた。足をしのばせてどこかに灯がともっていないかと探していると、肉屋に煌々とした明かりが見えた。大喜びで中に入り、奥の竈の上に身を横たえた。

部屋にはまだ人が残っていて酒を飲みカードに興じていた。そこで少年は大きな声で「おお竈よ竈」と言い始めた。だがその先は口をつぐんでしまった。それを気にとめる者は誰もいなかった。しばらくしてふたたび「おお竈よ竈、話してもよいか」と始めた。遊んでいた男たちはそれを聞くと少年に向かって文句を言った。「竈のうしろで何を騒いでいるのだ。竈にいじめられたのか。竈と喋るなんてお前は馬鹿か、それともちょっとおかしいのか。」少年は「何も、僕何も言わないよ」とつぶやいたが、しばらくするとまた大きな声で話し始めた。

「おお竈よ竈、僕はお前に話すしかない
人に言ってはいけないのだから。」

そして、通り抜けのアーチの下に人が集まり今日これからたくさん人を殺そうとしている、と付け加えた。それを聞いた男たちは少年にはとやかく構わず、外に走り出るとみなに通知したので、間もなく町中に警戒の知らせが行き渡った。

訳注　オーストリアとはハープスブルク家のことである。ルツェルンが「永遠の同盟」に加わるのは一三三二年。

境界を決める駆けっこ（288）

ウーリィの土地は、シェッヘンタールの谷を上り切りクラウゼンパスと分水嶺を越え、フレッチュバハの川に沿ってグラールスの土地にまで延びている。むかしウーリィの住民はグラールスの住民と境界線をめぐって激しく争い、毎日のように侮辱し合い傷つけ合っていた。そこで実直な人々によって次のような裁定がなされた。

秋分の日の早朝、雄鶏が時をつくると同時に、双方から一人ずつ強健な岩場歩きの達人が出発して境界地に向かって走る。どちらか一方に不利になったとしても、二人が出会ったところに境界を置く。

人選が行われた。双方ともとくに工夫を凝らしたのが、遅れずに朝一番に時をつくるような雄鶏を育てることだった。ウーリィでは雄鶏を一羽選ぶと籠に入れてごくわずかの飲み物と食べ物しか与えなかった。空腹と渇きで早く目覚めると思ったからだった。それに対してグラールスでは雄鶏に餌を与えて太らせた。そうすれば得意になって朗らかに時をつくり、万事うまくいくだろうと考えたのだ。

さて秋になって所定の日が訪れると、最初にアルトドルフの村で腹を減らした鶏が、まだ夜が明けないうちに時をつくった。ウーリィの岩登りの達人は喜び勇んで境界に向かって出発した。ところが向こう側のリンタールの村では朝焼けが空を染め星の光が褪せてしまっても太った雄鶏はすやすやと眠り続けていた。村中の人たちが悲しみに沈んで雄鶏の周りを囲んでいた。不正は行われず、誰も鶏を起こそうとはしなかった。やっとのことで雄鶏が羽ばたき時を告げた。だがグラールスの走者には相手からあけられた差を埋めることは困難だった。跳ねるように走りながら心配になって峠の方に目をやった。すると悔しいことに、尾根を越えてこちらに向かって下り始めている男が目に入った。それでもグラールスの走者は脚に一層の力を込めて駆け登り、できる限りたくさんの土地を住民のために確保しようとした。

そして間もなく二人の走者は出会った。ウーリィの走者は「ここが境界だ」と叫んだ。「隣村のお方よ」とグラールスの走者は暗然とした面持ちで頼んだ。「わが方のことも考えて下さらんか。お前さんが手に入れた草地のほんの一部だけでも分けてくださらんか。」ウーリィの走者は聞き入れようとはしなかったが、相手が引き下がらず繰り返し懇願したので、ついには哀れに思って「お前さんが私を担いだまま山頂に向かって歩いた分だけ与えよう」と答えた。そこで誠実なグラールスの牛飼いはウーリィの走者を抱くと、岩を一つ登りさらに何歩か上に向かって歩んだが、突然息が切れて地面に倒れて死んでしまった。

グラールスの走者が、勝ち誇った相手を運び上げて倒れた境界の小川は、今日でも教えてもらえる。ウーリィは勝利の喜びに湧いた。だがグラールスの住民も牛飼いにしかるべき敬意を表し、その強い忠誠心を長く記憶にとどめた。

訳者あとがき

本書はグリム兄弟（兄ヤーコプ一七八五〜一八六三、弟ヴァルヘルム一七八六〜一八五九）の『ドイツ伝説集』から二二二編の伝説を選び出して編んだ選集である。原著の各伝説にはタイトルとともに一から五八五までの番号が付されているが、その順序は踏襲していない。前後を大きく入れ替えて内容をもとに分類を行い、まとまりごとに見出しを施してある。選択しただけでなく構成も大きく変えてみたのは、『伝説集』のなかの興味深い話を親しみやすく分かりやすい形でお届できればという訳者の願いからである。

原著は日本語に訳すと八〇〇頁にもなる大著である。上巻が土地にまつわる伝説、下巻が歴史にまつわる伝説という区別が設けられているものの、合わせて五八五編（底本の第三版収録の伝説数、初版は五八四編）の伝説が、上下巻を通じて通し番号を付されて並べられている。上下巻を分けている以外には、個々の表題を超えた大きなくくりは設けられていない。また伝説の表題には日本の読者には馴染みのない地名や人名が多く掲げられ、残念なことに読み物としては取りつきにくい体裁になっている。

グリム兄弟も伝説の配列についてはいろいろと考えを巡らせていた。上巻の序文のなかで、内容、時代、地方による分類を例として挙げて、それぞれに困難があることを述べている。下巻の歴史伝説については部族、王国、王朝を考慮した時代別の構成がまだ可能だろうが、土地伝説については、グリムの指摘はもっともだと思われる。地方名は時代によって動くことがある。昔のザクセンは今日のザクセンではない。また伝説の時代確定は難しい。内容にしても一つの伝説にはいろいろな要素が入り込んでいる。そのため原著の配列は、内容の類似や地方によるまとまりに時には意を用いつつ、かなり自由な構成をとっている。もっとも、『伝説集』の取りつきにくさは配列にのみ原因があるのではない。そもそも伝説は出来事や事象を簡潔に伝える。物語や昔話とは異なり人に聞かせ読ませる工夫はあまり凝らされていない。話としてはおおむね無骨で不愛想である。それゆえ事柄自体に関心が持てなければ、読んでいても引きつけられることは少ない。そういう伝説固有の事情も多分に働いている。

そこで、本選集の伝説を選ぶに際しては、まず話として比較的に起伏があってまとまっているものを選び出し、その上で内容的に整理・分類を施した。分類といっても特定の視点からの系統だったものではない。どこにどのような伝説が収録されているかが一目で分かるように、内容が類似したものをひと括りにして、あるいは古代の部族、王国単位でおおむね時代順にまとめて、それぞれに日本の読者にも分かりやすく馴染みのある見出しをつけたにすぎない。もちろん、伝説選集であるからには話の展開だけを基準に選ぶわけにはいかない。事柄自体が持つ重みは無視できない。分類も内容をもとにしているので、それぞれのまとまりの中に出来事や事柄だけをぶっきらぼうに、また羅列的に記述している伝説も組み入れた。話としての面白さと伝説固有の魅力が交じり合って、手ごろな読み物になってくれていればと願う。

分類と構成については一つだけ参考にした書物がある。それはグリム兄弟の兄ヤーコプの著書『ドイツ神話学』（初版一八三五年）である。『童話集』には弟ヴィルヘルムの意向が強く反映されているのに対して、『伝説集』はヤーコプの主導で編集されている。それゆえ『神話学』には『伝説集』への指示や参照が随所に認められ、個々の伝説からだけでは読み取り難い関連にも気づかされることが多い。最初に「女神」にまつわる伝説を置き、「水の精」へ、さらには「山の乙女」へとつないだのは『神話学』に教えられた構成である。ヤーコプのこの著作は注の作成にも大いに役立った。訳注は、歴史的な注以外はほとんどが『神話学』に依拠している。その意味で内容はヤーコプの視点からのものになっている。今日の神話研究や民間信仰研究の水準からのコメントではない。

二年半ほど前に『伝説集』の改訳の話を鳥影社の樋口さんからいただいた後で、全体をざっと読み直していたときに、今度は選集にした方がいいのではないかと思われた。その旨をお伝えしたところまずは全訳版をというご依頼だった。だが選集の構想を具体的に練る段階になるとそれほど簡単な作業ではなかった。最初は一五〇編ぐらいかと算定していたが、全体の組み立てを考え始めると、数は増えて一時は二八〇ほどに膨れ上がってしまった。そこから減らして二二二編に落ち着かせた。たとえば白鳥の騎士に関するものなど長い伝説は割愛せざるを得なかった。そのなかで唯一採用した「ヒンツェルマン」はいくつもの逸話からなっているので、適宜省いて相当に短くしている。

『ドイツ伝説集』（初版第一巻一八一六年、第二巻一八一八年）は『家庭と子供のための童話集』（初版第一巻一八一二年、第二巻一八一五年）と比べると知名度は低い。『童話集』は一八一九年に第二版が出版されているが、広い読者の支持を得るようになったのは二五年に弟のヴィルヘルムが五〇篇からなる選集を刊行した後だとされている。ヴィルヘルムは第二版の段階から一人で『童話集』に改良や追加を重ねた。しかも時代は家庭を中心として子供の教育が重視されていく市民社会の形成期に当たっていた。『童話集』が各国語に翻訳され広く受け入れられる条件は整っていた。

それに対して『伝説集』の第二版が出たのは一八六五年である。ヤーコプは六三年に世を去っていて、編集は弟ヴィルヘルムの息子ヘルマンが行っている。第三版は同じくヘルマンの編で一八九一年に出版されるというペースである。『伝説集』がその後の各国での伝説収集と伝説研究に与えた影響は大きいが、いわば伝説資料集としての意味合いが強く、読み物として提供されてはいない。それが広い読者層を獲得できなかった原因であろう。

ドイツ本国でも選集は第三版刊行以後にいくつか編まれているようだが、本選集は日本の読者に、グリム兄弟の『ドイツ伝説集』が話としても伝承内容としても楽しめることを知ってもらうための企画である。訳注は、伝説相互の関連や時代背景が分かるように、あるいは伝説採取に当たってのヤーコプの関心の一端を紹介するために付してある。

『グリム ドイツ伝説集』新訳版に続いて、この度も樋口至宏さんにお世話になった。鳥影社をもうお辞めになっているにもかかわらずご配慮をいただいた。人文書院版の時から数えるとグリムの伝説集関係では三度お力添えいただいたことになる。心より感謝申し上げたいと思う。

鍛治哲郎

二〇二三年　三月十八日

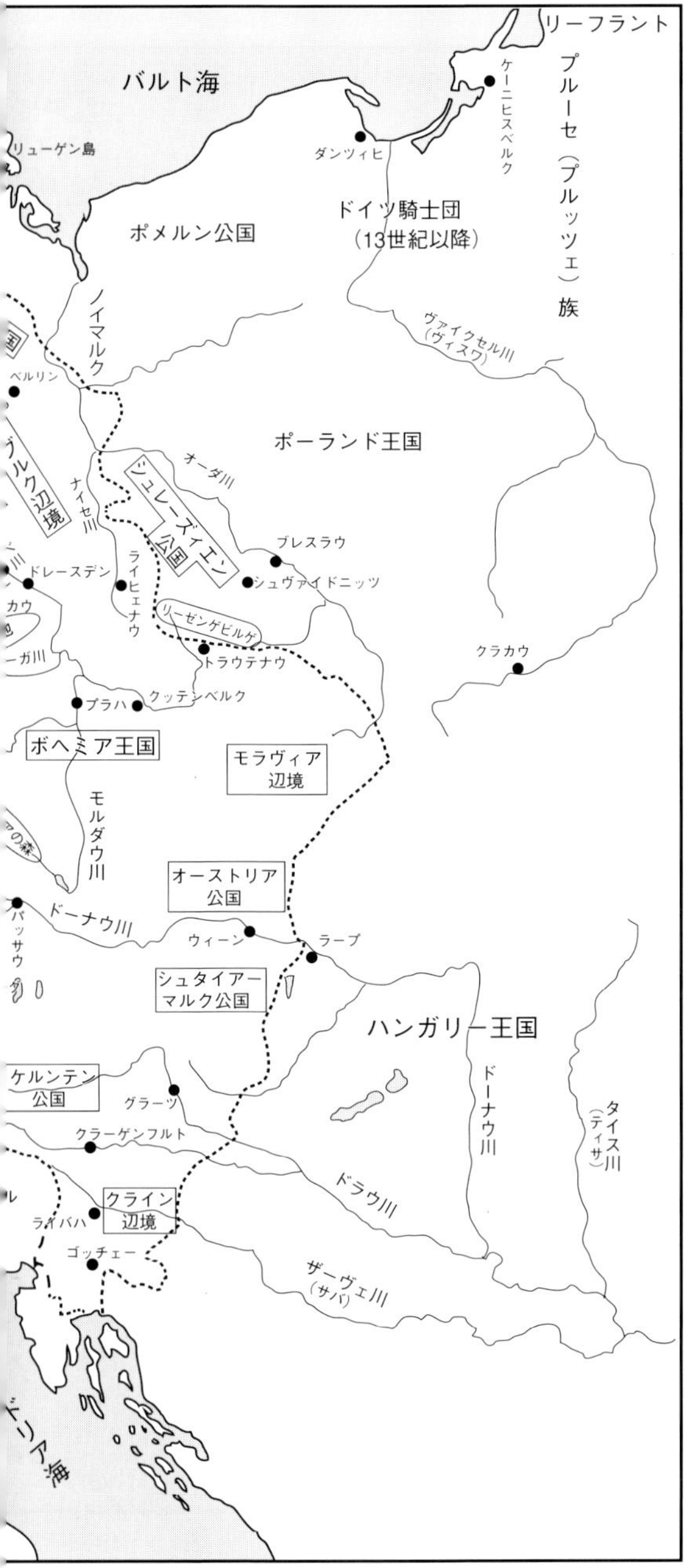
リーフラント
バルト海
リューゲン島
ダンツィヒ
ケーニヒスベルク
プルーセ（プルッツェ）族
ドイツ騎士団
（13世紀以降）
ポメルン公国
ノイマルク
ヴァイクセル川
（ヴィスワ）
ベルリン
ポーランド王国
ブルク辺境
オーダ川
ナイセ川
シュレーズィエン公国
ブレスラウ
シュヴァイドニッツ
ドレースデン
ライヒェナウ
リーゼンゲビルゲ
トラウテナウ
クラカウ
プラハ
クッテンベルク
ボヘミア王国
モラヴィア辺境
モルダウ川
オーストリア公国
ドーナウ川
パッサウ
ウィーン
ラーブ
シュタイアーマルク公国
ハンガリー王国
ドーナウ川
タイス川
（ティサ）
ケルンテン公国
グラーツ
クラーゲンフルト
ドラウ川
クライン辺境
ライバハ
ゴッチェー
ザーヴェ川
（サバ）
ドリア海

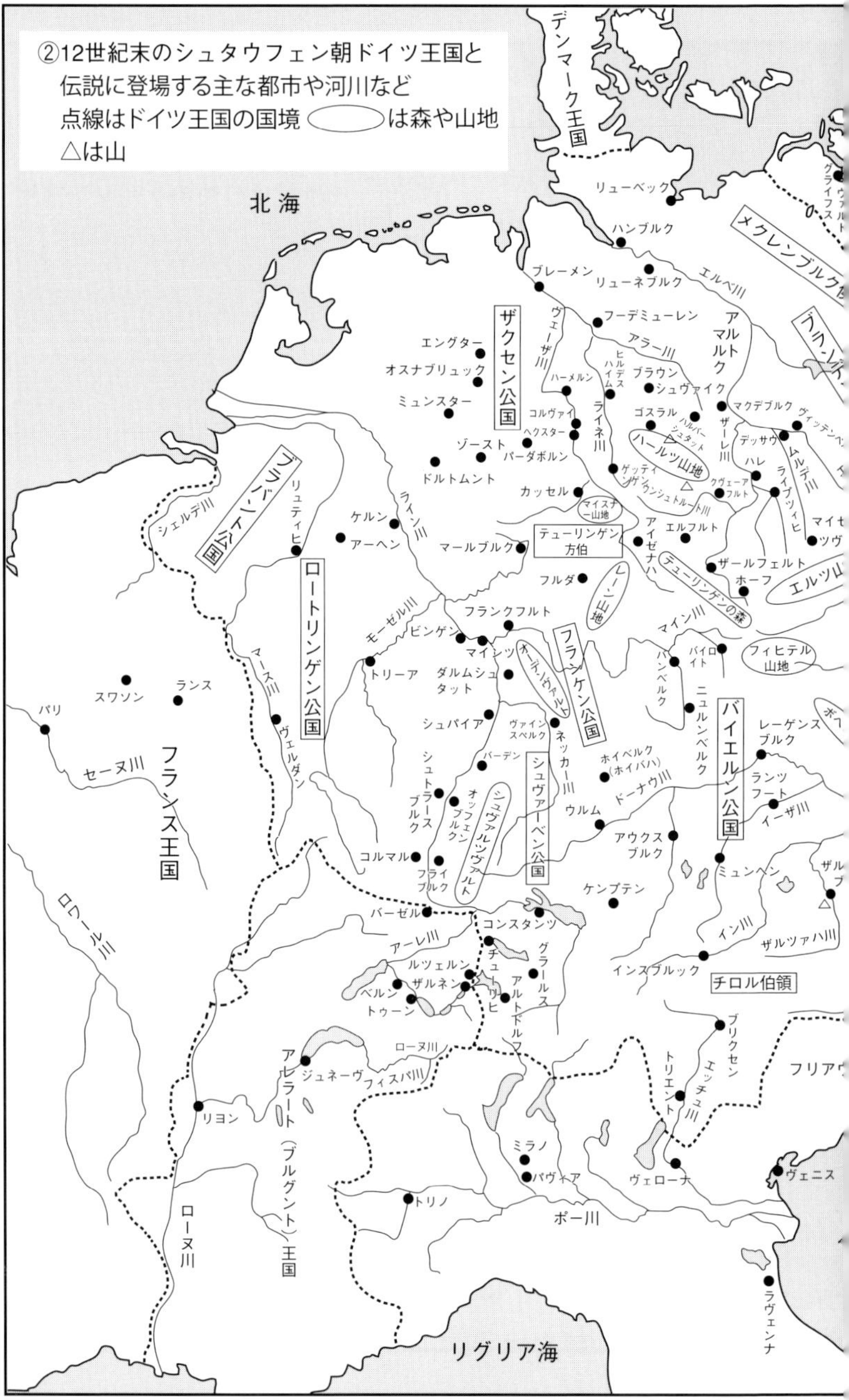

②12世紀末のシュタウフェン朝ドイツ王国と
伝説に登場する主な都市や河川など
点線はドイツ王国の国境 ◯は森や山地
△は山

選訳者紹介

鍛治哲郎
1950 年大阪府生れ。
神戸大学教養部、東京大学教養学部・総合文化研究科、
鎌倉女子大学教育学部に勤務。東京大学名誉教授。
専門はドイツ近代文学。著訳書に『ツェラーン 言葉の身ぶりと
記憶』、『グリム ドイツ伝説集』など。

グリム・ドイツ伝説選
暮らしのなかの
神々と妖異、王侯貴顕異聞

二〇二三年五月二七日初版第一刷印刷
二〇二三年六月　八日初版第一刷発行
定価（本体一八〇〇円＋税）

編著者　グリム兄弟
選訳者　鍛治哲郎
発行者　百瀬精一
発行所　鳥影社
長野県諏訪市四賀二二九—一（編集室）
電話　〇二六六—五三—二九〇三
東京都新宿区西新宿三—五—一二—7F
電話　〇三—五九四八—六四七〇
印刷　モリモト印刷

ISBN 978-4-86782-022-3 C0097